FRANKFURT

AM MAIN

W0187161

Es is kaa Stadt uff der weite Welt,
die so merr wie mei Frankfort gefällt,
un es will merr net in mein Kopp enei:
wie kann nor e Mensch net von Frankfort sei!

Un wär'sch e Engel un Sonnekalb,
e Fremder is immer von außerhalb!
Der beste Mensch is e Ärjerniß,
wann er net aach von Frankfort is.

Friedrich Stoltze (1816–91)

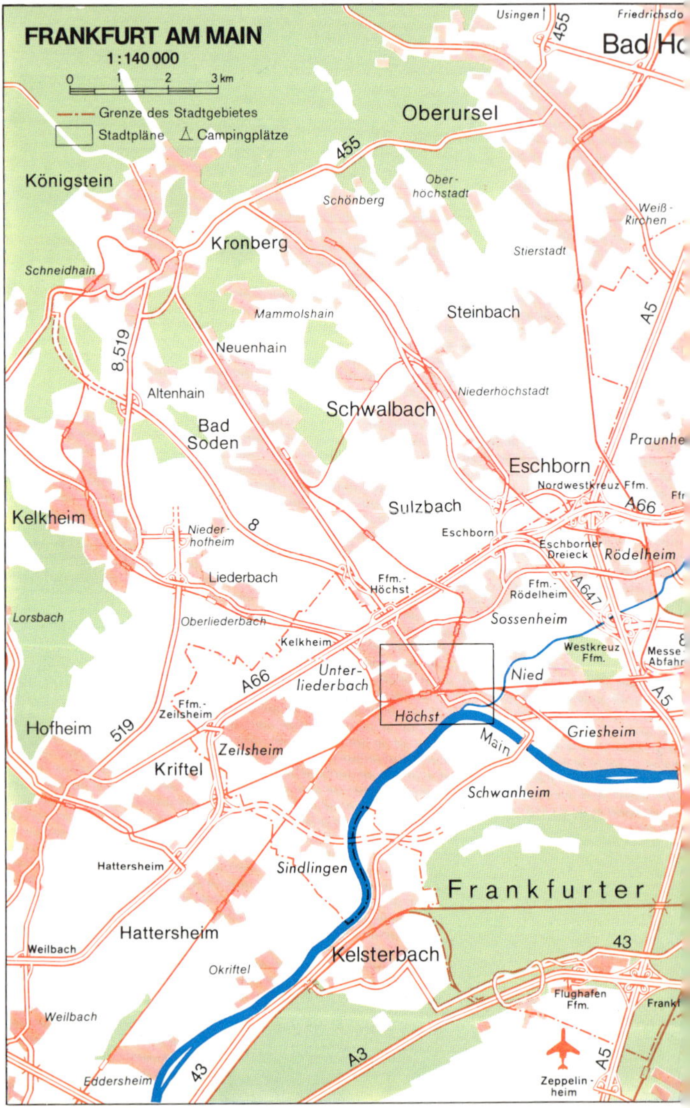

FRANKFURT AM MAIN
1:140 000
0 1 2 3 km
Grenze des Stadtgebietes
Stadtpläne
Campingplätze
Usingen
Friedrichsdo
Bad Ho
Oberursel
455
Königstein
Ober-
höchstadt
Schönberg
Weiß-
Kirchen
Kronberg
Stierstadt
Schneidhain
Mammolshain
Steinbach
A5
8,519
Neuenhain
Altenhain
Niederhöchstadt
Schwalbach
Bad
Soden
Praunhe
Eschborn
Nordwestkreuz Ffm.
Kelkheim
Sulzbach
A66
Nieder-
hofheim
8
Eschborn
Eschborner
Dreieck
Rödelheim
Liederbach
Ffm.-
Höchst
Ffm.-
Rödelheim
A647
Lorsbach
Oberliederbach
Sossenheim
Kelkheim
Westkreuz
Ffm.
Messe-
Abfahr
Unter-
liederbach
Nied
A66
Ffm.-
Zeilsheim
Höchst
Hofheim
519
Main
Griesheim
Zeilsheim
Kriftel
Schwanheim
Hattersheim
Sindlingen
Frankfurter
Hattersheim
Weilbach
43
Kelsterbach
Okriftel
Flughafen
Ffm.
Frankf
Weilbach
A3
A5
43
Eddersheim
Zeppelin-
heim

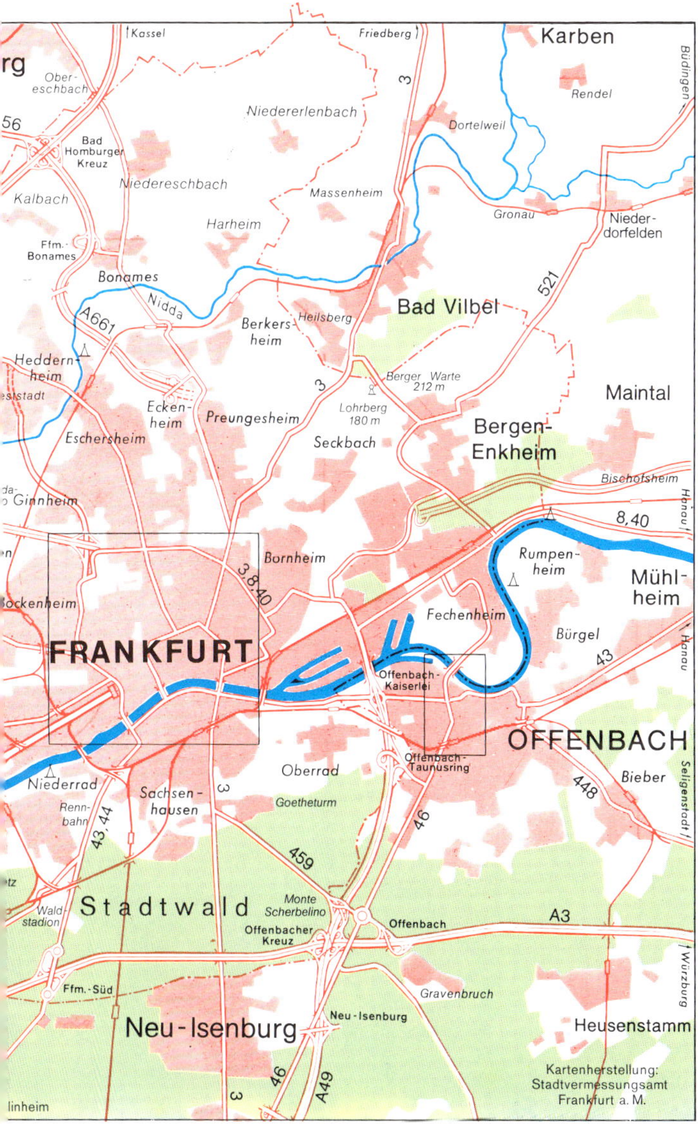

Kassel
Friedberg
Karben
Büdingen
Rendel
Ober-
eschbach
Niedererlenbach
56
Dortelweil
Bad
Homburger
Kreuz
Niedereschbach
Massenheim
Kalbach
Gronau
Nieder-
dorfelden
Harheim
Ffm.-
Bonames
Bonames
521
Nidda
Bad Vilbel
A661
Berkers-
heim
Heilsberg
Heddern-
heim
Berger Warte
212 m
Maintal
Lohrberg
180 m
Ecken-
heim
Preungesheim
Bergen-
Enkheim
Eschersheim
Seckbach
Bischofsheim
Ginnheim
Hanau
8,40
Rumpen-
heim
Bornheim
3,8,40
Mühl-
heim
Bockenheim
Fechenheim
Bürgel
FRANKFURT
43
Offenbach-
Kaiserlei
OFFENBACH
Offenbach-
Taunusring
Oberrad
Bieber
Niederrad
448
Seligenstadt
Sachsen-
hausen
Goetheturm
Renn-
bahn
43,44
46
459
Monte
Scherbelino
Stadtwald
Wald-
stadion
Offenbacher
Kreuz
Offenbach
A3
Würzburg
Ffm.-Süd
Gravenbruch
Neu-Isenburg
Neu-Isenburg
Heusenstamm
A49
Kartenherstellung:
Stadtvermessungsamt
Frankfurt a. M.

Frankfurt am Main, vom Mühlberg aus gesehen. Nach einem Kupferstich des Sebastian Furck, um 1640.

FRANKFURT
AM MAIN

5. AUFLAGE

STADTFÜHRER

VON

KARL BAEDEKER

MIT 24 KARTEN UND PLÄNEN
UND 94 ZEICHNUNGEN

KARL BAEDEKER · FREIBURG
1981

VORWORT

Frankfurt, unbestritten und unverkennbar das Wirtschaftszentrum der Bundesrepublik, wird viel gescholten – nicht zuletzt von den Frankfurtern – wegen seines angespannten Rhythmus und mangelnder Lebensqualitäten. Wie dem auch sei, dieses Buch soll zeigen, was Frankfurt bietet, wenn man es unvoreingenommen betrachtet, und wie man seine reichen Schätze finden und in ihrem Wert verstehen kann.

Als *Karl Baedeker* (1801–59), der Begründer der roten Reisehandbücher, 1835 seine "Rheinreise von Straßburg bis Rotterdam" in der 2. Auflage herausbrachte, da widmete er Frankfurt fünf Seiten. Seitdem ist die Stadt in vielen von Baedekers Reisehandbüchern immer ausführlicher gewürdigt worden und hat es 1951 schließlich zu einem eigenen Stadtführer gebracht, den wir nun in der fünften Auflage vorlegen.

Den Text schrieb 1951 Karl Baedeker (†1979) nach vielen 'Feldbegehungen'. Mit der gründlichen Überarbeitung dieser 5. Auflage begann Florian Baedeker (†1980). Nun danken wir Peter Alles, Berlin, für die nochmalige Durcharbeit der 5. Auflage, die er ohne Zögern freundschaftlich übernahm und pünktlich durchzog. Die Karten und Pläne bearbeitete Georg Schiffner in Lahr, die Skizzen zeichneten Katja Ungerer in Stuttgart und Gerhard Gronwald (†1965).

Dank für Mitarbeit und Auskünfte gebührt zahlreichen Frankfurter Institutionen und anderen Freunden unserer Bücher.

Sternchen (*) als Mittel zur Hervorhebung bedeutender Kunstwerke, Naturschönheiten oder auch besonders guter Hotels und Gaststätten hat Karl Baedeker 1844 eingeführt, und wir verwenden sie auch in diesem Bändchen.

Da Irrtümer und Fehler nie ganz zu vermeiden sind und die Stadt ihre Gestalt auch ständig wandelt, sind wir für Berichtigungen und Verbesserungsvorschläge stets dankbar.

Freiburg im Breisgau *Karl Baedeker*

1. Auflage 1951 3. Auflage 1960
2. Auflage 1952 4. Auflage 1976
5. Auflage 1981
KARL BAEDEKER, FREIBURG/Br. 1981
Printed by Rombach + Co GmbH, Freiburg/Br.
Satzherstellung: Fotosatz W. Schiffner, Lahr
ISBN 3–87954–073–X

INHALT

A. PRAKTISCHE ANGABEN 9

B. GESAMTBILD UND GESCHICHTE 24

C. STADTBESCHREIBUNG

I. DIE ALTSTADT 59

II. DIE INNENSTADT (CITY) 95

III. DER ANLAGENRING 108

KARTEN UND PLÄNE

A. PRAKTISCHE ANGABEN

Auskunft

Frankfurter Verkehrsverein. Fremdenführungen, Prospekte, Stadtpläne, Veranstaltungsprogramme, Kartenvorverkauf, Zimmervermittlung. *Informationszentrum Am Hauptbahnhof 16* gegenüber Gleis 23, Tel. 23 11 08, 23 22 18, werktags 8–21, So 9–20 Uhr. *Hauptwache/B-Ebene*, Tel. 28 74 86, werktags 9–18, Sa 9–14 Uhr. *Flughafen/Terminal-Mitte*, Halle B/Ebene 1, Tel. 6 90 25 95, täglich 8–21 Uhr.

Presse- und Informationsamt. – *Auskunftsstelle Römer*, Römerberg 32, Tel. 2 12 40 00/2 12 41 00 werktags.

Sonstige Informationen. *Amt für Fremdenverkehr und Kongreßwesen*, (D 6), Gutleutstr. 7–9, Tel. 2 12 36 76. – *Industrie- und Handelskammer*, Börsenplatz, (E 5), Tel. 2 19 71. – *Messe- und Ausstellungs GmbH*, Messegelände, (B 5), Tel. 06 11/75 75–1. – *Offizielle Gästebetreuungsstelle* der Stadt Frankfurt, Gutleutstr. 7–9 (D 6), Tel. 25 27 37.

Zeitungen und Informationsschriften. ZEITUNGEN: *Frankfurter Allgemeine* mit 'Zeitung für Frankfurt; *Frankfurter Neue Presse*, *Abendpost-Nachtausgabe; Frankfurter Rundschau* mit 'Frankfurter Rundschau am Abend'; *Offenbach Post.*
INFORMATIONSBLÄTTER: *Frankfurter Wochenschau*, Offizielle Informationsschrift für Fremdenverkehr, Kultur, Sport, Wirtschaft, Veranstaltungen, alle 14 Tage. – *Frankfurter Theaterzeitung (AKT)*, Aktuelles über das Theater, monatlich. – *Frankfurt. Lebendige Stadt*, Vierteljahresschrift für Kultur, Wirtschaft und Verkehr.

Fernsprechansagedienst. Auskunft 118; Auftragsdienst 114; Kinoprogramme 1 15 13/14; Sonderveranstaltungen 1 15 16; Sportnachrichten 11 63; Theater 1 15 17; Wetter 11 64.

Fundbüros. Mainzer Ldstr. 323, Tel. 7 50 01; *Stadtwerke*, Rathenauplatz 3, Tel. 13 68-1; *Deutsche Bundesbahn*, Hauptbahnhof/Bahnsteig 1, Tel. 2 65 58 31; *Polizei*, Friedrich-Ebert-Anlage 11, Tel. 7 55 11; *Flughafen*, Tel. 69 01.

Fernverkehr

Post. Postleitzahl 6000, für Ffm-Höchst 62 30; Vorwahlnummer 06 11. *Hauptpostamt* (F 5), Zeil 110; *Bahnpostamt* im Hauptbahnhof; Flughafen; *Postscheckamt* (F 4), Stephanstr. 14.

Eisenbahn. *Hauptbahnhof* (C 6), 1,5 km westlich vom Zentrum. Kopfstation für alle Fernzüge und den Nahverkehr. 24 Gleise von Süden nach Norden nummeriert. S- und U-Bahnstation unter dem Hauptbahnhof. Auskunft gegenüber Gleis 11 und 12 sowie Kundendienstschalter neben Gleis 9, Tel. 23 03 33, 23 03 21.

Von den 24 Personenbahnhöfen sind zu nennen: Hauptwache (F 5), z.Zt. Endpunkt der S-Bahnlinien S1–S6 (Richtung Friedberg, Vordertaunus u. Wiesbaden) sowie S15 (Flughafen), Umsteigebahnhof zu den U-Bahnlinien U1–U3. *Ostbahnhof* (jens. I 5), 2½ km östlich vom Zentrum, Danziger Platz. *Südbahnhof* (G 8), 2 km südlich vom Zentrum, Diesterweg-Platz. *Westbahnhof* (jens. A 4), 3 km westlich vom Zentrum, Kasseler Straße.

Flugzeug. *Flughafen Frankfurt-Main,* 10 km südwestlich vom Zentrum beim Frankfurter Kreuz der Autobahn. Zubringerverkehr mit der Flughafen S-Bahn (S15), vom Hauptbahnhof in 11, von der Hauptwache in 15 Minuten.

Auto. AUTOBAHNEN. In Frankfurt treffen die Schlagadern aus dem Rheinland, aus Norddeutschland und Berlin mit den Strecken aus Baden-Württemberg und Bayern zusammen. Das *Frankfurter Kreuz,* 10 km südwestlich vom Stadtzentrum, ist der Schnittpunkt dieser Linien. Die wichtigsten Ausfahrten sind *Frankfurt-West,* 5 km westlich vom Zentrum und *Frankfurt-Nord.* – BUNDESSTRASSEN. Frankfurt ist Kreuzungspunkt von fünf Bundesstraßen: *B 3* Hamburg-Basel; *B 8* Düsseldorf-Regensburg; *B 40* Saarbrücken-Fulda; *B 43* Mainz-Hanau; *B 44* Mannheim-Frankfurt.

Stadtverkehr.

Frankfurter Verkehrsverbund (FVV). Im Raum Frankfurt-Mainz-Wiesbaden-Hanau sind die S-Bahnen und Bahnbusse im Nahverkehr der DB sowie die U-Bahnen, Straßenbahnen und Omnibusse der Stadtwerke Frankfurt im FVV zusammengeschlossen. Einheitliche Fahrausweise mit Umsteigeberechtigung gelten für alle diese Verkehrsmittel, in den Bussen beim Fahrer erhältlich, ansonsten nur an den blauen *Automaten.* Die Zone 1 umfaßt das gesamte Frankfurter Stadtgebiet mit Ausnahme des Flughafens. Die in den letzten Jahren mehrfach erhöhten Fahrpreise sind nach Tageszeiten gestaffelt und betrugen im April 1981 für Erwachsene DM 1,30, während der Verkehrsspitzen (6.30–8, 16.30–18.30 Uhr) DM 1,60, Kinder DM 0,70 und 0,80. Für Frankfurt-Besucher sind Tageskarten empfehlenswert. Sie gelten ab Erwerb 24 Stunden lang für beliebig viele Fahrten innerhalb der Zone 1 und kosten für Erwachsene DM 6,– und für Kinder DM 3,–. Touristen, die sich längere Zeit in Frankfurt aufhalten, sollten sich hier über das Verbundfahren mit Zeitkarten informieren (kleinste Einheit: Wochenwertmarke DM 15,10). Die schnellsten Verbindungen innerhalb Frankfurts sind die S- und U-Bahnen, gemeinsam dargestellt im FVV-Schnellbahnplan, den es kostenlos an allen Wertmarken-Verkaufsstellen gibt. Ebenfalls kostenlos erhältlich der Prospekt "Kreuz und quer durch Frankfurt mit dem FVV"; Fahrplan mit übersichtlichem Linienplan und vielen Freizeit-Tips für DM 2,– an allen Wertmarken-Verkaufsstellen und im Buchhandel. Konkrete Detailinformationen direkt beim FVV, Mannheimer Straße 15–19, Tel. 2 69 41.

Als *Regionalbahnen* werden die Linien R 1–R 14 bezeichnet, die auf dem Schienennetz der Bundesbahn verkehren, die *S-Bahnlinien* S1 bis S15, die von der Bundesbahn betrieben werden, unterqueren die Innenstadt in eigenem Tunnelnetz. – Die *U-Bahn-Linien* tragen die Bezeichnung U1 bis U5. Das 1968 begonnene U-Bahn-Netz ist noch im Aufbau. Es umfaßt auch oberirdische Strecken. Die *Straßenbahnlinien* umfassen die Nummern 10–22. Die Nummern der *Omnibuslinien* der Stadtwerke Frankfurt sind zweistellig (Nr. 31–77), die der Bahnbusse im FVV dreistellig (ab Nr. 902).

Taxis erreicht man über die Taxizentrale Tel. 23 00 01 und 25 00 01. Die Wagen sind elfenbeinfarben lackiert.

Privatautos. Parkplatzsuche in der Innenstadt ist nicht zu empfehlen. Die 16 Parkhäuser sind praktisch, aber nicht billig. Blaue Hinweisschilder leiten zu ihnen.

PARKHÄUSER der Innenstadt: *Römer* (F 6) Domstraße; *Hauptwache* (F 5) Kornmarkt; *Konstablerwache* (F 5) Reineckstraße; *Stadtbad Mitte* (E 4) Taubenstraße; *Am Gericht* (G 4) Klapperfeldstraße; *Junghofstraße* (E 5) Junghofstraße; *Börse* (E 5) Meisengasse; *Kaiserplatz* (E 6) Bethmannstraße; *Hertie* (F 4) Brönnerstraße; *Am Theater* (E 6) Wilhelm-Leuschner-Straße; *Platz der Republik* (C 6) Westendstraße; *Gutleutstraße* (D 7) Gutleutstraße; *Am Gewerkschaftshaus* (D 7) Gutleutstraße; *Moselstraße* (C 6) Moselstraße; *City* (F 4) Querstraße; *Alt-Sachsenhausen*, Heisterstraße (H 7).

CITYRINGE. Rund um die Innenstadt führen zwei ausgeschilderte dreispurige Einbahnstraßen mit bevorzugter Ampelschaltung. Der *Äußere Ring*, der den Wallanlagen folgt, wird in Ost/West-Richtung benützt, der *Innere Ring*, der dem Straßenzug auf der Innenseite der Wallanlagen folgt, wird in West/Ost-Richtung benützt.

Der ALLEENRING (Bundesstraßen 8/40), der auf unserem Stadtplan miterfaßt ist, führt mit bevorzugter Ampelschaltung von der Friedensbrücke nahe dem Hauptbahnhof in einem 8 km langen Bogen zum Zoo, Ostbahnhof und Osthafen und zum Autobahnanschluß Miquelallee (A 66).

AUTOMOBILCLUBS: *ADAC-Informationshaus*, Wiesbadener Straße 12, Tel. 7 43 01, Pannendienst 77 22 22; *AvD*, Pannendienst Tel. 6 66 16 66; *AcE*, Pannendienst 23 29 29.

Stadtrundfahrten. Schiffsfahrten. Aussichtspunkte

Stadtrundfahrt. Während der Saison veranstaltet der *Frankfurter Verkehrsverein* täglich (auch feiertags) Stadtrundfahrten. Abfahrten (März–Oktober) 10 u. 14 Uhr ab Hbf-Nordseite (C 6). Dauer $2^1/_2$ St, Preis 15,– DM.

Ebbelwei-Expreß: Rundfahrt durch Innenstadt und Sachsenhausen mit buntbemalter, alter Straßenbahn (mit Bwirtung). Verkehrt nur Sa. u. So. ab Zoologischem Garten halbstündlich. Zusteigemöglichkeiten an allen ausgeschilderten Express-Haltestellen.

Taunusfahrt. Während der Saison veranstaltet der *Frankfurter Verkehrsverein* täglich (auch feiertags) Taunusfahrten, Abfahrt 14.30 Uhr ab Hbf-Nordseite (C 6), Dauer 4 St., DM 18,–.

Dampfzugfahrten mit der Historischen Eisenbahn e.V. auf Hessens ältester Eisenbahnstrecke entlang des Mains nach Griesheim oder Mainkur. Ganzjährig jedes 3. Wochenende im Monat, Abfahrt Eiserner Steg, Sa 13–17 u. So 10–17 Uhr stündlich.

Schiffsfahrten. Ausgangspunkt für die Schiffsausflüge auf Rhein und Main ist die Anlegestelle am Eisernen Steg (F 6). Die *Köln-Düsseldorfer Deutsche Rheinschiffahrt (KD;* Tel. 28 24 20) veranstaltet mit MS 'Frankfurt' (990 Pers.) vom Mai bis September täglich 7.15 Uhr außer Mo ganztägige Schiffsausflüge nach Rüdesheim – Aßmannshausen – Bacharach – St. Goar (Loreley). Die *Frankfurter Personenschiffahrt* (Anton Nauheimer; Tel. 28 18 84) veranstaltet mit dem MS 'Primus' (300 Pers.) Mainfahrten bis Seligenstadt und Aschaffenburg, Rheinfahrten bis St. Goar; ferner Charterfahrten auf Main und Rhein.

Aussichtspunkte. Die beste Aussicht über die Innenstadt bietet der *Domturm* (S. 77), Blick über die Stadtlandschaft von Süden her der *Henningerturm* (S. 190) in Sachsenhausen und der hölzerne *Goetheturm* (S. 189) im Stadtwald. Aussicht von Norden bietet der neue Fernmeldeturm (S. 176). Einblicke in das Westend und in die Universität hat man von der Cafeteria auf dem Hochhaus für Erziehungswissenschaften. Sehr lohnend ist auch der Ausblick vom *Lohrbergpark* (S. 184) im Nordosten der Stadt oberhalb von Seckbach.

Hotels

Die von uns ausgewählten Hotels sind nach ihrer Lage in Gruppen zusammengefaßt und dann alphabetisch geordnet. Die Preise (Frühjahr 81) für Einzelzimmer (Ez) und Doppelzimmer (Dz) schließen Frühstück und Bedienung mit ein. Der Planverweis hinter dem Hotelnamen bezieht sich auf die im *Stadtplan* angegebene Straße. Bei Hotels, die außerhalb des Stadtplanes liegen, findet man den genannten Vorort auf der *Stadtkarte* von Frankfurt. Mit 16 000 Betten in über 200 Betrieben ist das Angebot ausreichend, aber in Messezeiten ist Vorbestellung unbedingt nötig. Zimmervermittlung des Verkehrsvereins Tel. 06 11/23 11 08 und 23 22 18.

Innenstadt

Am Dom, Tel. 28 21 41, Kannengießergasse 3 (G 5), 60 B, Ez 50–90, Dz 75–130 DM.

Scala, Tel. 28 50 41, Schäfergasse 31 (F 4), 100 B, Ez 59–69, Dz 79–89 DM.

Kolpinghaus, Tel. 28 85 41, Lange Str. 26 (H 4), 65 B, Ez 42–55, Dz 56–77 DM.

Luxor, Tel. 29 30 67, Allerheiligentor 2–4 (H 5), 95 B, Ez 52–72, Dz 80–95 DM.

Plaza, Tel. 29 10 71, Schillerstr. 42–44 (F 4), 84 B, Ez 58, Dz 84 DM.

Rex, Tel. 28 72 90, Berliner Str. 31 (F 5), 58 B, Ez 48–58, Dz 86–106 DM.

Schwille, Tel. 28 30 54, Gr. Bockenheimer Str. 50 (E 5), 90 B, Ez 45–75, Dz 65–150 DM.

Steigenberger-Frankfurter Hof, Tel. 2 02 51, Am Kaiserplatz 17 (E 6), 600 B, Ez 95–179, Dz 180/220 DM.

Turm, Tel. 55 00 01, Eschersheimer Ldstr. 20 (E 4), 130 B, Ez 75, Dz 115 DM.

Weißes Haus, Tel. 55 46 05, Jahnstr. 18 (F 3), 53 B, Ez 45, Dz 69–74 DM.

Zentrum Hauptwache, Tel. 29 52 91, Roßmarkt 7 (E 5), 60 B, Ez 50–60, Dz 70–120 DM.

Im Westend (Messegelände, Universität)

An der Messe, Tel. 74 79 79, Westendstr. 102 (B 4), 88 B, Ez 75–85, Dz 115–130 DM.

Balmoral, Tel. 77 50 04, Emil-Sulzbach-Str. 14 (A 5, 4), 25 B, Ez 45–55, Dz 85–90 DM.

CP Frankfurt Plaza, Tel. 77 07 21, Hamburger Allee 2–10 (A 5), 1182 B, Ez 150–190, Dz 180–230 DM.

Corona, Tel. 77 90 77, Hamburger Allee 48 (A 4), 52 B, Ez 46–52, Dz 88–89 DM.

Hessischer Hof, Tel. 74 02 51, Friedrich-Ebert-Anlage 40 (B 5), 138 B, Ez 139–205, Dz 220–280 DM.

Liebig, Tel. 72 75 51, Liebigstr. 45 (C 3), 29 B, Ez 46–65, Dz 71–90 DM.

Palmhof, Tel. 75 10 26, Bockenheimer Ldstr. 89–91 (B 3), 80 B, Ez 42–62, DZ 72–82 DM.

Palmengarten, Tel. 75 20 41, Palmengartenstr. 8 (B 3), 28 B, Ez 30–75, Dz 68–100 DM.

Savigny, Tel. 74 04 81, Savignystr. 14–16 (C 5), 120 B, Ez 85–135, Dz 140–190 DM.

Sophienhotel Schwille, Tel. 70 20 34, Sophienstr. 36 (A 3), 70 B, Ez 40–70, Dz 65–100 DM.

Nähe Hauptbahnhof

Ambassador, Tel. 25 10 77, Moselstr. 12 (D 6), [illegible] B, Ez 45–92, Dz 65–150 DM.

Continental, Tel. 23 03 41, Baseler Str. 56 (C 7), 130 B, Ez 50–82, Dz 85–110 DM.

Excelsior-Monopol, Tel. 23 01 71, Mannheimer Str. 7–13 (C 7), 500 B, Ez 43–69, Dz 75–99 DM.

Frankfurt Intercontinental, Tel. 23 05 61, Wilh.-Leuschner-Str. 43 (D 7), 1500 B, Ez 138–228, Dz 190–280 DM.

Frankfurt Savoy, Tel. 23 05 11, Wiesenhüttenstr. 42 (D 7), 200 B, Ez 88–108, Dz 128–178 DM.

National, Tel. 23 48 41, Baseler Str. 50 (C 7), 130 B, Ez 60–115, Dz 115–175 DM.

Nizza, Tel. 23 54 73, Untermainkai 29 (D, E 7), 40 B, Ez 58–88, Dz 110–140 DM.

Parkhotel, Tel. 23 05 71, Wiesenhüttenplatz 28–38 (D 7), 400 B, Ez 105–195, Dz 185–245 DM.

Westfälinger Hof, Tel. 23 47 48, Düsseldorfer Str. 10 (C 6), 80 B, Ez 40–58, Dz 85–88 DM.

Württemberger Hof, Tel. 23 31 06, Karlstr. 14 (C 6), 100 B, Ez 39–72, Dz 75–92 DM.

Im Süden (jenseits des Mains)

SACHSENHAUSEN: *Holiday Inn*, Tel. 68 00 11, Mailänder Str. 1 (jens. G 8), 328 B, Ez 149–198, Dz 198–278 DM.

Hübler, Tel. 61 60 38, Gr. Rittergasse 91–93 (G 7), 58 B, Ez 35–55, Dz 60–85 DM.

Maingau, Tel. 61 70 01, Schifferstr. 38–40 (F 7), 130 B, Ez 41–51, Dz 80–95 DM.

Mühlberg, Tel. 61 30 63, Offenbacher Ldstr. 56 (HI8), 90 B, Ez 36–60, Dz 66–90 DM.

Royal, Tel. 62 30 26, Wallstr. 17 (G 7), 65 B, Ez 50–60, Dz 80–95 DM.

OBERRAD: *Waldhotel Hensels Felsenkeller*, Tel. 65 20 86, Buchrainstr. 95 (jens. I 8), 30 B, Ez 35–52, Dz 59–73 DM.

NIEDERRAD: *Arabella*, Tel. 66 80 41, Lyoner Str. 44–48 (jens. C 8), 600 B, Ez 95–145, Dz 145–220 DM; *Maria Gleim*, Tel. 63 40 05, Paul-Ehrlich-Str. 59 (D 8), 50 B, Ez 28–32, Dz 55–72 DM; *Niederrad*, Tel. 67 22 62, Bruchfeldstr. 72, 60 B, Ez 50–70, Dz 80–95 DM; *Schliff*, Tel. 67 70 12, Triftstr. 33, 62 B, Ez 57, Dz 105 DM; *Crest*, Tel. 67 80 51, Isenburger Schneise 40, 450 B, Ez ab 129, Dz ab 169 DM, Konf.-Räume.

NEU-ISENBURG (Vorwahl 0 61 02); *Gravenbruch*-Kempinski Frankfurt, Tel. 50 50, Neu-Isenburg 2 (Gravenbruch), 520 B, Ez 140–180, Dz 175–220, Suiten 420/700 DM, Restaurants, Bar Discothek, Boutiquen, Veranstaltungsräume; *Wessinger am Wald*, Tel. 2 70 79, Alicestr. 2, 60 B, Ez 49–98, Dz 75–128 DM, Restaurant, Konf.-Räume; *Kochendörfer* (garni), Tel. 31 71, Löwengasse 8, 25 B, Ez ab 40, Dz ab 70 DM.

FLUGHAFEN (Vorwahl 06 11): *Steigenberger Airport-Hotel*, Tel. 6 98 51, Flughafenstr. 300, 500 B, Ez 119–165, Dz 168–218 DM; *Frankfurt Sheraton*, Tel. 6 98 11, gegenüber Terminal Mitte, 1100 B, Ez 175–230, Dz 195–265 DM.

Im Westen

RÖDELHEIM: *Radilohof*, Tel. 78 32 87, Radilostr. 39, 60 B, Ez 35–68, Dz 68–95 DM.

NIED: *Ramada Caravelle*, Tel. 3 90 51, Oeserstr. 180, 400 B, Ez 110–135, Dz 180–205 DM.

HÖCHST (Sonderplan): *Höchster Hof*, Tel. 30 00 71, Mainberg 3 (C 2), 250

B, Ez 45–80, Dz 75–120 DM; *Post*, Tel. 37 30 31, Sindlinger Bahnstr. 12–16, 170 B, Ez 45–78, Dz 90–110 DM.

Im Norden

NORDEND: *Am Holzhausenpark*, Tel. 59 08 01, Holzhausenstr. 62 (EF 2), 40 B, Ez 40–75, Dz 75–98 DM; *Nord-Hotel*, Tel. 55 31 09, Eckenheimer Ldstr. 166 (F 1), 34 B, Ez 46, Dz 70 DM; *Glauburg-Garagen Stein* (Motel), Tel. 55 40 14, Eckenheimer Ldstr. 99 (G 2) 19 B, Ez 31–50, Dz 61–75 DM.

DORNBUSCH: *Frankfurt-Motel*, Tel. 55 01 01, Eschersheimer Ldstr. 204 (jens. E 1), 100 B, Ez 46–60, Dz 61–75 DM.

NIEDER-ESCHBACH: *Schaller*, Tel. 50 10 30, Deuil-La-Barre-Str. 103, 20 B, Ez 48–60, Dz 80–94 DM.

Im Ostend

Admiral, Tel. 44 80 21, Hölderlinstr. 25 (I 5), 75 B, Ez 55–65, Dz 58–60 DM; *Am Zoo*, Tel. 49 07 71, Alfred-Brehm-Platz 6 (H 4), 140 B, Ez 35–65, Dz 72–90 DM; *Cortina*, Tel. 43 91 88, Rotteckstr. 16 (G 3), 72 B, Ez 60–90, Dz 90–120 DM; *Mercator*, Tel. 43 99 55, Mercatorstr. 38 (G 3), 56 B, Ez 70–85, Dz 90–190 DM; *Zum Spessart*, Tel. 43 27 76, Ostbahnhofstr. 16 (I 5), 45 B, Ez 37–44, Dz 60–85 DM.

Campingplätze. Die Plätze im Frankfurter Stadtbereich sind in der Stadtkarte eingezeichnet.

Heddernheim (S. 177), im Norden der Stadt am rechten Ufer der Nidda, mit Freibad am linken Flußufer gegenüber. Zufahrt von der Autobahnausfahrt Ffm-Bonames. Tel. 57 03 32.

Niederrad (S. 193); im Südwesten der Stadt auf der Schleuseninsel am linken Mainufer. Kein Baden im Main, aber Luftbad nahebei. Zufahrt vom Frankfurter Kreuz der Autobahn. Tel. 38 46.

Offenbach-Bürgel (S. 204), am linken Mainufer 3 km nordöstlich vom Offenbacher Stadtzentrum gegenüber von Fechenheim. Gerhard-Becker-Str. 104, Tel. 86 29 49.

Restaurants

In Klammern hinter dem Namen der Ruhetag. Die großen Hotelrestaurants sind hier nicht alle genannt.

In der Innenstadt

Ersten Ranges: *Frankfurter Stubb* im Hotel Frankfurter Hof, Kaiserplatz, im Kellergewölbe, stilvoll und gemütlich, Frankfurter Spezialitäten. – *Mövenpick – Rôtisserie Baron de la Mouette*, Opernplatz 2, auch mit einfacheren Rest.: 'Il Rustico, 'Orangerie' und 'Quick-Pick'. – *Weinhaus Brückenkeller* (So), Schützenstr. 6 (G 5, 6), nur Abendessen ab 18 Uhr, alte Kellergewölbe mit Antiquitäten, Unterhaltungsmusik, Tischbestellung (28 42 38) ratsam. – *Alt-Kopenhagen*, Steinweg 7 (Passage), nahe der Hauptwache, dän. Spezialitäten. – *Börsenkeller* (So), Schillerstr. 11, altdeutsche Räume. – *Heylands Weinstuben* (So), Kaiserhofstr. 7. – *Schildkröte* (So), Gr. Eschenheimer Str. 41, franz. Küche.

Gute Restaurants: *Dippegucker*, im Volksbildungsheim (F 4), Eschersheimer Anlage 40; *Karrenberg*, Kirchnerstr. 7 und Bahnhofstr. 2; (E 5); *Hahnhof*, Berliner Str. 64 (G 5) und am Scheffeleck, Scheffelstr. (G 3), Wein-Restaurants; ab 16.30 Uhr; *Rheinpfalz-Weinstuben*, Gutleutstr. 1, Ecke Untermainanlage (E 6) mit Garten; *Stadt Wien*, Weckmarkt 13 (G 6), österr. Weine und Spezialitäten; *Bratwurstglöckle*, Weißadlergasse 15 (E, F 5), beim Goethehaus; *Alt-Nürnberg*, Gr. Bockenheimer Str. 19, fränk. Spezialitäten; *Sudpfanne*, Eschersheimer Ldstr. 20, nahe Eschenheimer Tor (E, F 4); *Zur Müllerin*, Weißfrauenstr. 18 (E 6).

Ausländische Küche: *Peking*, Kaiserstr. 15, chines. Küche; *Churrasco*, Domplatz 6, argentin. Steakhaus; *Bali*, Berliner Str. 32, javan. Gerichte; *Stadt Malaga* (Mo), Töngesgasse 11 (F 5); *3 Gauchos*, Hochstr. 54 (E 4), südamerikan. Gerichte; *Scarlet Pimpernell*, Krögerstr. 7, nahe Eschenheimer Turm (F 4), bäurisch-russische Spezialitäten, nur Do–Sa ab 20 Uhr; *Juchheim's* (So), Am Salzhaus 1, jap. Café u. Restaurant.

Westend: *Canadian-Pazific-Hotel* gegenüber vom Messe-Eingang; *Schwyzer Hüsli* (So), Mendelssohnstr. 56 (B 5, 4); *Palmenrestaurant*, im Palmengarten mit Terrasse; *Mario im Senckenberg-Museum*, Senckenberganlage 25 (B 4), Museums-Restaurant; *Erno's Bistro* (So), Liebigstr. 15 (D 3, 4); *Alassio*, Bockenheimer Ldstr. 99 (B 3, 4).

Nähe Hauptbahnhof: *Rôtisserie* und *Silhouette* (Dachgarten) im Hotel Intercontinental, Wilh.-Leuschner-Str. 43; *Da Bruno*, Elbestr. 15 (D 6), italien. Küche; *Parkhotel-Grillrestaurant*, Wiesenhüttenplatz 28 (D 7), Nouvelle Cuisine; *Dippegucker am Hauptbahnhof*, Am Hauptbahnhof 4, Fisch- u. Fleischgerichte.

Südlich des Mains

SACHSENHAUSEN: *Henningerturm* (H 8), Heinerweg, rotierendes Turmrestaurant; *Gerbermühle*, Deutschherrenufer (jens. 17), Gartenlokal am Mainufer; *Muschelhaus* (So), Schulstr. 36 (F, G 7); *Le Caveau* (So), Deutschherrenufer 29 (H, J 7), franz. Restaurant in 200 Jahre altem Weinkeller.

NIEDERRAD: *Bamberger Hof*, Kelsterbacher Str. 14, mit Innenhof; *Weidemann*, Kelsterbacher Str. 66, gelobt. – FLUGHAFEN: *Ikarus* im Terminal Mitte, mit Blick auf den Flugbetrieb; *Waldrestaurant Unterschweinstiege*, Flughafenstr. 300, neben Airport Hotel mit Terrasse. – GRAVENBRUCH: *Forsthaus Gravenbruch*, mit Gartenterrasse und Autokino nahebei.

APFELWEINSCHENKEN. Die traditionellen Schenken findet man hauptsächlich 'Dribb de Bach', d.h. in Alt-Sachsenhausen (G 7), wo sie abends auf engem Raum in großer Zahl ihre volkstümliche Gemütlichkeit entfalten, aber auch in Niederrad und Bornheim; in Sachsenhausen: *Zum Grauen*

Bock (So), Gr. Rittergasse 30, ab 17 Uhr, Unterhaltungsmusik; *Zum Gemalten Haus* (Di), Schweizer Str. 67; *Fichtekränzi* (So), Wallstr. 5; *Affentorschänke*, Neuer Wall 9; *Zum Klaane Sachsehäuser*, Neuer Wall 11; *Adolf Wagner*, Schweizer Str. 71; *Kanonesteppel* und *Germania*, Textorstr. 16 u. 20; *Lorsbacher Tal*, Große Rittergasse 49.

Cafés. *Hauptwache*, in der alten Hauptwache, mit Gartenterrasse; *Schwille*, Gr. Bockenheimer Str. 50, Brenten; *Foerst*, Schillerstr. 12, Bethmännchen; *Laumer*, Bockenheimer Ldstr. 67; *Goethe-Terrassen*, Theaterpl. 2 (im BfG-Hochhaus); *Fundus*, Theaterpl., inoffizielle Theaterkantine im Schauspielhaus, *Bonaparte*, Braubachstr. 15 (Terrassen mit Blick auf den Römer).

Veranstaltungskalender

JANUAR:	Internat. Fachmesse für Heimtextilien, Bodenbelag und Haustextilien
FEBRUAR:	Fastnacht mit Karnevalsumzügen am Fastnachtssonntag und Fastnachtsdienstag
FEBR./MÄRZ:	Internat. Frankfurter Messe und Internat. Fachmesse für Musikinstrumente
MÄRZ:	Eröffnung der Pferderennsaison in Niederrad
MÄRZ/APRIL:	Dippemess, Volksfest mit Verkaufsbuden, am Ostpark
APRIL:	Internationale Pelzmesse
MAI:	1. Mai Radrennen 'Rund um den Henningerturm'. – Interstoff, Fachmesse für modische Bekleidungsstoffe.
MAI/JUNI:	Radrennen 'Rund um Frankfurt, 'Wäldchestag' am Tag nach Pfingsten im Stadtwald – Volksfeste in den Vororten
JUNI:	Rosen- und Lichterfest im Palmengarten;
JULI/AUG:	'Höchster Schloßfest' in Höchst; 'Mainfest' am Römerberg und Main mit Weinbrunnen, Ochsenbraterei, Schifferstechen und Mainillumination
AUGUST:	Verleihung des Goethepreises in der Paulskirche; Sommernachtfest im Palmengarten; 'Sachsenhäuser Brunnenfest' in Alt-Sachsenhausen mit Wahl der Apfelweinkönigin.
SEPTEMBER:	Intern. Frankfurter Messe; Dippemess, Volksfest mit Verkaufsbuden am Ostpark; 'Tag der offenen Tür' der Stadtverwaltung.
SEPT./OKT:	Frankfurter Abend des Sports mit 'Ehrung

	der Meister' in der Kongreßhalle; Sechstagerennen in der Festhalle; Internat. Frankfurter Buchmesse; Verleihung des Friedenspreises des Dt. Buchhandels in der Paulskirche
NOVEMBER:	Interstoff-Fachmesse für Bekleidungstextilien; Ende der Pferderennsaison in Niederrad
NOV./DEZ:	'Christkindchesmarkt' auf dem Römerberg mit Turmblasen und Glockenspiel in der Nikolaikirche; Weihnachtsmarkt in den Römerhallen

Unterhaltung

Kartenvorverkauf bei den Theaterkassen und im Verkehrsverein, U-Bfh. Hauptwache, Tel. 28 37 38, Mo–Fr 9–18, Sa 9–14 Uhr. – Aktuelles über die Frankfurter Theater und alle Monatsspielpläne in der Monatsschrift *Aktuelles Theater/AKT*.

Theater. – STÄDTISCHE BÜHNEN. – Alle drei Bühnen im selben Haus am Theaterplatz (E 6; S. 110).

Oper, Großes Haus, 1450 Plätze, Tageskasse Untermainanlage Mo–Fr 10–18, Sa 10–14 Uhr, Tel. 2 56 23 35 ab 12 Uhr.

Schauspiel, Kleines Haus, 911 Plätze, Tageskasse Theaterplatz Mo–Fr 10–18, Sa 10–14 Uhr, Tel. 2 56 24 35 ab 12 Uhr.

Kammerspiel, Eingang Hofstraße, 200 Plätze, Tageskasse wie Schauspiel; Tel. 2 56 24 35.

Frankfurter Figurentheater, Untermainkai 14 (E 6), im Palais Rothschild, Tel. 70 41 44, Handpuppentheater

Fritz-Rémond-Theater im Zoo (gegr. 1947), Alfred-Brehm-Platz (HI 4), Tel. 43 51 66.

Die Katakombe, Kellertheater (gegr. 1960), Schützenstr. 8 (G 6), Tel. 28 47 50, mit 'Theater für Kinder'.

Katakombe theater 2 im atelier am zoo, Pfingstweidstr. 2, Tel. 52 90 95.

Kellertheater, Junge Bühne Frankfurt, Mainstr. 2 (G 6), Tel. 28 80 23.

Die Komödie, Neue Mainzer Straße 18 (E 6), Tel. 28 45 80.

Die Maininger, Neue Rothofstr. 26a (E 5), Tel. 83 24 34. Kabarett-Theater.

Puppenzentrum Frankfurt, Diemelstr. 9, Tel. 72 70 95, Gastspiele für Kinder, Vorträge u. Seminare.

Die Schmiere (Rudolf Rolfs; gegr. 1950), Karmeliterkloster (E 6), Tel. 28 10 66. Satirisches Kellertheater.

Theater am Turm (TAT) im Volksbildungsheim, Eschersheimer Anlage 40 (F 4), Tel. 1 54 51 00.

Theater Nordwest, angeschlossen Kinder- und Jugendtheater, im Bürgerhaus Nordweststadt, Tel. 57 05 96.

Volkstheater Frankfurt (Liesel Christ; gegr. 1971), Gr. Hirschgraben (E 5, 6) im Cantatesaal, Tel. 28 85 98. Hessische Mundartbühne.

Konzerte. SINFONIEKONZERTE: *Alte Oper; Opernhaus* der Städt. Bühnen; *Großer Sendesaal* des Hess. Rundfunks am Dornbusch; *Jahrhunderthalle* in Höchst. KAMMERMUSIK UND SOLISTEN: *Saal der Hochschule für Musik*, Eschersheimer Ldstr. 2; *Cantate-Saal*, Gr. Hirschgraben; *Saal der Deutschen Bank*, Junghofstr. 5; *Schalterhalle* der Frankfurter Sparkasse, Neue Mainzer Str. 49.
JAZZ: *der Jazzkeller*, Kl. Bockenheimer Str. 18; *Jazz-Kneipe*, Berliner Str. 70; *Jazz-Life*, Sachsenhausen, Kl. Rittergasse 22–26; *Jazz-Haus*, Kl. Bokkenheimer Str. 12; *Schlachthof-Gaststätte* (nur So ab 11.30 Uhr), Deutschherrenufer 36; *Sinkkasten* (Folk, Rock, Jazz), Brönnerstr. 5.
GROSSES GLOCKENLÄUTEN von 9 Kirchen der Innenstadt am Karsamstag, Pfingstsamstag, am Samstag vor dem 1. Advent und am Heiligen Abend.
Kinos. Programmauskunft durch den *Kinodienst*, Tel. 1 15 12, 1 15 13, 1 15 14. – *Kommunales Kino* im Historischen Museum, mit täglich wechselndem Programm, 15, 17.30, 20, 22 Uhr. *Autokinos* im Main-Taunus-Einkaufszentrum und beim Forsthaus Gravenbruch.
Kunstausstellungen. – Die Frankfurter Museen bieten außer ihren ständigen Schauräumen meist auch Wechselausstellungen aus ihren Beständen oder auch anderer Art. Ferner finden Kunstausstellungen statt: in den *Römerhallen*, im *Karmeliterkloster*, im *Nebbien'schen Gartenhaus*, im *Amerikahaus*, im *Deutschordenshaus* und in einigen *Banken* und *Sparkassen*.

PRIVATGALERIEN. Aus der wechselnden Zahl (derzeit rd. 80) nennen wir einige Galerien der inneren Stadt: Frankfurter Kunstverein, Steinernes Haus, Alter Markt 44, zeitgenössisches deutsches, namentlich Frankfurter Kunstschaffen; *Frankfurter Kunstkabinett* (Hanna Bekker–vom Rath), Börsenplatz 13, internationale Galerie für moderne Kunst; *Berufsverband Bildender Künstler (BBK)*, Karmeliterkloster; *Kommunale Galerie*, Deutschordenshaus, für die in Frankfurt arbeitenden Künstler.

Appel und Fertsch, Corneliusstr. 30, moderne Plastik; *Daberkow*, Steinweg 2, moderne Graphik; *Galerie am Dom*, Saalgasse 3, junge Graphik; *Ostheimer*, Braubachstr. 33; *Prestel*, Bockenheimer Landstr. 17, 20. Jh. und alte Meister; *J. P. Schneider* (gegr. 1824), Roßmarkt 23, alte Meister; *Sydow*, Wilh.-Leuschner Str. 34, Surrealisten; *Vonderbank*, Goethestr. 11, moderne Graphik, Frankofurtensien.

Sport

Die Stadt Frankfurt/Dezernat Soziales und Freizeit hat 1974 einen Stadtplan *Freizeit in Frankfurt* herausgegeben, in dem alle Sportstätten, Schwimmbäder, Jugendhäuser usw. eingezeichnet und mit ihren Adressen verzeichnet sind, sowie ein Heft *Frankfurt. Die Sportstadt.*

SPORTSTÄTTEN. *Waldstadion* (S. 197), repräsentative Sportanlage Frankfurts. Hauptkampfbahn mit 30 556 Sitzplätzen, 30 600 Stehplätzen und Flutlichtanlage. Schwimmstadion mit 50 m Bahnen; Radrennbahn; 2 Kunsteisbahnen, Winterhalle, Tennisplätze, Bogenschießanlage. – *Sport-*

anlage am Riederwald (S. 187) für 38 000 Zuschauer. – *Festhalle* auf dem Messegelände für Hallensportfeste, Reittourniere, Radrennen, Boxkämpfe usw.

Eislauf: 2 Kunsteisbahnen im Waldstadion. – Fußball: *Sportanlage Riederwald,* Sportgemeinde 'Eintracht Frankfurt'. – Golf: Platz des Frankfurter Golf Clubs, 68 ha, 18 Löcher, westlich vom Waldstadion. – Leichtathletik: Meisterschaften im Waldstadion. – Pferdesport: *Galopprennbahn Niederrad* (S. 194) für Flach- und Hindernisrennen; *Reithalle in Niederrad.* – Radsport: *Radrennbahn* (400 m) im Waldstadion; *Sechstagerennen* auf der Holzrennbahn in der Festhalle. – Rudern: Traditionelle *Regattastrecke* auf dem Main zwischen Gerbermühle und Obermainbrücke. – Schießsport: *Schießstände* an der Schwanheimer Bahnstraße. –

Schwimmen: Zwei 50 m – Bahnen im *Waldstadion;* 25m – Bahn mit Tribüne für 1000 Besucher im *Stadtbad Mitte.* – Tennis: Meisterschaftskämpfe im Waldstadion. – Trimm-Anlagen: *Trimmpfad Goetheturm* (2½ km) im Stadtwald. – Turnen: *Deutsche Turnschule* mit Halle für 400 Zuschauer südlich vom Waldstadion.

FREIBÄDER. Die Frankfurter Sommerbäder liegen im Bereich der *Nidda,* im Norden und Westen der Stadt, und im *Stadtwald* im Süden. Im Main ist das Baden nicht mehr möglich.

Nahe der Nidda (von Osten nach Westen) *Freibad Bad Vilbel,* am rechten Ufer, 9 km nordöstlich; *Freibad Nieder-Eschbach,* an einem rechten Nebenfluß der Nidda (25°), 10 km nördlich; *Freibad Eschersheim,* am linken Ufer, 6 km nördlich; *Freibad Hausen* (25°), am linken Ufer, 5 km westlich; *Brentanobad* im Brentanopark in Rödelheim, auf beiden Ufern, 5 km westlich; *Freibad Höchst,* 1500 m vor der Mündung der Nidda in den Main, 9 km westlich. – *Silobad Höchst* in Unterliederbach-West (Pl. Höchst: jens. A 1), 25° warm, 11 km westlich.

Im Stadtwald (von Westen nach Osten): *Stadionbad* im Waldstadion, 3 Becken; *Waldbad Neu-Isenburg,* 8 km südlich; *Waldbad Gravenbruch,* 9 km südöstlich; *Waldbad Heusenstamm,* 12 km südöstlich; *Waldschwimmbad Rosenhöhe* in Offenbach; *Waldpark-Schwimmbad* in Offenbach/Bieber.

HALLENBÄDER. Öffnungszeiten zumeist Mo 14–20, Di–Sa 6.30–20, Fr 6.30–22, So 7–13 Uhr. An Warmbadetagen (WBT) ist das Wasser auf 28° erwärmt.

Stadtbad Mitte (E 4), Hochstr. 4, WBT Freitag; *Bezirksbad Bornheim,* Inheidener Straße, WBT Mi u. Do; *Bezirksbad Sachsenhausen* (F 8), Textorstr. 42, WBT Di u. Mi; *Bezirksbad Nordweststadt,* Niddaforum 4, WBT Di u. Mi; *Bezirksbad Fechenheim,* Konstanzer Str. 16, WBT Fr u. Sa; *Bezirksbad Höchst,* Melchiorstr. 21, WBT Mi u. Do.

Besuchszeiten der Sehenswürdigkeiten.

Außerhalb der Reisesaison sind manche Besuchszeiten etwas eingeschränkt.

Albert-Schweitzer Archiv und Gedenkstätte, Römerberg 9, Mo, Mi, Do 8–16, Di 8–18, Fr 8.30–16 Uhr.

Amerika-Haus (S. 139): Bibliothek Mo–Fr 12–18 Uhr.

Archiv für Filmkunde, Klarastr. 5 (jenseits E 1), Tel. 52 48 90 (nach telef. Vereinbarung).

Börse (S. 99): Börsenzeiten Mo–Fr 9–13.30 Uhr.

Bundespostmuseum (S. 125): Di–So 10–16 Uhr, Mo zu.

Deutsche Bibliothek (S. 152): Lesesaal Mo–Fr 9–20, Sa 9–17 Uhr; Katalog Mo–Fr 9–18, Sa 11–13 Uhr.

Deutsches Ledermuseum (S. 208), Offenbach, täglich 10–17 Uhr (Wiedereröffnung Herbst 1981).

Dokumentationsarchiv des deutschen Widerstandes des Studienkreises zur Erforschung u. Vermittlung der Geschichte d. deutschen Widerstandes 1933–1945 e.V., Di–Do 10–17 Uhr, Rossertstr. 9 (C 3), (Tel. 72 15 75).

Dom (S. 76): 9–12.30, 15–18.30 Uhr. – Domschatz und Wahlkapelle nach Anmeldung Domplatz 14 (Tel. 28 43 24).

Fasanerie (S. 198) im Stadtwald: Besichtigung nur in Gruppen. Anmeldung Tel. 2 12 31 86.

Fernmeldeturm (S. 176): täglich 9–21 Uhr.

Flughafen (S. 200): Besucherterrassen täglich 8–20.30 Uhr (Okt.–April 8–17.30).

Goethehaus und Goethemuseum (S. 89): werktags 9–18 (Sept.–April 9–16), So 10–13 Uhr. Laufende Führungen.

Heiliggeistkirche (S. 102): Nach Anmeldung beim Pförtner des Ev. Gemeindeverbandes.

Heimatmuseum Bergen-Enkheim (S. 185): So 15–18, Do 20–21.30 Uhr.

Heimatmuseum Schwanheim (S. 196): So und Feiertag 10–12 Uhr.

Heinrich-Hoffmann-Museum (Struwwelpeter-Haus) Schubertstr. 20, tägl. 10–17 Uhr.

Henningerturm (S. 190): täglich 8–24 Uhr.

Hessischer Rundfunk (S. 155): Führungen nach Vereinbarung.

Historisches Museum (S. 81): Di–So 10–17, Mi 10–20 Uhr, Mo zu; Mi 18 Uhr Führung. – Münzkabinett: Di–Fr 10–13 Uhr.

Justinuskirche in Höchst (S. 169): Schlüssel im Pfarrhaus, Justinusplatz 2; Anmeldung von Gruppen, Tel. 31 32 84.

Katharinenkirche (S. 96): Besichtigung täglich außerhalb der Gottesdienste 14–18 Uhr.

Klingspor-Museum (S. 207) in Offenbach: täglich 10–17 Uhr.

Leonhardskirche (S. 84): außer den Gottesdiensten werktags 6.30–8, 10–12.30, 15–18, So 7.30–12, 15–18 Uhr.

Liebfrauenkirche (S. 64): Besichtigung täglich außerhalb der Gottesdienste.

Liebieghaus (S. 129): Di–So 10–17, Mi 10–20 Uhr, Mo zu.
Museum für Höchster Geschichte und Firmenmuseum der Hoechst AG (S. 167): tägl. 10–16 Uhr.
Museum für Kunsthandwerk (S. 123): Di–So 10–17, Mi 10–20 Uhr, Mo zu.
Museum für Völkerkunde (S. 125): Di–So 10–17, Mi 10–20 Uhr, Mo zu.
Museum für Vor- und Frühgeschichte (S. 154): Di–So 10–17 Uhr, Mo zu.
Naturmuseum Senckenberg (S. 146): Mo, Di, Do, Fr 9–16 Uhr, Mi, Sa, So 9–20 Uhr; Führungen So 10.30 u. Mi 18 Uhr.
Nida-Heddernheim Römische Ausstellung (S. 120): Di–So 10–17, Mi 10–20 Uhr.
Nikolaikirche (S. 68): Glockenspiel (automatisch) täglich 9.05, 12.05, 17.05 Uhr, von Hand Mi u. Sa 12–13 Uhr.
Palmengarten (S. 142): täglich 8 Uhr bis zur Dunkelheit.
Paul-Hindemith-Archiv, (im Rothschild-Palais).
Paulskirche (S. 66): bei Ausstellungen täglich 10–16 Uhr. Im Winter geschlossen.
Römer (S. 69): Führungen durch Kaisersaal und Römerhallen wochentags 9–18, So 10–16 Uhr, Karten im Römerhöfchen.
Rothschild-Palais (S. 109): Di–So 10–17, Mi 10–20 Uhr, Mo zu.
Schopenhauer-Archiv (S. 151): Mo–Fr 9–12 Uhr.
Städelsches Kunstinstitut (S. 126): Di–So 10–17, Mi 10–20 Uhr, Mo zu.
Stadtarchiv (S. 86): Mo–Fr 8–16 Uhr.
Stadtmuseum Offenbach (S. 208): Di, Do–So 10–17, Mi 14–20 Uhr.
Stadt- und Universitätsbibliothek (S. 150): Hauptlesesaal Mo–Sa 9–18 Uhr. – Ausleihe: Mo, Mi, Fr 10–16.30, Di, Do 10–20 Uhr.
Stoltze-Turm und *Stoltze Museum*, Töngesgasse 34–38, Mo–Fr 10–17, Mi bis 20 Uhr.
Wasserburg Bad Vilbel (S. 182): täglich 10–12, 14–17 Uhr.
Willemer-Häuschen (S. 189): So und feiertags 11–16 Uhr (Mai–Sept.).
Zoologischer Garten (S. 160): täglich 8 Uhr bis Dunkelheit. Exotarium täglich 10–22 Uhr.

Souvenirs.

Das beliebteste Frankfurter Andenken ist der graue, blau dekorierte *Bembel* für den Apfelwein, den es in vielen Größen gibt. Dazu kann man auch die großen geriffelten Apfelweingläser erhalten. Die ausgezeichneten *Bethmännchen* und *Brenten* bekommt man in den Konditoreien (z.B. Först oder Schwille) der Innenstadt. Die *Weine* von Frankfurts Rebgut im nahen Hochheim gibt es in sehr guten Lagen wie 'Domdechaney' oder 'Kirchenstück'. Die Antiquariate der Innenstadt bieten Originale oder Nachdrucke der zahlreichen alten Stadtansichten an, am großartigsten der *Frankfurt-Plan von Delkeskamp* (1864 in vier Blättern, 80 DM). Die Sparkassen und Banken verkaufen Nachprägungen alter *Frankfurter Münzen.* Die Schallplatte 'Feuer, de Maa brennt' (DM 13.80) und andere verewigen die Frankfurter Mundart.

Bücher und Karten.

Das Presse- und Informationsamt hat eine reichhaltige Liste *Frankfurt am Main in der Literatur* herausgegeben, die man in der Informationsstelle Römerberg kostenlos erhält (Neuauflage in der 2. Hälfte 1981). Auf Frankfurt-Literatur spezialisiert ist der *Verlag Waldemar Kramer*, Postfach 600445. Wir bieten eine Auswahl solcher Bücher, die einem ersten Interesse an Frankfurt Nahrung geben können. Die Preise hatten 1979 Gültigkeit.

Bildbände: *Kirn*, Frankfurt so wie es war, 32 DM; *Kleinhans*, Frankfurt (mit Text in vier Sprachen), 68 DM; *Kramer* (Hrsg.), Frankfurt am Main – Augenblick und Ewigkeit, 78 DM; *Lohne*, Frankfurt um 1850. Nach Aquarellen von C. Th. Reiffenstein, 68 DM; *Lohse*, Porträt einer Stadt, 34 DM; *Mertens/Mohr*, Das Frankfurter Westend, 40 DM.

Bauwerke: *Gerteis*, Das unbekannte Frankfurt, 3 Bde je 22 DM; *Gräser*, Der Kaisersaal im Römer, 3 DM; *Hudemann/Roos*, Frankfurt, 38 DM; *Jaenicke*, Kostbarkeiten im Stadtbild von Frankfurt am Main, 22 DM; *Jaenicke/Reifenberg*, Frankofordia, 48 DM; *Jaenicke/Vogt*, Genius loci, 48 DM; *Kramer*, Frankfurt-Lexikon, 9,80 DM; *Lerner*, Frankfurter Brunnen, 14,80 DM; *Lohne*, Mit offenen Augen durch Frankfurt, Ein Handbuch, 18 DM; *Pehl*, Von der Pfalzkapelle zum Kaiserdom, 15,80 DM; *Roth*, Zum Beispiel Frankfurt. Die Zerstörung einer Stadt, 28 DM; *Vogt*, Frankfurter Bürgerhäuser des 19. Jahrhunderts, 70 DM; *Zimmermann*, Bahnhof geliebt und erforscht, 6,80 DM; *Umschau Verlag*, Das Goethehaus in Frankfurt, 24 DM; *Müller/Preis*, Flughafen – Tor zur Welt, 22,80 DM; *Schüssler*, Der Dom zu Frankfurt, 4,80 DM; *Schäfer*, Das kurmainzische Schloß zu Höchst am Main, 4,80 DM.

Geschichte: *Fischer*, Aus Frankfurts Vorgeschichte, 14,80 DM; *Flesch*, Johann Wolfgang Goethe-Universität Frankfurt, 8 DM; *Kramer*, Die Alt-Frankfurter Art zu leben, 48 DM; *Mayer*, Die Frankfurter Juden, 6,80 DM; *Meinert*, Frankfurts Geschichte, 9,80 DM; *Lorei/Kirn*, Frankfurt und die goldenen zwanziger Jahre, 19,80 DM; *Zimmermann*, Das Kunstwerk einer Stadt, 8 DM; *Arnsberg*, Bilder aus dem jüdischen Leben im alten Frankfurt, 12,80 DM; *Kramer*, Frankfurt am Main. Bilder aus dem alten und neuen Frankfurt, 14,80 DM; *Magistrat Frankfurt*, Dokumentation zur Bodenspekulation und zur Zweckentfremdung von Wohnraum in Frankfurt am Main, kostenlos.

Persönlichkeiten: *Achinger*, Wilhelm Merton in seiner Zeit, 18 DM; *v. Bethmann*, Bankiers sind auch Menschen, 38 DM; *Forstmann*, Simon Moritz von Bethmann 1768–1826, 28 DM; *Gerteis*, Leopold Sonnemann, 14 DM; *Humperdinck*, Engelbert Humperdinck, 22 DM; *Paquet*, Die Frankfurterin, 16,80 DM; *Proelß/Vogt*, Friedrich Stoltze – ein Bürger aus Frankfurt, 32 DM.

Volkstum: *Baberadt*, Frankfurter Anekdoten-Büchlein, 7,80 DM; *Müller*, Frankfurter Ebbelwei-Bichele, 7,90 DM; *Sigel*, Zuschdänd in Frankfurt un annerswo, 19,80 DM; *Stoltze*, Die schönsten Dichtungen in Frankfurter Mundart, 7,80 DM; *Vogt*, Frankfurt wie es lacht, 17,80 DM; *Weisbecker*, Frisch aus der Kelter, 6,80 DM.

Stadtpläne: *Falk*, Frankfurt, Offenbach, Hanau, 4,90 DM; *Falk*, Autostadtplan, 9,80 DM; *Mairs Generalstadtplan*, 5,40 DM; *Ravenstein*, Frankfurt und Offenbach, 7,80 DM; *Stadtvermessungsamt*, Frankfurt 1 : 25 000.

B. GESAMTBILD UND GESCHICHTE

1. Rang. Lage. Klima.

STADTWAPPEN. Das Frankfurter *Wappen* zeigt auf rotem Feld einen silbernen Adler mit gespreizten Flügeln; die Stadtkrone auf seinem Haupt und die Fänge sind golden, Zunge und Krallen blau. Als Hoheitszeichen der Stadt taucht der Adler 1372 zuerst auf, von 1428 auf eigenen Münzen. Auch nach dem Untergang des Reiches 1806 behält Frankfurt den Reichsadler im Wappen, das seine jetzige heraldische Form 1872 erhalten hat. Im *Stadtsiegel* erscheint vom 13. bis 19. Jh. Karl der Große mit Krone, Szepter und Reichsapfel, vom 15. Jh. an darunter der Adler, nach 1819 nur noch der Adler allein. Die *Stadtfarben* sind weiß/rot. Besonders schön gestaltet ist der Adler am Eschenheimer Turm (1428).

Frankfurt am Main, viel geschmäht und viel gelobt, hat seinen hohen Rang unter den Städten Europas als wirtschaftlicher Mittelpunkt der Bundesrepublik. Die Bundesbank, die wich tigste deutsche Börse, die Großbanken haben hier ihren Hauptsitz, die meisten namhaften deutschen und ausländischen Banken hier eine Vertretung, die Industrie hier einen ihrer Schwerpunkte, die internationalen Messen reißen das ganze Jahr über nicht ab, und der Verkehr auf dem Flughafen wird nur von dem in London und Paris übertroffen.

Unter den Städten Deutschlands hält Frankfurt mit 631 000 Einwohnern Spitzenpositionen durch das höchste Steueraufkommen, die dickste Schuldenlast, die größte Verkehrsdichte, den stärksten Fernsprechverkehr, die höchsten Quoten an Amerikanern, an Gastarbeitern und Einpendlern, die umsatzstärkste Einkaufsstraße, die riesigsten Wolkenkratzer, den höchsten Kulturetat, aber auch die vielseitigste Unterwelt.

Auch auf dem Gebiet der Kultur- und Geschichte kann Frankfurt mit Superlativen aufwarten. Es ist die Krönungsstadt der meisten deutschen Kaiser, ist die Heimat des größten deutschen Dichters, Tagungsort der ersten deutschen Nationalversammlung, hat das bedeutendste Naturkundemuseum, eine der schönsten Gemäldegalerien, das progressivste Geschichtsmuseum, den meistbesuchten Zoo, den reichhaltigsten Palmengarten, die vielseitigste deutsche Küche und ist vom größten deutschen Stadtwald umgeben.

Natürlich ist Frankfurt am Main auch der größte unter den 36 Orten dieses Namens, die es in der Welt gibt. Vier davon liegen in Deutschland und zwar am Main, an der Oder, im Steigerwald und bei Magdeburg. Die 22 Frankfort in den USA verdanken ihre Namen zumeist deutschen Auswanderern. Das Frankfort in Kentucky hat ca. 19000, das in Indiana ca. 15000, die anderen haben kaum über 1000 Einwohner.

Frankfurt unterhält Partnerschaften mit den Städten *Birmingham*, *Lyon* und *Mailand*, sowie Städtefreundschaften mit *Kairo* und *Tel Aviv*.

LAGE. Frankfurt liegt in der uralten Kulturlandschaft des *Rhein-Main-Beckens* an der Stelle, wo durch die Gunst der Bodenstruktur ein hervorragender Flußübergang als Verbindung zwischen Nord und Süd gegeben war. Ein vom Odenwald bis gegen den Vogelsberg streichender mäßiger Höhenrücken verengt hier das weite Anschwemmungsgebiet des Mains zum schmalen Durchlaß. Wer an einem klaren Tag den Domturm oder den Henningerturm besteigt, dessen Blicke schweifen weit in die Landschaft, über den breiten Fluß und die weitgedehnten Wälder des alten Reichsforstes Dreieich im Süden, über sanft gebreitete Obsthügel im Norden zu blauenden Gebirgen. Von den ferneren Höhen der Rheinpfalz, über den Odenwald und den Spessart, die Höhen des Kinzigtales und des Vogelsberges bis zu dem nahen Taunus und Rheingaugebirge schließt sich der Kranz freundlicher Landschaften rings um die fruchtbare Ebene.

KLIMA. Der langgestreckte, im Altkönig und Feldberg gipfelnde Taunus fängt an seinen Südhängen die volle Strahlungswärme der Sonne auf; an seinem waldigen Rücken bricht sich die Macht der Winde aus Nordwest und Nord. Diese beiden Faktoren und die tiefe Lage der rhein-mainischen Ebene zusammen wirken sich bestimmend auf das Klima des Frankfurter Raumes aus. Sie mildern die Strenge des Winters, sie lassen den Frühling früher in Erscheinung treten als jenseits der umgebenden Gebirge, sie schenken einen langen freundlichen Herbst. Unter ihrem Einfluß gedeihen Bäume und Blumen, die man sonst nur in südlichen Ländern findet. Frankfurt ist die wärmste Stadt Deutschlands (Jahresdurchschnitt 9,7° C, im Jan. 0,8° C im Juli 18,8° C).

Weniger zu loben ist Frankfurts eigener Beitrag zum Wetter. Das Vorherrschen windstiller Tage (unter 3m/sec) verhindert oft eine ausreichende Durchlüftung der Stadt. Der vorherrschende Südwestwind bringt aus den Industriegebieten im Westen schlechte Luft in die Innenstadt, die erst abends mit dem Talwind des Mains wieder abfließt. Die Autoabgase und die Ölfeuerung erzeugen eine Dunstglocke über der Stadt, die besonders im Winter bedrückend sein kann und den Frankfurter 'Smog' (aus engl. smoke and fog) zu einem Begriff gemacht hat. Auch die Fülle von Hochhäusern und das Zubauen früherer Luftschneisen ist der Durchlüftung nicht förderlich. Von Nutzen sind die Kaltluftströme aus der feuchten Niddaniederung.

STADTBILD. Landschaftliche Faktoren, die die Stadtentwicklung bestimmt haben, sind der *Main* als Schiffahrtsstraße im Zentrum, der windungsreiche Lauf des Flüßchens *Nidda* im Norden, und der ausgedehnte *Stadtwald* im Süden. Von der Stadtgründung im

9. Jahrhundert bis zum 19. Jahrhundert reichte die Stadt vom Main aus nur bis zum Ring der heutigen Wallanlagen, mit dem Brückenkopf Sachsenhausen auf der Südseite des Stromes. In diesem Gebiet liegen die traditionsreichen Bauten Frankfurts. Im 19. Jahrhundert hat sich das Häusermeer weit darum ausgedehnt, hat schon Ende des Jahrhunderts zahlreiche Dörfer erreicht und eingemeindet. Industriegebiete am Main im Westen (Griesheim, Höchst) und Osten (Fechenheim), große Hafenanlagen haben die Stromlandschaft verändert. Nach Norden zu den Dörfern des Niddatales hin (Rödelheim, Heddernhein) nach Nordosten (Bornheim, Seckbach) und zwischen Mainufer und Stadtwald (Sachsenhausen, Oberrad, Niederrad) sind Wohnsiedlungen angewachsen und wachsen noch an.

Heute dehnt sich das Stadtgebiet (249 qkm) von Norden nach Süden 23,3 km, von Osten nach Westen 23,4 km aus und die Stadtgrenze ist 113 km lang. Der höchste Punkt (212 m) ist die Berger Warte im Osten, der tiefste der Main (88 m) bei Verlassen des Stadtgebietes. Die höchsten Gebäude der Stadt sind in der Altstadt der Domturm (95 m),in der City die Hochhäuser der Banken (über 160 m), in den Außenvierteln das Hotelhochhaus (159 m) an der Messe, der Henningerturm (120 m) in Sachsenhausen und der neue Fernmeldeturm (331 m) in Ginnheim. Im gesamten Stadtgebiet sind 5 484 ha Gebäudeflächen, 3 319 ha Straßen und Plätze, 4 926 ha Wald, 8 426 ha Ackerland und Wiesen, 588 ha Gewässerflächen. Sie ergeben ein einigermaßen ausgewogenes Verhältnis. Auf 16 km Länge fließt der Main durch das Stadtgebiet, auf weiteren 11 km gehört nur das Nordufer zur Stadt.

2. Bevölkerung. Verwaltung. Versorgung.

BEVÖLKERUNG. Die Bevölkerung der alten Reichsstadt, die um 1400 kaum mehr als 10000 Einwohner hatte, entstammte zumeist dem unmittelbar benachbarten Gebiet der Wetterau, war also fränkisch-hessischen Ursprungs, die Zuwanderung aus dem Gebiet südlich des Mains war zunächst weit geringer. Erst mit dem Ende des Mittelalters kamen auch Leute städtischer Herkunft von weiter her, namentlich im 16. Jh. 2000 vertriebene Niederländer und im 17. Jh. Hugenotten aus Frankreich, die unternehmenden Handelsgeist, hochentwickeltes gewerbliches Können und eine feinere Wohnkultur in die Stadt brachten.

EINWOHNERZAHLEN

1600 etwa 19000	1848 etwa 58000	1925 etwa 468000
1700 etwa 23000	1871 etwa 91000	1939 etwa 553000
1800 etwa 40000	1900 etwa 289000	1945 etwa 357000

1979 zählte Frankfurt 631 234 Einwohner, davon männlich 297 463, weib-

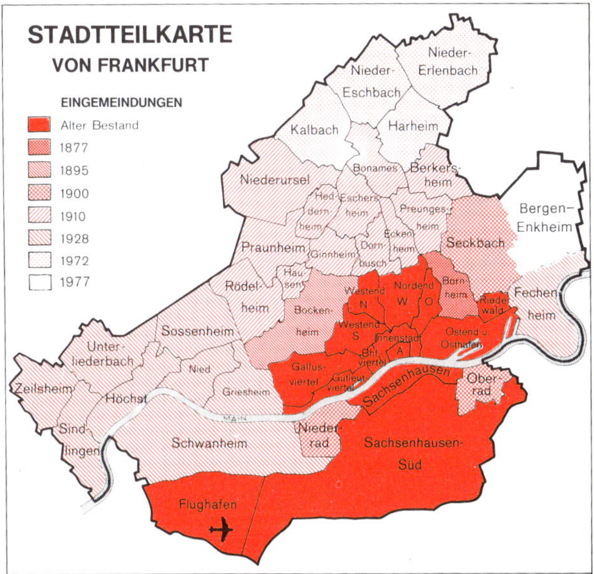

Stadtteil 1979	Einw.	ha	Stadtteil	Einw.	ha
1 Altstadt	3977	48.6	24 Heddernheim	14630	252.7
2 Innenstadt	7684	154.1	25 Niederursel	15308	836.2
3 Bahnhofsviertel	3313	51.9	26 Ginnheim	11003	355.1
4 Westend-Süd	17029	241.5	27 Dornbusch	16799	377.6
5 Westend-Nord	7159	167.2	28 Eschersheim	14271	334.1
6 Nordend-West	31215	307.3	29 Eckenheim	12241	
7 Nordend-Ost	29040	169.0	30 Preungesheim	7888	365.7
8 Ostend	27540	649.2	31 Bonames	10904	339.1
9 Bornheim	27163	278.8	32 Berkersheim	1856	319.3
10 Gutleutviertel	6706	897.0	33 Riederwald	5081	in 8 enth.
11 Gallusviertel	29960		34 Seckbach	9516	805.0
12 Bockenheim	32186	538.9	35 Fechenheim	15585	721.1
13 Sachsenhausen-Nord	29810		36 Höchst	11895	471.1
14 Sachsenhausen-Süd	23566	5921.5	37 Nied	14411	382.3
15 Flughafen	237		38 Sindlingen	9803	528.1
16 Oberrad	11567	276.1	39 Zeilsheim	12622	430.2
17 Niederrad	22628	289.2	40 Unterliederbach	13498	576.7
18 Schwanheim	18097	1782.8	41 Sossenheim	13607	596.8
19 Griesheim	20034	487.6	42 Nieder-Erlenbach	3363	833.8
20 Rödelheim	17856	515.3	43 Kalbach	4132	607.5
21 Hausen	6083	125.5	44 Harheim	4023	500.5
22/23 Praunheim	15152	455.8	45 Nieder-Eschbach	10552	636.2
			46 Bergen-Enkheim	14173	1256.0

lich 333 771. Zugezogen 1979 ca. 44 506, weggezogen ca. 46 408. Die Zahl der täglichen Einpendler betrug 1979: 220 000. Die Anzahl der Studenten an allen Hochschulen zusammen beträgt etwa 26 200.

Sehr groß ist die Zahl der Ausländer: 134 160 im September 1980.

AUSLÄNDER

26 500 Jugoslawen	9 700 Spanier	3 200 Österreicher
24 700 Türken	8 200 Griechen	3 200 Portugiesen
18 100 Italiener	4 300 Marokkaner	3 200 Amerikaner

VERWALTUNG. Die Gemeindevertretung ist seit dem Landesgesetz von 1952 die *Stadtverordnetenversammlung*. Sie ist das oberste Beschluß- und Wahlorgan, trifft alle wichtigen Entscheidungen, wählt den Oberbürgermeister und die Stadträte und überwacht die gesamte Verwaltung. Als Stadtverordnete sind die von der Bürgerschaft gewählten Mitglieder dieser Versammlung keine Ehrenbeamten, sondern Träger eines Mandats. Sie arbeiten in 14 Ausschüssen. Von den 93 Stadtverordneten gehörten 1981: 53 der CDU-Fraktion, 34 der SPD-Fraktion und 6 den Grünen an.

Der Gemeindevorstand ist der *Magistrat*, der sich zusammensetzt aus dem Oberbürgermeister, dem Bürgermeister als seinem Vertreter, dem Stadtkämmerer, den acht hauptamtlichen und den zwölf ehrenamtlichen Stadträten. Der Magistrat vertritt die Gemeinde nach außen, bereitet die Beschlüsse der Stadtverordnetenversammlung vor und führt sie aus, erfüllt die der Gemeinde vom Staat übertragenen Weisungsaufgaben und führt die laufende Verwaltung.

VERSORGUNG. – Trinkwasser. Frankfurt braucht für seine ca. 631 000 Einwohner und etwa 275 000 in 30 Umlandgemeinden, die es mitversorgt, etwa 90 Mio cbm im Jahr. Ein Drittel davon kommt aus stadteigenen Gewinnungsanlagen, zwei Drittel kommen aus Oberhessen und dem Hessischen Ried. Eine Leitung für *Quellwasser* von 66 km Länge wurde schon 1837 zu vier Quellen am Vogelsberg angelegt und 1875 zu 12 Quellen im Spessart. Drei Ströme von *Grundwasser* durchziehen den Frankfurter Raum, zwei davon kommen aus dem Taunus und ziehen in Richtung Hattersheim bzw. Praunheim, ein dritter gelangt von Osten her in den Stadtwald. Von den Pumpwerken liegen 5 im Stadtwald, zwei bei Hattersheim, 1 in Praunheim, 1 in Griesheim, 1 in Fechenheim. Das Wasser aus dem Hessischen Ried im Rheintalgraben fließt aus dem Odenwald zu. Die Pumpwerke holen das Wasser aus den 40–120 m tiefen Brunnen und führen es durch Aufbereitungsanlagen in Hattersheim, Praunheim und Schwanheim dem Rohrnetz zu. *Mainwasser* wird bei Griesheim aus dem Main gepumpt, in der Aufbereitungsanlage in Niederrad gesäubert und zum Versickern in den Stadtwald gepumpt, wo es sich nach natürlicher Filterung mit dem Grundwasser vermischt. *Hochwasserbehälter*, meist an hochgelegenen Punkten in die Erde versenkt, befinden sich in Sachsenhausen (Süd 1 und 2), an der Friedberger Warte (Mitte), am Heiligenstock (Nord) und in Praunheim (West).

Strom und Fernwärme. Der elektrische Strom, den die Stadtwerke Frankfurt a.M. abgeben (1979: 2,8 Mrd. kWh), wird etwa zu 50 % von *eigenen Kraftwerken*, und zwar vom Heizkraftwerk Gutleutstraße (Leistung 170 MW) sowie von den Heizkraftwerken Niederrad (140 MW), Nordweststadt (30 MW), Stadtmitte I (4 MW) und Stadtmitte II (4 MW) erzeugt. Die restliche Energie entnehmen die Stadtwerke aus dem *Verbundnetz* von der Preußischen Elektrizitäts-AG und von den beiden *Wasserkraftwerken* Griesheim und Eddersheim. Die in den Kraftwerken erzeugte Elektrizität wird mit Hochspannung zu den 110.000-Volt-Umspannwerken geleitet und von dort aus entsprechend umgespannt.

In Frankfurt beträgt im allgemeinen die Stromabgabe an *Industrie und Gewerbe* rund 51 %, an die *Haushalte* einschließlich der unmittelbar bei den Wohnungen tätigen Gewerbebetriebe etwa 46 % und an die *Straßenbahnen* 3 %. Die Stromkunden der Stadtwerke werden über 320 000 angeschlossene Stromzähler versorgt.

Die *Fernwärme* ist in Frankfurt sozusagen eine Zwillingsschwester des elektrischen Stroms. Beide Energiearten werden in den Kraftwerken gleichzeitig erzeugt. Der in den Kesseln auf hohen Druck gebrachte Dampf treibt zunächst die Turbinen, die mit Generatoren zur Stromerzeugung gekoppelt sind. Der beim Austritt entspannte Dampf oder das damit erwärmte Heizwasser wird in für die Fernwärme geschaffenen Rohrnetzen den Verbrauchern zugeleitet.

Im Stadtgebiet Frankfurt trägt die zentrale Fernheizung viel zur Reinhaltung der Luft bei. Die Kamine einer großen Zahl von Einzelfeuerungen konnten stillgelegt werden. Die Nordweststadt mit über 35 000 Wohnungen ist Frankfurts Stadtteil ohne Schornsteine. Ferner werden seit Jahren viele Gebäude in der Innenstadt mit Fernwärme und große Gebiete in den Stadtteilen Nied, Schwanheim, Goldstein und im Mainfeld sowie die Universitätskliniken, die Bürostadt Niederrad und der Flughafen Frankfurt am Main mit Raumwärme und Gebrauchswarmwasser beliefert.

Gas. – Die *Main-Gaswerke AG*, die Frankfurt mit Gas versorgt, hat ihre Kokerei (1905) im Osthafengebiet 1969 stillgelegt und versorgt die Stadt jetzt mit dem ungiftigen Erdgas, das aus Holland eingeschleust wird (1979: 1 428,2 Mio. cbm).

Lebensmittel. Der Frankfurter *Vieh- und Schlachthof* (1882) befindet sich am Deutschherrenufer in Sachsenhausen, doch kommt der größere Teil des benötigten Fleisches heute über Versandschlachthäuser in die Stadt, sodaß sich der Viehauftrieb sehr verringert hat. Auf dem nördlichen Mainufer gegenüber liegt die sehenswerte *Großmarkthalle* (1929), über die die Frankfurter Region mit Gemüse und Obst versorgt wird. Neuerdings nimmt für feinere Waren auch die Luftfracht gegenüber Bahn, LKW und Schiff an Bedeutung zu. Für Blumen wurde eine eigene *Blumenmarkthalle* (1965) nahe der Friedberger Warte erbaut. – Mit *Milch* werden die Frankfurter durch die Molkereien Moha und Zentra versorgt.

Abwasser. In Frankfurt (und Offenbach) sind alle Haushalte an das 1250 km lange Netz der Kanalisation angeschlossen, das bis in 12 m Tiefe verläuft, von ca. 80 Kanalarbeitern betreut und zweimal im Jahr gereinigt wird. Die 3 Mio Liter Abwasser im Jahr werden dem *Großklärwerk Niederrad/Nord* in Griesheim und weiter unter dem Main hindurch dem Werk *Niederrad/Süd* zugeführt. Ein weiteres Klärwerk befindet sich in *Sindlingen*. In Niederrad werden die Abwässer mit mechanischen und biologischen Mitteln zu 98 % gereinigt und dem Main zugeführt. Der Klärschlamm wird in drei Faultürmen geruchsfrei gemacht, maschinell entwässert und nach der Kompostierung vor allem im Weinbau zur Bodenverbesserung verwendet. Das anfallende Gas wird in elektrische Energie umgewandelt. Vollbiologische Kläranlagen sind geplant.

Müll. In Frankfurt fallen im Jahr fast 400 000 to Müll an, darunter 60 000 to aus 30 Nachbargemeinden. Täglich werden mehr als 1000 Tonnen in der *Müllverbrennungsanlage* in der Nordweststadt verbrannt, wobei der Dampf einem benachbarten Heizkraftwerk zugeleitet wird. Der Rest von 10 % wird als Schlacke bei Aufschüttungen verwendet. Der *Monte Scherbelino* im Stadtwald, der von 1927 bis 1968 aus dem Stadtmüll aufgeschüttet worden war, ist jetzt begrünt und ein Freizeitgelände geworden.

Luftreinigung. Die Luft wird in Frankfurt seit 1970 durch ein umfangreiches Netz von 300 Meßpunkten auf Frischluftzufuhr und die Anteile von Staub und Schwefeldioxyd kontrolliert, um in dringenden Fällen 'Smogalarm' auslösen und die künftige Bebauung steuern zu können.

3. Handel. Banken. Industrie

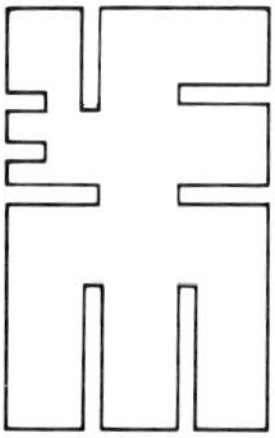

Handel. – Grundlage der Frankfurter Existenz war von den ältesten Zeiten her der Handel. Seit den ersten im 13. und 14. Jahrhundert abgehaltenen Jahresmessen bewährte sich die Mittlerfunktion der Stadt zwischen Nord und Süd bis in die neueste Zeit. Im Zusammenhang damit wurde Frankfurt zum internationalen Geld- und Wechselmarkt. Da die Mehrzahl der Meßgeschäfte Kreditverkäufe waren, entwickelte sich frühzeitig ein Wechselbriefverkehr. Die fortwährende Unsicherheit im Münzwesen führte schließlich zur Selbsthilfe der in Frankfurt versammelten nürnberger und italienischen Kaufleute, die sich 1585 mit Zustimmung des Rats auf einen verbindlichen Wechselkurs festlegten. So entstand die *Frankfurter Börse*, die bald als Mittlerin zwischen den Niederlanden und Italien internationale Bedeutung erlangte. Aus Wechselgeschäft und Warenhandel, Kommission und Spedition entwickelte sich im 17. und 18. Jh. ein selbständiges Bankwesen.

Mag auch die industrielle Entwicklung in neuerer Zeit stärker in Erscheinung getreten sein, so nimmt doch der Handel nach wie vor eine bedeutende Stellung im Frankfurter Wirtschaftsgefüge ein. Dies wird durch die Zahl von über 3 200 Betrieben mit rund 38 000 Arbeitnehmern unterstrichen, die allein im Groß- und Außenhandel tätig sind. Mehrere Handelshäuser haben ihre Zentralen in Frankfurt. Darüber hinaus vermitteln nach der Umsatzsteuerstatistik 1978 etwa 1 300 Handelsvertreterfirmen und Handelsagenturen Waren im Werte von 1,15 Milliarden DM. Schwerpunkte bilden dabei die Bereiche Nahrungs- und Genußmittel, Getreide-, Futter- und Düngemittel, Fahrzeuge und Maschinen, Pharmazeutika, Textilien und Lederartikel, sowie Rauchwaren und Pelzkonfektion. Hervorzuheben ist auch die Frankfurter *Großmarkthalle*, die einen wichtigen Umschlagplatz für Obst und Gemüse in der Bundesrepublik darstellt. Von ihr wird ein Bereich versorgt, dessen Grenzen 70 bis 100 km von Frankfurt entfernt liegen.

Auch der Einzelhandel mit über 5 600 Arbeitsstätten und rd. 42 000 Arbeitnehmern hat dazu beigetragen, daß Frankfurt heute neben Bremen und Hamburg zu den großen Handelsplätzen des Bundesgebietes gezählt wird. Die Warenhauskonzerne, Kaufhäuser und Lebensmittelfilialbetriebe, sowie spezialisierte Fachgeschäfte legen ein lebendiges Zeugnis ab für den Kaufmannsgeist der Stadt. Neben der Zeil, Frankfurts größtem Schaufenster, und dem Gebiet zwischen dem Römerberg und der Hauptwache hat sich über die Kaiserstraße bis hin zum Hauptbahnhof eine "Einkaufslandschaft" entwickelt. Die Anziehungskraft dieses Gebietes zeigt sich darin, daß nahezu jede dritte Mark, die in Hessen im Einzelhandel ausgegeben wird, in Frankfurter Ladenkassen fließt.

Als Sitz von Verbänden und Organisationen, als führende Stadt in der Werbewirtschaft und als Ausstellungs- und Messeplatz nimmt Frankfurt eine überragende Stellung in der Bundesrepublik ein. So sind z.B. neben 40 Landesverbänden und Verbänden mit regionaler Zuständigkeit, sowie Gewerkschaften, die *Deutsche Zentrale für Fremdenverkehr,* der *Bund Deutscher Verkehrsverbände,* der *Verband der Deutschen Rauchwaren- und Pelzwirtschaft,* der *Börsenverein des Deutschen Buchhandels,* die *Deutsche Landwirtschaftsgesellschaft,* der *Verein Deutscher Maschinenbau-Anstalten (VDMA)* und der *Verband der Automobilindustrie* hier beheimatet. Die Internationale Automobilausstellung, die Buchmesse, die Internationale Frühjahrsmesse und Herbstmesse und andere Veranstaltungen weisen Besucherzahlen auf, die an der Spitze vergleichbarer Messen im In- und Ausland liegen.

FRANKFURTER KLIPPE 1618

Banken. – Als Kern eines wirtschaftlichen Ballungsgebietes steht Frankfurt im Wettbewerb mit anderen Städten der Bundesrepublik, als Finanzplatz nimmt Frankfurt dagegen unangefochten die Spitzenposition in der Bundesrepublik (und nicht wenige sagen sogar: auf dem europäischen Kontinent) ein. Diesen Rang hat sich Frankfurt in einem steilen Anstieg erst in den letzten 30 Jahren erobert. Allerdings kann die Mainmetropole auf eine mehr als $5\frac{1}{2}$ Jahrhunderte zurückreichende Tradition als nationaler und internationaler Kapitalumschlagplatz zurückblicken.

Den Grundstein legten die *Jahresmessen* des Mittelalters, die eine Vielzahl von Währungen in die Stadt brachten; in jener Zeit entstanden die ersten Wechselstuben. Schon 1585 schlossen sich die Frankfurter Messehändler zur "Burs", der Vorläuferin der Börse, zusammen. Aus dem Geldwechselgeschäft, mehr aber noch aus dem Warenhandel und Speditionsgewerbe, gingen in der Folge zahlreiche, z.T. heute noch bestehende Privatbankhäuser hervor: 1586 *Koch, Lauteren + Co,* 1674 *Metzler,* 1748 *Gebr. Bethmann,* 1796 *Hauck,* 1824 *Grunelius.* Seine volle Entfaltung erlebte das Frankfurter Bankwesen dann im 19. Jahrhundert. als es in der Kriegs- und Staatsfinanzierung und bei der Finanzierung des internationalen Eisenbahnbaues eine führende Rolle spielte. Bereits 1850 kam in Frankfurt, das damals nicht mehr als 80 000 Einwohner zählte, auf 170 Einwohner eine Bank. Namen wie Bethmann, Rothschild, Speyer, Ellisen, Erlanger, Dreyfus, Oppenheimer erinnern z.T. noch heute an den großen Finanzplätzen der Welt an den früheren Glanz Frankfurts.

Nach der Reichsgründung vor 100 Jahren aber rückte Frankfurt in gleichem Maße, wie sich das Geld- und Kreditwesen nun in der Hauptstadt Berlin konzentrierte, allmählich in den Hintergrund. Der Zusammenbruch von 1945 beendete dann die Rolle Berlins als Banken- und Finanzzentrum Deutschlands.

Entscheidend dafür, daß gerade Frankfurt in der Folgezeit das Erbe Berlins antreten konnte, war zweifellos, daß die im Jahre 1948 gegründete 'Bank deutscher Länder', die Vorläuferin der *Deutschen Bundesbank,* hier, im geographischen Mittelpunkt der drei westlichen Besatzungszonen, ihren Sitz nahm. Die unmittelbare Nähe der Notenbank, ebenso aber wohl auch die zentrale Lage Frankfurts im Schnittpunkt der wichtigsten inländischen und internationalen Verkehrswege sowie das Wirtschaft- und Bevölkerungspotential des Rhein-Main-Gebietes, bestimmte in den 50er und 60er Jahren eine Vielzahl von Kreditinstituten, sich in Frankfurt zu etablieren. Gegenwärtig sind am Platze Frankfurt, großenteils innerhalb eines deutlich zu umgrenzenden, mit Hochhäusern gespickten BANKENVIERTELS, rd. 340 Kreditinstitute, davon 155 deutsche Banken, vertreten. Einen wesentlichen Beitrag zum Aufstieg Frankfurts zur internationalen Finanzdrehscheibe leisteten die drei deutschen Großbanken – *Deutsche Bank, Dresdner Bank* und *Commerzbank* –, mit ihrem Entschluß, ihre zentralen Geschäftsbereiche in Frankfurt zusammenzufassen. Auch die große, 1958 gegründete *Bank für Gemeinwirtschaft* (BfG) hat ihren Sitz in Frankfurt. Dank dieser Konzentration der Kräfte konnten sie in Größenordnungen hineinwachsen, die sie schon bald zu begehrten Kooperationspartnern der führenden europäischen Großbanken werden ließen. Außer den genannten deutschen Großbanken prägt eine ganze Reihe bedeutender Regionalbanken und namhafter Privatbankhäuser das Bild des privaten Kreditbankensektors am Platze Frankfurt. Von den 10 größten deutschen Kreditbanken haben nicht weniger als 7 ihren Sitz in Frankfurt. Neben dem privatrechtlichen ist auch der öffentlich-rechtliche und der genossenschaftliche Kreditbereich mit seinen führenden Instituten in Frankfurt vertreten. Mit der *DG-Bank Deutsche Genossenschaftsbank* domiziliert hier das Spitzeninstitut des deutschen Genossenschaftswesens, mit der *Deutschen Girozentrale – Deutsche Kommunalbank* – das des Sparkassensektors. Sie üben wie weitere ihnen nachgeordnete Zentralbanken von Frankfurt aus überregionale Lenkungs- und Koordinationsfunktionen aus.

Schließlich muß auf eine Reihe von Kreditinstituten mit Sonderaufgaben hingewiesen werden, die bundesweite Schlüsselaufgaben zu erfüllen haben. Unter ihnen ist etwa die *Kreditanstalt für Wiederaufbau* – ihr obliegt u.a. die Ausreichung der deutschen Kapitalhilfekredite an Entwicklungsländer –, die *Deutsche Bau- und Bodenbank* als Spezialinstitut für den Wohnungsbau und die *Landwirtschaftliche Rentenbank*, das Spitzenkreditinstitut für die deutsche Landwirtschaft, zu nennen.

Der permanente Zustrom namhafter ausländischer Geschäftsbanken nach Frankfurt bezeugt, daß Frankfurt auch im Ausland als potenter Finanzplatz von Weltgeltung eingeschätzt wird. 43 Auslandsbanken betreiben hier selbständige Filialen, 29 sind mit Tochtergesellschaften deutschen Rechts im Geschäft; darüber hinaus pflegen 112 weitere ausländische Kreditinstitute über Repräsentanten Kontakte mit den deutschen Banken. Nachdem zunächst vor allem die amerikanischen Großbanken wie die *Chase Bank* hier Fuß faßten, haben sich seit den 60er Jahren fast alle international führenden Geschäftsbanken ein "Bein" in Frankfurt geschaffen: von den 50 größten Kreditinstituten der Welt sind heute etwa 75 % in der Mainstadt etabliert.

Ungeachtet des bisherigen starken Zustromes von Kreditinstituten läßt sich unschwer vorhersagen, daß der Bankenplatz Frankfurt weiter expandieren wird. Die zugrundeliegende Motivation allerdings wandelt sich ständig. Hatten anfangs vor allem die Kreditinstitute aus den bedeutenden Welthandelsländern den Weg nach Frankfurt gefunden, so gehen nun auch immer mehr Länder der Dritten Welt dazu über, ihre Finanz- und Wirtschaftsinteressen hier durch Bankniederlassungen vertreten zu lassen. Ein Motiv von speziellem Gewicht ist die Erfassung von Ersparnissen der in der Bundesrepublik tätigen Gastarbeiter, wie die zunehmende Etablierung spanischer, jugoslawischer und griechischer Bankinstitute beweist. Ein weiterer wesentlicher Akzent wurde durch die Politik einer Normalisierung des Verhältnisses zu den Ländern des Ostblocks gesetzt. Es zeichnet sich bereits ab, daß Frankfurt, nachdem die Sowjet-Union mit der *Ost-West Handelsbank* sowie Rumänien und Polen hier bereits mit Bankgründungen hervorgetreten sind, in Zukunft als Kapitaldrehscheibe zwischen Ost und West weiter in den Vordergrund rücken wird.

Die Rolle Frankfurts als Finanzzentrum wird nicht zuletzt durch die FRANKFURTER WERTPAPIERBÖRSE mitbestimmt, die rd. 45 v. H. der Gesamtumsätze aller deutschen Börsen abwickelt. Ende Juni 1980 wurden an der Frankfurter Wertpapierbörse 5 148 Wertpapiere, nämlich 4 741 festverzinsliche und 407 Aktien, amtlich notiert. Seit 1968 gibt es in Frankfurt auch eine amtliche Goldpreisnotierung. Im internationalen Vergleich kann die Frankfurter Wertpapierbörse jedoch nur einen Mittelplatz belegen: allerdings weist sie nach allen Merkmalen überdurchschnittliche Steigerungsraten aus.

Der bisherige, sicherlich beachtliche Höhenflug Frankfurts als internationaler Banken- und Finanzplatz kann indes nicht über die nach wie vor beträchtliche Kluft zu den überragenden Finanzzentren der westlichen Welt, nämlich New York, vor allem aber London, hinwegtäuschen. Noch immer ist die von ehrwürdiger Tradition und liberalem Geist geprägte City von London Operationsfeld einer unübertroffenen Vielzahl von ausländischen Kreditinstituten.

In Kontinentaleuropa allerdings hat Frankfurt mit den traditionellen Finanzplätzen wie Paris, Mailand, Amsterdam und Zürich zumindest gleichgezogen. Auf diesem Terrain wird die Mainmetropole in Zukunft wohl vor allem die Pariser Konkurrenz zu spüren bekommen, für die dank großzügiger staatlicher Unterstützung mit der bis 1980 entstandenen "Cité Financière" optimale Rahmenbedingungen geboten werden.

Industrie. – Die Industrialisierung des 19. Jahrhunderts hat diesen Verhältnissen mächtigen Auftrieb gegeben, obwohl Frankfurt im Unterschied zu anderen deutschen Städten lange dem Eindringen von Großbetrieben Widerstand leistete. Das Haupthindernis bestand in der Gewerbeverfassung, die das zünftige Handwerk schützte. Ihr gegenüber hatten sich Ansätze zu fabrikmäßiger Fertigung von Waren, wie sie seit dem Zuzug der Niederländer immer wieder gemacht wurden, nicht zu mehr als lokaler Bedeutung entfalten können. Erst nach 1820 begann bei den Behörden eine industriefreundlichere Einstellung. Doch blieb die 1824 gegebene Erlaubnis zur Errichtung von Fabriken an die Beschränkung gefesselt, dem Handwerk keinen Abbruch zu tun. Die Lähmung blieb im ganzen bestehen bis zur Gewerbeordnung von 1863. Mit dem Anschluß Frankfurts an Preußen und der Reichsgründung 1879 setzt ein Aufschwung ein.

Durch die Eingemeindungen erhielt Frankfurt eine größere Zahl von industriellen Werken, die mittlerweile vor den Grenzen des Stadtgebietes aufgeblüht waren. Unter diesem Zeichen begann die große Wandlung des 20. Jahrhunderts, die aus dem Rhein-Main-Gebiet eine der bedeutendsten Industrielandschaften Deutschlands werden ließ. An Kapital für die vielen Neugründungen mangelte es dem reichen Frankfurter Bürgertum nicht. Für die Art der Industrie maßgebend war das Fehlen einer Rohstoffbasis. Infolgedessen ist die Industrie des rhein-mainischen Raumes um Frankfurt bis heute eine weiterverarbeitende Industrie geblieben. Hinter dieser Einschränkung verbirgt sich jedoch eine außerordentliche Mannigfaltigkeit. Hier können nur die Hauptzweige und einige durch ihr Alter oder ihre Größe bedeutende Einzelfirmen aufgezählt werden.

In der Metallindustrie und im Maschinenbau leistet Frankfurt Besonderes. Die *Vereinigten Deutschen Metallwerke (VDM)* gehen auf die 'Heddernheimer Kupferwerke' von 1852 zurück und stellen vor allem Kupferdraht her. Die *Maschinenfabrik Moenus AG* (1863) hat mit ihren Schuh- und Gerbereimaschinen europäischen Rang wie auch die *Deutsche Vereinigte Schuhmaschinen GmbH.* Hervorzuheben sind auch die *Demag Luftdrucktechnik GmbH* (1872), die *Alfred Teves GmbH* (1906; Autoteile, Kühlanlagen), die *Naxos-Union* (1871; Schleifmittel), die *Messer Griesheim GmbH* (1898; Schweiß- und Schneidanlagen) und die *EMDA* (1919; elektromedizin. u. zahnärztliche Apparate). Weitere Beispiele sind *Günther & Co.* (Spiralbohrer, Metallkreissägen), die *G. Roth GmbH & Co. KG.*, die *Merz Werke/Gebrüder Merz, Heinrich Wörner* (Artikel für die Fahrzeugindustrie), die *Samson Apparatebau AG*, die *Landis & Gyr GmbH* (Uhren und Apparate). Aus der Metallgesellschaft gingen 1922 die *Lurgi-Gesellschaften* für Chemie und Hüttenwesen, Apparatebau und Wärmetechnik hervor. Die *Adlerwerke vorm. Heinrich Kleyer AG* (1898, Fahrräder und Automobile) stellen heute Schreib- und Buchungsmaschinen her, hinzugekommen mit einem Werk ist die *Sperry Rand GmbH* (Computer).

Diesen Zweigen schließt sich die elektrotechnische Industrie an, bei welcher die Firmen *Voigt & Haeffner GmbH* (1886) mit Schaltapparaten und *Hartmann & Braun AG* (1884) mit Meßinstrumenten Weltruf gewannen. Seit 1949 befindet sich auch die *Hauptverwaltung der AEG-Telefunken* in Frankfurt. – Als bedeutende Firmen nennen wir noch die Firma *W. Lahmeyer* (1890), die *Schoeller & Co.* (Elektrotechn. Fabrik) und die Niederlassung der *Siemens AG.* – Die *Telefonbau & Normalzeit GmbH.* (1900) ist bekannt durch ihre Telefone, Telefonzentralen und elektr. Uhranlagen, die *VDO Adolf Schindling AG* (1921) durch ihre Präzisionsinstrumente. In der Rundfunkindustrie steht die *Braun AG* (1921) an der Spitze.

Den größten Aufschwung nahm die chemische Industrie. Deren wichtigste Werke sind: die *Hoechst AG*, die *Cassella AG Farbwerke* und die

Concentra GmbH (Druckfarben). Als bodenständige Firmen verdienen Hervorhebung die *Deutsche Gold- und Silber-Scheideanstalt* (Degussa 1873) wegen ihrer vielseitigen Tätigkeit auf dem Gebiet der Edelmetalle, der Chemie und der pharmazeutischen Präparate und in der kosmetischen Branche die *Curta & Co GmbH* "Das Jade-Haus".

Zwei Baufirmen mit Weltrang haben ihren Sitz in Frankfurt: die 1830 gegründete *Philipp Holzmann AG* und die *Wayss & Freitag AG*, deren Hauptverwaltung seit 1925 in Frankfurt ist.

Die Rauchwarenindustrie hat in Frankfurt ihr westdeutsches Zentrum mit manchen, früher in Leipzig ansässigen Firmen. Die Bekleidungsindustrie ist z.B. vertreten durch die *Deutsche Kleiderwerke GmbH.*

Im Graphischen Gewerbe errang die *D. Stempel AG* (1893) als Schriftgießerei Weltruf, in der Reproduktionstechnik die *Firma Klimsch & Co.* Zahlreich sind die Druckereien unter denen Namen wie *Brönners Druckerei Breidenstein KG, Johannes Weisbecker, Stritt & Co., Graphia Frankfurt Alfred Huß & Co,* die *Frankfurter Societäts-Druckerei GmbH* hervorzuheben sind.

Unter den Verlagen seien genannt die *Ravenstein Verlag GmbH* (1830) für Landkarten, *Moritz Diesterweg* für Schulbücher, der *Suhrkamp-Verlag, S. Fischer* und der *Insel Verlag* für schöne Literatur, *Vittorio Klostermann* für Geisteswissenschaften, *Wolfgang Weidlich* für Kulturgeschichte, *Dr. Waldemar Kramer Verlagsbuchhandlung,* der die Pflege der literarischen und kulturellen Tradition Frankfurts betreibt.

Frankfurts Ruf als Stadt gepflegter Küche wird auch durch Firmen der Nahrungs- und Genußmittelindustrie getragen. Jeder kennt die delikaten, seit 1919 geschützten *Frankfurter Würstchen* und die Namen der *Eugen Lacroix KG* und der Firma *Dr. Hammer & Co.* Die Frankfurter Brauereien *Binding* und *Henninger* gehören zu den größten der Bundesrepublik, bei der Verbreitung des Frankfurter Apfelweines hat sich besonders *Possmann* einen Namen gemacht.

4. Baukunst. Museen. Veranstaltungen

Bauwerke. – Die Stadt Frankfurt zeigt im Aufbau das charakteristische Gepräge vieler deutscher Städte. Im Zentrum, an den Fluß angelehnt, eine mittelalterliche Altstadt, in der traditionsreiche Bauten stehen, die ihr altvertrautes Gesicht durch die Jahrhunderte tragen. Darum herumgelegt eine Innenstadt, die – weitläufiger gebaut – von den Geschäftsstraßen durchzogen und mit Bürohäusern bebaut ist und die ihre natürliche Begrenzung in Wallanlagen findet. Diese sind an Stelle alter Festungswerke getreten und scheiden nun diesen gewachsenen und durchgeformten Stadtkern von der riesigen, wenig durchgeformten Außenstadt, die an ihren Rändern zahlreiche alte Dörfer überwachsen und dabei mit Wohnsiedlungen umkränzt hat.

Das Besondere am heutigen Frankfurt ist nun, daß die vom Verkehr weniger berührte ALTSTADT durch Bomben zerstört ist und ihre Gestaltung zu einem neuen Wohn- und Repräsentationszentrum noch im Gange ist. Die erhaltenen oder erneuerten Steinbauten stehen zwischen Neubauten wie dem *Technischen Rathaus* und dem *Historischen Museum* oder noch leeren Flächen. Das Unglück dieser Vernichtung gab und gibt den Stadtbaumeistern Aufgaben, über deren Lösungsweise nachzudenken auch für den hindurchwandernden Laien von hohem Reiz ist. Unbedingt sehenswert sind der *Dom*, der *Römer* und der *Saalhof*, die *Leonhards-*, *Nikolai-* und *Liebfrauenkirche*, das *Goethehaus* und das *Karmeliterkloster*.

Die INNENSTADT hat nach dem Kriege ein neues Gesicht gewonnen. Hier beherrschen die gewaltigen Hochhäuser des *Bankenviertels* ('Mainhattan') das Bild. Doch wird man darüber die Bedeutung der früheren Bauten wie *Katharinenkirche*, *Hauptwache*, *Börse*, *Frankfurter Hof* und den ehrwürdigen *Eschenheimer Turm* beachten.

Die WALLANLAGEN verdienen einen Rundgang von der Unter- zur Obermainbrücke, wobei man den Denkmälern berühmter Männer begegnet, dem neuen *Theater* und der zur Zeit wieder aufgebauten *Alten Oper*.

In der Außenstadt befinden sich – allerdings auf weiten Raum verteilt – eine Anzahl von städtebaulichen Sehenswürdigkeiten aus alter, neuerer und neuester Zeit, die einen Besuch lohnen.

Im WESTEND wird jeder den groß geschwungenen Straßenzug von der Friedensbrücke bis zum Palmengarten kennenlernen. Hier stehen bemerkenswerte Bauten der Jahrhundertwende wie der *Hauptbahnhof*, die *Festhalle*, das *Senckenbergmuseum*, zu denen das riesige *Hotelhochhaus* gegenüber der Messe, die neuen *Universitätsbauten* und die *Banken* an der Bockenheimer Landstraße hinzugekommen sind. – Im NORDEND verdienen das *Holzhausenschlößchen*, der klassizistische *Hauptfriedhof*, die Bauten des *Hessischen Rundfunks* Erwähnung. – Im OSTEND ist es vor allem der *Zoo*, der die Menschen anzieht, aber auch die *Großmarkthalle* und der *Osthafen* verdienen einen Besuch. – Im SÜDEN, jenseits des Maines, hat man am *Schaumainkai* einen schönen Blick auf das Panorama der Innenstadt. In *Alt-Sachsenhausen* findet man ein Viertel mit alten Gassen, vielen Brunnen und kleinen Apfelweinschenken.

In den V o r o r t e n haben sich noch manche alte Dorfkirchen, Rathäuser und Fachwerkbauten der eingemeindeten Dörfer erhalten, doch sind es hier die Neubauten der Nachkriegszeit, die besondere Beachtung verdienen. Dies gilt besonders für die große *Nordweststadt* in Heddernheim, die Wohnsiedlung *Atzelberg* in Seckbach und die *Bürostadt* in Niederrad.

In der ehem. Stadt *Höchst* im Westen findet man ein reizvolles Nebeneinander von Bauten des Mittelalters und der Barockzeit zu modernen Bauten wie denen der Hoechst AG. – In dem großen Frankfurter Stadtwald eingebettet liegen das schöne *Waldstadion* und der imponierende neue *Flughafen Frankfurt* (früher Rhein-Main).

Museen. – Die Frankfurter Museen tragen den Stempel einer durch Generationen fortwirkenden Bürgerkultur, sind aber heute zum Teil in nicht mehr zureichenden Bauten untergebracht. In der Altstadt findet man das äußerlich und innerlich supermoderne *Historische Museum,* in dem man Frankfurt aus seinen Wurzeln verstehen lernt, sowie das *Goethehaus* und das *Goethemuseum,* das man mit ungetrübter Freude besuchen wird. Am Schaumainkai – der Altstadt südlich gegenüber – findet man im *Städel* eine der wertvollsten Bildergalerien Deutschlands und im benachbarten *Liebieghaus* Beispiele des plastischen Schaffens der Menschheit von der altägyptischen Zeit bis zum Barock. Das *Museum für Kunsthandwerk* entfaltet seine reichen Schätze in einem reizvollen, aber viel zu kleinen Haus. Liebenswert intim in seiner alten Villa ist das *Bundespostmuseum.* Das benachbarte *Völkerkundemuseum* kann mangels Raum seine Schätze nur in wechselnden Ausstellungen präsentieren. Im nahen Deutschordenshaus wird die *Kultur der Römerstadt Nida*, heute Heddernheim, anschaulich gemacht. Die großen Sammlungen zur Naturkunde findet man in dem großartigen *Senckenberg-Museum* am Universitätsgelände, im *Palmengarten* im Westend und im *Zoo* im Ostend, der eine Zweigstelle im Niddatal aufzubauen beginnt. Das *Museum für Vorgeschichte* behaust das reizvolle Holzhausenschlößchen im Nordend. Hinzuweisen ist auch auf die Museen im benachbarten Offenbach: das *Deutsche Ledermuseum,* das *Klingspormuseum* für Buch und Schriftkunst und das *Stadtmuseum*.

BIBLIOTHEKEN und ARCHIVE: In der *Deutschen Bibliothek* besitzt Frankfurt die zentrale Sammelstelle für alle Neuerscheinungen der Bundesrepublik, in der *Stadt- und Universitätsbibliothek* die meistbenützte Bibliothek Hessens. Das *Stadtarchiv* ist eines der größten Archive, über die deutsche Städte verfügen; auch ein Teil des *Bundesarchivs* ist mit ihm verbunden. Die *Stadtbücherei* bietet in ihren insgesamt 20 Niederlassungen über 700 000 Publikationen an. Besondere Archive gibt es für das Werk Schopenhauers, Hindemiths, Albert Schweizers sowie den deutschen Widerstand. *Amerikahaus* mit Bibliothek (über 30 000 Bände), hauptsächlich in Englisch und rund 200 wissenschaftliche Bibliotheken.

Veranstaltungen. – THEATER. Die 15 Frankfurter Theater sind meist zu 80 % ausgebucht. Die drei *Städtischen Bühnen* für Oper, Schauspiel und Kammerspiel sind in einem neuen Theaterbau gut untergebracht. Von den Privattheatern hat sich das *Fritz-Rémond-Theater* im Zoo seit 1947 durch ein mehr konservatives Programm bewährt, während das *Theater am Turm* durch politische Auseinandersetzungen, aber auch durch gekonnte Inszenierungen über die Grenzen hinaus bekannt wurde. Als Boulevardtheater beliebt ist die *Die Komödie* (seit 1950), neu das *Volkstheater* im Großen Hirschgraben, das die Stücke in Frankfurter Mundart wieder zur Geltung bringt. Die *Maininger* und *Die Schmiere* sind harte, politisch geladene Kabaretts, während *Die Katakombe* sich als Experimentierbühne versteht. Wegen der Kinder sei auch das beliebte *Figurentheater*, eine Puppenspielbühne, genannt wie auch das *Puppenzentrum* und für die älteren die *Kinder- und Jugendtheater* der Katakombe und im Bürgerhaus Nordweststadt. Englischsprachiges Theater bieten das *Playhouse* und das *Café Theater*.

KONZERTE. 546 Konzerte im Jahr mit 360 000 Zuschauern hat man 1979 gezählt. Das Musikleben wird in erster Linie getragen von der *Frankfurter Museumsgesellschaft* (Opernhaus- und Museumsorchester) und vom *Hessischen Rundfunk* (Symphonieorchester des Hess. Rundfunks). Durch den Wiederaufbau der *Alten Oper* erhalten die Frankfurter 1981 eine neue Konzerthalle. Zu nennen sind auch das Orchester der *Staatl. Hochschule für Musik* und der 1834 gegründete *Philharmonische Verein*. Kammermusik pflegen vor allem die *Frankfurter Kunstgemeinde*, geistliche Musik die *Freunde der Kirchenmusik*.

VORTRÄGE. Volksbildende Vortragsreihen werden geboten durch den *Frankfurter Bund für Volksbildung* im Volksbildungsheim, durch das *Freie Deutsche Hochstift* im Goethemuseum und durch den *Frankfurter Verein für Geschichte und Landeskunde* im Karmeliterkloster.

5. Küche und Keller in Frankfurt

Die ehrwürdige Reichs- und Krönungsstadt gilt seit alters als hohe Schule der Gastronomie. Kaum irgendwoanders wurde in Deutschland so gut und so reichhaltig gegessen wie in Frankfurt, wo der Zustrom der Fremden, namentlich zur Messezeit, den verschiedensten Bedürfnissen zu entsprechen gebot. Die Krönungsmähler, die 'Hirschessen' des Rates und vielerlei Festessen waren auszurichten und es scheint, daß auch das Frankfurter Bürgertum solchen Anforderungen gefaßt entgegensah, denn von Goethes

Mutter, selbst eine Gastwirtstochter, ist der Ausspruch überliefert: 'vor Fürsten fürcht ich mich net, ich kann kochen!' *Goethe,* selbst ein freudiger Esser, blieb den Frankfurter Leckerbissen zeitlebens zugetan, der Philosoph *Schopenhauer* erkor sich die Stadt nicht zuletzt der guten Küche wegen zum Wohnsitz und Frankfurts berühmtester Lokaldichter *Friedrich Stoltze* war ein Wirtssohn. In welcher anderen Stadt gäbe es eine 'Freßgasse'?

Frankfurt ist Sitz des Internationalen Verbandes der Köche und war seit 1900 oft Schauplatz der 'Internationalen Kochkunst-Ausstellung' sowie der 'Bundesfachschau Hotel- und Gaststättengewerbe'. Bis zum Krieg besaß Frankfurt ein *Kochkunst-Museum* mit gastronomischer Schausammlung.

Weltruhm verdankt Frankfurt den *Frankfurter Würstchen,* die ihren guten Namen als Begriff für die ganze Gattung herleihen müssen. Echt und unverwechselbar sind sie nur, wenn sie aus dem Wirtschaftsbezirk Frankfurt am Main herrühren, heute aber vorwiegend aus Neu-Isenburg stammen. Vor Nachahmungen sind sie seit 1919 durch ein Kammergerichtsurteil geschützt. Die Würstchen bestehen aus feingewürztem Schinkenfleisch, das ungekocht in dünnste Hammeldärme gefüllt und über Buchenspänen geräuchert wird; daher die goldbraune Farbe. Das Rezept ist seit 1749 nachweisbar. Die Goldmedaille auf der Weltausstellung in Chikago 1893 leitete einen Siegeszug um die ganze Erde ein. Daneben haben alten Ruf die bekömmliche *Gelbwurst* aus feinem Schweinefleisch mit viel Gewürz in safrangelber Schale, gern warm gegessen, ebenso wie die schweinerne Fleischwurst und die Rindswurst.

Einfache Gerichte, die der Frankfurter schätzt, sind *Rippcher mit Kraut,* d.h. Schweinrippchen in Sauerkraut gargekocht mit Kartoffelpürree, *Bratwurst,* vor dem Braten kurz gesotten, mit Rotkraut und *Haspel mit Kraut,* d.h. Schweinefüßchen mit Kraut. Ferner *Ochsenbrust mit Grüner Sauce.* Die 'Grie Soß' besteht aus den sieben Kräutern Kerbel, Sauerampfer, Petersilie, Schnittlauch, Pimpernell, Borretsch und Kresse, die – heutzutage vorwiegend in Oberrad gezogen – das ganze Jahr über in Pergamentrollen angeboten werden. Sie werden mit Sahne oder Majonnäse, gehacktem Ei, Essig und Senf angerührt und auch gern zu Schellfisch gegessen. *Handkäs mit Musik,* zum Apfelwein, ist ein ursprünglich von Hand aus Sauermilchquark gemachter Käse, der mit Essig, Öl und kleingehackten Zwiebeln angemacht wird.

Unter den Frankfurter Backwaren ist das Rezept der köstlichen *Brenten* schon 1581 nachweisbar. Kronzeugen für die Güte dieser marzipanartigen Rechtecke, die in Holz gemodelt und gebacken werden, sind schon Grillparzer, Mörike und vor allem Goethe, der an sie gedacht haben mag, als er einmal schrieb: „Die Menschheit mag noch so zu ihren höchsten Zielen vorschreiten, die Zuckerbäcker rücken immer nach." Um 1840 beginnen ihnen auf den Teetischen die legendären *Bethmännchen* Konkurrenz zu machen, ein kugelförmiges Marzipangebäck, von vier, später drei Halbmandeln verziert, das den Damen im Hause des Staatsrates Moritz von Bethmann zuerst geglückt sein soll; die vierte Mandel ließ man seit 1845, dem Todesjahr des vierten Bethmann-Sohnes, fort. Weithin bekannt ist auch der feine *Frankfurter Kranz*. Zur Weihnachtszeit kauft der Frankfurter *Herzchen* aus Lebkuchen, *Quittenpaste, Nikolause* aus Hefeteig sowie in vielerlei Variationen Zwetschemänner, die aus Dörrpflaumen komponiert sind. *Hartekuchen*, *Brezeln* und *Kümmelweck* werden zum Apfelwein gegessen.

Apfelwein. – Der Apfelwein, vom Frankfurter 'Äppelwoi' oder 'Ebbelwei' gesprochen und liebevoll 'Stöffche' genannt, war seit Jahrhunderten das Getränk der einfachen Frankfurter, die es bei ihrem Zuzug aus der Wetterau und dem Untermaingebiet mit in die anwachsende Stadt gebracht haben. Von 1500 an war der Weinbau im Stadtgebiet zurückgegangen, 1641 wurde die erste Schankerlaubnis für Apfelwein erteilt. Heute ist der Apfelwein in ganz Deutschland als Getränk beliebt, der besondere Stil der Apfelweinkneipen mit ausgehängten Fichtenkränzen, den langen blankgescheuerten Tischen und den einfachen Gerichten wie 'Handkäs mit Musik', 'Rippcher mit Kraut', 'Haspel', 'Hämchen' hat sich in Alt-Sachsenhausen (S. 119) und in den Außenbezirken erhalten. Der Apfelwein kommt heute zumeist von Großkeltereien (z.B. Possmann in Rödelheim), doch keltern in Frankfurt auch noch etwa 80 Wirte selbst. Als Kelteräpfel verwendet man mit Vorliebe Boskop, Trierer Weinapfel, grünen Winter-Rambour, die in erster Linie aus Odenwald, Spessart und Taunus bezogen werden; Importäpfel sind zu süß. 3 Zentner Äpfel ergaben 100 l Apfelwein, der – wie man sagt – den Tag seiner Geburt nicht mehr erleben soll. Die Kelterzeit dauert 8 Wochen, der Gärungsprozeß 6 Monate, wobei der Apfelsaft leichter krank wird als der Rebensaft. Man unterscheidet den 'Alten' vom vergangenen Jahr, den rötlichen, noch unvergorenen 'Süßen', den bereits gärenden 'Rauscher', der gelb wie Stroh und trüb ist, und den ausgegorenen 'Hellen Neuen', der im Winter auch heiß getrunken wird. Beliebt ist der Zusatz von 'Speierling', den Früchten einer seltenen Ebereschenart (sorbus domestica). Ausgeschenkt wird der Apfelwein aus *Bembeln*, großen blau/grauen Westerwälder Steinkrügen, für die auf dem Schanktisch oft eine eiserne Kippvorrichtung steht. Die hohen Gläser sind gerippt oder geriffelt, sodaß auch das trübe Stadium von außen nicht sichtbar wird.

Wein: So volkstümlich der Apfelwein ist, so unbekannt ist der 'Frankfurter Wein'. Die Klöster der Karmeliter und Dominikaner sowie wohlhabende Bürger besaßen seit dem Mittelalter Weinberge in Hochheim, 25 km westlich von Frankfurt über der Einmündung des Mains in den Rhein. Diese Lagen zählen zu den Spitzenweinen des Rheingaues. Seit 1803 ist ein Teil der dortigen Weinberge in Besitz des Weingutes der Stadt Frankfurt und diese Weine, vorwiegend Riesling, lagern auch in den Kellergewölben des Römers. Die besten Lagen sind 'Domdechaney', 'Kirchenstück', 'Berggasse'. Der in England gebräuchliche Name 'hock' für deutschen Weißwein geht auf den 'Hochheimer' zurück, der über die Frankfurter Messen schon früh nach England gelangte. Die Queen Victoria, die 1854 in Hochheim war, pflegte zu sagen: 'Good hock keeps off the Doc'. Im Frankfurter Stadtgebiet, wo 1390 noch der Sachsenhäuser Berg für den Weinbau abgeholzt worden war, gibt es heute nur noch ein Traditionsstück auf dem Lohrberg (S. 184) bei Seckbach.

Bier wird vor allem von den zwei Großbrauereien *Binding* und *Henninger* auf dem Sachsenhäuser Berg gebraut; außerdem vom *Frankfurter Brauhaus.* Der Henningerturm und zahlreiche große Bräugaststätten finden sich in der Stadt und der Name dieser Frankfurter Biere ist im übrigen Deutschland und im Export stark vertreten. Streitigkeiten der Bierbrauer mit den Weinschänken durchziehen die Stadtgeschichte, denn als Volksgetränk hat das Bier im Apfelwein hier – einmalig in Deutschland – einen starken Konkurrenten.

6. Stadtgeschichte

Vor- und Frühgeschichte des Frankfurter Raumes

Goldene Bulle

Aus der jüngeren Steinzeit (bis 2000 v. Chr.) stammen die ältesten Siedlungsspuren im Raum Frankfurt. Die von Lößschichten überdeckten waldfreien Höhen zwischen den Tälern des Mains und der Kinzig, der Nidda und der Nidder eignen sich vorzüglich für den Ackerbau. Nach ihren mit Bandornamenten verzierten Gefäßen werden die Urbewohner dieses fruchtbaren Gebiets als 'Bandkeramiker' bezeichnet. Sie gehörten einem Volksstamm an, dessen Überreste bis in die Gegend von Göttingen und Naumburg an der Saale nachgewiesen werden können. Bei den Ausschachtungen zum *Frankfurter Osthafen* kam eine ihrer Siedlungen zutage. Weniger zahlreich sind die Spuren der in den Wäldern südlich des Mains ansässigen 'Schnurkeramiker'. Nach der Natur der Gegend müssen sie Jäger und Fischer gewesen sein; im Unterschied zu den Bandkeramikern besaßen sie keine festen Wohnplätze.

Eigenartigerweise fehlen alle Zeugnisse über den 1500 Jahre langen Zeitraum zwischen der Jungsteinzeit und der Eisenzeit (ca. 2000 bis ca. 500 v. Chr.). Auch die Bronzezeit ist in dieser Gegend nur mit wenigen Funden vertreten. Dagegen setzt mit der Eisenzeit eine reiche Überlieferung von Funden wieder ein. Gräber der Hallstatt- und der La-Tène-Periode enthalten die Überreste eines schmuckliebenden kriegerischen Herrenvolkes, welches etwa um 500 v. Chr. die bisher ansässige Bevölkerung unterworfen haben muß. Das Ergebnis der Funde stimmt gut überein mit der literarischen Überlieferung der Antike. Es waren die *Kelten*, die aus Frankreich kommend weite Striche Mitteleuropas, darunter Südwestdeutschland und den Frankfurter Raum, eroberten. Etwa 200 v. Chr. wurde ihrer Herrschaft durch *germanische Völker* ein Ende bereitet.

Aus der Feststellung, daß prähistorische Grabhügel zumeist an Wegen errichtet wurden, ergaben sich auch für unsere Gegend Schlüsse auf den Lauf der ältesten Straßenzüge. Es zeigt sich, daß die so nachweisbaren Verkehrswege noch im Mittelalter als Straßen Verwendung fanden. So verlief eine Reihe von Grabhügeln parallel dem Main von Schwanheim bis über Offenbach hinaus, etwa dem nachmaligen Bischofsweg entsprechend. Nördlich des Mains gilt ein gleiches von der späteren Gelnhäuser Poststraße, die von *Bornheim* entlang dem *Enkheimer Ried* gegen Osten verläuft. Andere alte Straßen durchzogen die Wetterau gegen Nordosten und Norden, unter ihnen eine von der Mainfurt ausgehende *Heerstraße*, deren Einschnitt im hohen Nidda-Ufer bei *Berkersheim* noch deutlich erkennbar ist.

Römer, Alemannen und Franken

Die **Römer** haben schon unter der Regierung des Augustus versucht, in der Rhein-Main-Gegend Befestigungen anzulegen, von denen aus sie es wagen konnten, gegen die Germanen vorzugehen. Das bei Höchst am Main entdeckte Erdkastell ist vielleicht eine Gründung des *Drusus* (um 12 v. Chr.). Genaueres aber wissen wir über seine und des *Germanicus* Züge durch die Wetterau und über die Bemühungen des *Caius Caligula* zur Unterwerfung der Chatten (um 41 n. Chr.) nicht. Erst mit dem *Chattenkrieg Domitians* (83 n. Chr.) beginnt die Geschichte des Limes. Dieser verlief als reine Verteidigungsanlage auf der Höhe des Taunus; in der dahinter geschützten Ebene entstanden nach und nach Kastelle und Lagerstädte. Ein Netz geradliniger Straßen verband sie untereinander, und die Anlage römischer Gutshöfe inmitten des Gebietes sicherte die Herrschaft des Eroberervolkes. Erst um 120 n. Chr. gewann die heutige *Saalburg* den Charakter einer ständigen Garnison, während sich das große *Heerlager Nida* zwischen den heutigen Vororten Heddernheim und Praunheim zum Verwaltungszentrum des Gebietes umwandelte. In Frankfurt sind die Reste einer *Römerbrücke* über den Main und einer *Siedlung* rings um den heutigen Domhügel nachgewiesen.

In Grenzkämpfen seit der Mitte des 2. Jahrhunderts wurde die Römerherrschaft untergraben, bis nach 250 die Alemannen den Limes durchbrachen und den Südwesten Deutschlands überfluteten. In Trümmer sanken die großartigen Anlagen der Römer, deren Wiederentdeckung erst unserer Zeit vorbehalten war.

Länger als ein halbes Jahrtausend schweigen dann die Geschichtsquellen über den Frankfurter Raum. Nur in dem Namen Frankfurt spiegelt sich wohl der erfolgreiche Kampf, den zu *Chlodwigs* Zeit (um 500) die **Franken** gegen die Alemannen um den Besitz des wichtigsten Übergangs vom Norden zum Süden Deutschlands ausfochten. Als ein Mittelpunkt des fränkischen Reichs tritt Frankfurt unter *Karl dem Großen* fast 300 Jahre später urplötzlich in das hellste Licht der Geschichte. In der Achse des Domes, wurden die Fundamente der *Karolingerpfalz* entdeckt, zu der der erste Dombau gehörte. Von hier ab können wir die Ereignisse in Daten verfolgen.

---

794 *Karl der Große* residiert in Frankfurt. Unter seinem Vorsitz und in Anwesenheit päpstlicher Legaten tagt eine Synode von Bischöfen aus Gallien, Germanien und Italien. Beschlüsse von Bedeutung für die abendländische Kirche werden gefaßt. Der rebellische Herzog *Tassilo von Bayern* unterwirft sich dem König.

814 Um die königliche *'Villa Franconofurd'* entsteht eine Pfalzsiedlung, Frankfurt wird zur bevorzugten Residenz der Könige aus karolingischem Geschlecht ('principalis sedes

regni orientalis'). Hier fanden zahlreiche Reichsversammlungen statt.

852 König *Ludwig der Deutsche* errichtet eine Kirche zu Ehren des Erlösers (S. Salvatoris) und begründet dabei ein Stift für zwölf Weltgeistliche.

856 *Lothar II.* wird zum König des karolingischen Mittelreichs Lotharingien erhoben (erste Königswahl in Frankfurt am Main).

887 *Arnulf von Kärnten* wird zum deutschen König gekrönt (erste Krönung in Frankfurt am Main).

941 König *Otto I.* feiert Weihnachten in Frankfurt und erteilt seinem reuigen Bruder Heinrich Verzeihung.

1007 König *Heinrich II.* gründet auf einer Synode zu Frankfurt das Bistum Bamberg.

1074 König *Heinrich IV.* erteilt den Wormser Bürgern Zollfreiheit zu Frankfurt am Main.

1147 *Bernhard von Clairvaux* predigt in Frankfurt zum zweiten Kreuzzug und bewegt *Konrad III.* zur Teilnahme.

1152 Der Staufer *Friedrich Barbarossa* wird in Frankfurt zum deutschen König gewählt (erste Wahl eines deutschen Königs in Frankfurt).

1189 Früheste Erwähnung eines Schultheißen als oberstem königlichem Beamten zu Frankfurt.

1208 *Otto IV.* wird zum König gewählt.

1219 König *Friedrich II.* schenkt den Frankfurter Bürgern den Grund für eine Kirche der hl. Jungfrau Maria und des hl. Georg (der späteren *Leonhardskirche).* Damit bekundet sich die Entwicklung der bisherigen Königspfalz zur Stadt.

1220 Reichstag zu Frankfurt, bei dem König Friedrich II. einen Landfrieden verkündet und den Fürsten erhebliche Sonderrechte verleiht.

1221 Der *Deutsche Ritterorden* erhält vom König das Hospital zu Sachsenhausen. Etwa gleichzeitig lassen sich die ersten Franziskaner in Frankfurt nieder.

1222 Die erste Holzbrücke über den Main wird geschlagen.

1238 An Stelle der baufälligen Salvatorkirche wird eine neue Kirche erbaut und 1239 dem hl. Bartholomäus geweiht, dessen Bild schon seit 1215 das Stiftssiegel zierte.

1240 Älteste urkundliche Erwähnung der *Frankfurter Messe,* deren Besuchern Kaiser Friedrich II. seinen Schutz verleiht. Eine Zollstätte zu Frankfurt wurde schon 1074 erwähnt, eine Reichsmünzstätte 1194.

1254 Beitritt Frankfurts zum *Rheinischen Städtebund.*

1266 Erste urkundliche Nennung des *Frankfurter Rats.*

1273 Wahl *Rudolfs von Habsburg* zum deutschen König.

1285 Frankfurt, Friedberg, Wetzlar und Gelnhausen schließen ein Bündnis, welches im folgenden Jahrhundert wiederholt erneuert wird *(Wetterauischer Städtebund).*

1314 Doppelwahl Ludwigs des Bayern und Friedrichs von Österreich. *Ludwig* behauptet sich in der Stadt Frankfurt, der er seine besondere Gunst zuwendet.

1330 König *Ludwig* gestattet die jährliche Veranstaltung einer zweiten Messe zur Fastenzeit.

1333 König *Ludwig* stimmt einer Erweiterung des Stadtgebietes zu, die, 1343–48 angelegt, sich bis zum Ende des alten Reiches als hinreichend erweist *(Bau der Wallanlagen).*

1349 Der zum Gegenkönig erwählte Graf *Günther von Schwarzburg* stirbt in Frankfurt und wird im Chor des Domes beigesetzt. – In diesem Jahr wütet die Pest; Geißlerscharen hetzen das Volk gegen die Juden auf.

1352 Zunftunruhen gegen den Rat.

1353 Gründung des *Katharinenklosters* durch Wicker Frosch.

1356 In dem zu Nürnberg und Metz erlassenen Reichsgrundgesetz, der sogen. *'Goldenen Bulle',* bestimmt Kaiser Karl IV. Frankfurt zur ständigen Wahlstadt für die deutschen Königswahlen. Die Bartholomäuskirche (Dom) wird Wahlkirche.

1366 Zunftunruhen werden durch den von Kaiser Karl IV. zum Reichsschultheißen eingesetzten *Siegfried zum Paradies* unterdrückt. Er löst das zuvor an den Grafen Ulrich III. von Hanau verpfändete Schultheißenamt und andere Pfänder, die Dörfer der Grafschaft *Bornheimer Berg* und einen Teil des Reichswaldes *Dreieich,* ein.

1372 Der Frankfurter Rat erwirbt die durch Siegfried zum Paradies eingelösten Pfänder. Mit dem Besitz des obersten königlichen Amtes erlangt die bisher königliche Stadt den Charakter einer freien Reichsstadt.

1377 Der Rat bringt das Zunftwesen in feste Abhängigkeit.

1381u. In Abwehr gegen das aufstrebende Landesfürstentum und die
1385 Ritterschaft schließt sich Frankfurt den neuen rheinischen und schwäbischen Städtebünden an.

1388 Teilnahme am Städtekrieg. 10000 Einwohner.

1389 Bei der Belagerung von *Cronberg* wird das Frankfurter Aufgebot überraschend durch die der Ritterschaft zu Hilfe eilenden Truppen des Pfalzgrafen Ruprecht völlig geschlagen. Dank ihrem Reichtum kann sich die Stadt von dem auferlegten Lösegeld befreien und fortan gegen ähnliche Anfeindungen erfolgreich zur Wehr setzen.

1390– Vorübergehende Erweiterung des Rats durch stärkere Be-
1408 teiligung der Zünfte.

1405 Erwerbung des Hauses zum *Römer,* das zum neuen Rathaus ausgebaut wird.

1415 Der Baumeister *Madern Gertener* beginnt mit dem Bau des Domturmes.

1454 *Johannes Gutenberg,* der Erfinder des Buchdrucks, arbeitet als Drucker in Frankfurt.

1462 Die Juden werden genötigt, in einem Ghetto eine besondere Gasse zu bewohnen.

1478 Erbauung von Landwehren und Warten rings um die Stadt (Bockenheimer 1435, Friedberger 1478, Gallus- 1414, Sachsenhäuser Warte 1470 abgeschlossen).

1495 Begründung und Eröffnung des Reichskammergerichts in Frankfurt durch König *Maximilian.*

1509 In der *'Frankfurter Reformation'* wird das Recht der Stadt neu zusammengefaßt.

1520 Gründung einer Lateinschule durch die humanistisch gesinnten Ratsherren unter Leitung *Wilhelm Nesens.*

1521 *Martin Luther* reist durch Frankfurt zum Reichstag nach Worms.

1521– 1522 Die lutherischen Prädikanten *Hartmann Ibach* und *Dietrich Sartorius* predigen in der Katharinenkirche, *Ulrich von Hutten* und die Taunusritter greifen zugunsten der evangelischen Lehre in die Frankfurter Verhältnisse ein.

1525 Der Rat vollzieht nach Unterdrückung bürgerlicher Unruhen die Einführung der Reformation in Frankfurt.

1530 Errichtung des Almosenkastens als weltliches Amt für Armenpflege.

1530 Erste ständige Buchdruckerei des *Christian Egenolff* zu Frankfurt (vgl. 1454).

1536 Beitritt Frankfurts zum Schmalkaldischen Bund.

1546 Nach der Vertreibung der Schmalkaldischen Bundesgenossen aus Süddeutschland wird Frankfurt von kaiserlichen Truppen unter dem Grafen von Büren besetzt. Die Stadt muß ihre Auflehnung durch Kontributionen büßen und dem kath. Bekenntnis den Dom wieder einräumen.

1552 Frankfurt wird von den gegen Karl V. verbündeten sächsischen und hessischen Truppen eingeschlossen und erleidet eine dreiwöchige Belagerung, die durch den Friedensschluß beendigt wird *(Fabers Belagerungsplan).*

1554 Aufnahme vertriebener reformierter Niederländer und Engländer unter Führung *Valérand Poullains* zu Frankfurt. Während die Engländer schon 1559 in ihre Heimat zurückkehren, bleiben die Niederländer. Sie bringen ein belebendes Element in die Bürgerschaft, haben aber unter Anfeindung der Lutheraner zu leiden.

1562 *Maximilian II.* wird in Frankfurt zum Kaiser gewählt und gekrönt. Seitdem ist Frankfurt auch Krönungsstadt der deutschen Kaiser.

1576 Einführung einer regelmäßigen Vermögenssteuer, der Schatzung, deren Anfänge auf die Überwindung einer schweren Finanzkrise um 1556 zurückgehen.

1578 Neufassung des Stadtrechts in der 'Erneuerten Reformation' durch *Dr. Johann Fichard.*

1585 Nürnberger und italienische Kaufleute schließen sich mit Zustimmung des Rats zu einer Börse zusammen.

1596–1608 Das Verbot der Abhaltung von Gottesdiensten des reformierten Bekenntnisses veranlaßt eine große Zahl der Niederländer zur Auswanderung nach *Hanau* und *Frankenthal,* wo sie neue Gewerbezweige begründen. Die Zurückbleibenden erhalten schließlich das Recht, sich vor den Toren der Stadt eine Kirche zu erbauen (1601).

1612–1614 Bürgerunruhen zu Frankfurt. Durch die Unzufriedenheit weiter Schichten mit dem selbstherrlichen Regiment des Rats bricht der Aufruhr bei Anlaß der Wahl des *Kaisers Mathias* aus. Kaiserliche Kommissare stiften zunächst Ordnung und veranlassen den Abschluß eines Bürgervertrages (21. Dez. 1612), der als Grundlage der Frankfurter Verfassung bis 1806 gegolten hat. Aber ein Teil der Handwerker unter Führung des Lebküchlers *Vinzenz Fettmilch* reißt in offener Rebellion die Macht an sich, vertreibt den Rat und die Juden und behauptet sich, bis kaiserlicher Druck und der Widerstand der Bürgerschaft sie überwindet. Mit der Hinrichtung der Rädelsführer 1616 endet der *Fettmilch-Aufstand.*

1631–1635 Nach dem siegreichen Einzug Gustav Adolfs (1631) herrschen die Schweden in Frankfurt bis zur Befreiung durch die Kaiserlichen unter *Lamboy* (1635).

In dieser Zeit schuf *Matthäus Merian d. Ältere* hier seine großartigen Kupferstiche, die uns von vielen Städten eine lebendige Anschauung vermitteln.

1632–1650 Im Zeichen der drohenden politischen Spannungen wird Frankfurt durch den Ingenieur *Dilich* mit einem neuen Befestigungsring umgeben.

1658 Prunkvolle Wahl und Krönung *Leopolds I.*

1666 Durch die Berufung *Philipp Jakob Speners* nach Frankfurt wird die Stadt zum Ausgangspunkt für die religiöse Erneuerung im Zeichen des Pietismus.

1678 Erbauung der *Katharinenkirche* an Stelle eines kleineren, 1353 errichteten Gotteshauses.

1685 Aufnahme vertriebener Hugenotten.

1689 Frankfurt entgeht mit knapper Not dem Schicksal der von den

Franzosen verbrannten pfälzischen Städte; nur *Ober-* und *Niederrad* fallen den Zerstörern zum Opfer.

1708–1732 Auf Klagen der städtischen Bürgerschaft beim Kaiser gegen die Mißbräuche des patrizischen Rats wird 1712 eine Kaiserliche Kommission eingesetzt, die eine gründliche Verwaltungsreform (1728) herbeiführt. Durch Revisionskollegien wird das Finanzwesen einer beständigen Kontrolle der Bürger unterworfen; die Wahl der Amtspersonen geschieht seitdem durch ein ausgeklügeltes Verfahren, die Kugelung.

1749 *Goethe* am 28. Aug. im Hause am Hirschgraben geboren. Als Enkel des Stadtschultheißen *Textor* steht er von Anbeginn im Kreise der für Frankfurt maßgebenden Familien.

1759 Erste Besetzung Frankfurts durch die Franzosen im Siebenjährigen Kriege nach der Schlacht von Bergen. Der Königsleutnant *Thoranc*, in Goethes Vaterhaus einquartiert, sorgt für Verbesserung der öffentlichen Einrichtungen.

1763 *Johann Christian Senckenberg* stiftet ein Bürgerhospital und ein medizinisch-naturwissenschaftliches Institut.

1782 *Franz II.* als letzter Kaiser des Heiligen Römischen Reiches Deutscher Nation in Frankfurt gekrönt.

1789 An Stelle der baufällig gewordenen Barfüßerkirche wird der Neubau der *Paulskirche* begonnen.

1792 Zweite Besetzung Frankfurts durch die *Franzosen* der Revolutionsarmee unter *Custine*, die aber am 2. Dezember durch Hessen und Preußen unter Beihilfe der Bewohner vertrieben werden (*Hessendenkmal* 1793).

1796 Dritte Besetzung Frankfurts durch die Franzosen unter *Jourdan* nach heftiger Beschießung.

1800 Vierte französische Besetzung (bis 1801).

1803 Durch die Säkularisation der Klöster und Stifte erfährt die Stadt beträchtlichen Vermögenszuwachs.

1805 Abbruch der alten Stadtbefestigungen.

1806 Die Franzosen unter *Augereau* besetzen Frankfurt zum fünften Male. Frankfurt verliert seine Unabhängigkeit und wird Regierungssitz des zum Primas des Rheinbundes ernannten Erzbischofs von Mainz, *Karl von Dalberg.*

1810 Die Gebiete von Frankfurt, Wetzlar, Aschaffenburg, Fulda und Hanau werden durch *Napoleon* zum Großherzogtum Frankfurt unter Dalberg als Großherzog zusammengeschlossen.

1813 Befreiung Frankfurts von der napoleonischen Herrschaft durch Preußen, Österreicher und Russen. *Freiherr vom Stein* als Generalgouverneur für die befreiten Gebiete nimmt seinen Sitz in Frankfurt. Die reichsstädtische Verfassung wird wiederhergestellt.

1814 Durch *Steins* Einfluß behält Frankfurt seine unabhängige Stellung, es wird Freie Stadt im neuen Deutschen Bund.

1816 Frankfurt gibt sich in der Konstitutions-Ergänzungsakte eine neue Verfassung mit Senat und Gesetzgebender Versammlung.

1816 Der *Deutsche Bundestag* wird in Frankfurt eröffnet (5. 11.).

1828 Frankfurt wehrt sich gegen den Beitritt zum Preußischen Zollverein.

1833 Freiheitlich gesinnte Studenten suchen den Bundestag durch einen Sturm auf die Hauptwache zu sprengen, doch das Unternehmen mißlingt; die Folge ist eine schärfere Verfolgung aller liberal Gesinnten.

1836 Beitritt Frankfurts zum Deutschen Zollverein.

1839 Eröffnung der ersten Eisenbahn von Frankfurt an den Rhein *(Taunusbahn).*

1848–1849 In der *Paulskirche* zu Frankfurt tagen das Vorparlament und die Deutsche Nationalversammlung.

1848 Barrikadenkampf in der Altstadt als Protest gegen die schwankende Haltung der Nationalversammlung in der schleswig-holsteinischen Sache. Mit der Niederwerfung des Aufruhrs wird die Kraft der Revolution gebrochen.

1863 Versammlung der deutschen Fürsten unter Österreichs Vorsitz in Frankfurt.

1866 Frankfurt wird von der Preußischen Mainarmee eingenommen und nach Auferlegung schwerster Kriegskontributionen dem preußischen Staate einverleibt. Ende der Freien Stadt Frankfurt.

1867 Brand des Domes.

1871 Im Hotel zum Schwan wird am 10. Mai der Frankfurter Friede zwischen Deutschland und Frankreich geschlossen.

1872 Eröffnung der Pferdebahn.

1888 Eröffnung des *Hauptbahnhofs;* Frankfurt wird Mittelpunkt des westdeutschen Eisenbahnverkehrs.

1891–1912 *Franz Adickes* Oberbürgermeister von Frankfurt, der bedeutendste Förderer der neuen städtischen Entwicklung und Begründer der Universität.

1902 Eröffnung des Schauspielhauses.

1907–1912 Erbauung des *Osthafens,* durch den Frankfurts Industrie dem deutschen Wasserstraßennetz angeschlossen wird.

1908 Eröffnung der Festhalle.

1909 Erste *Internationale Luftfahrt-Ausstellung.*

1914 Eröffnung der *Johann-Wolfgang-Goethe-Universität.*

1920 Vorübergehende (6.) Besetzung Frankfurts durch französische

Truppen.

1924 Eröffnung des Frankfurter Flughafens am Rebstock.

1936 Eröffnung des neuen *Flughafens Rhein-Main.*

1943–1945 Schwere Luftangriffe auf Frankfurt, durch die im März 1944 die Altstadt in Schutt und Asche sinkt. Am 25. März 1945 werden alle Mainbrücken gesprengt, am 29. März wird die Stadt von amerikanischen Truppen besetzt.

ZERSTÖRUNG. Von 1939 bis 1942 blieb Frankfurt von Luftangriffen verschont, erst die Monate Juli bis September 1942 brachten leichte Angriffe. Vom Oktober 1943 an erfolgten die Angriffe in immer kürzeren Abständen und erreichten im Januar, März und September 1944 ihre Höhepunkte. Im ganzen wurden 37 Luftangriffe auf die Stadt geflogen, davon 16 bei Nacht. Die Zahl der Toten betrug 5647. Von 42 370 getroffenen Gebäuden wurden rund 11 500 völlig zerstört. Die Angriffe haben sich auf das ganze Stadtgebiet erstreckt, trafen aber die Fachwerkhäuser der Altstadt vernichtend und ließen auch den Römer, die Kirchen und ehem. Klöster und andere Steinbauten in ihr zerstört zurück. 12,5 Mio cbm Trümmerschutt mußten beseitigt werden.

1945 Mit dem Ende des Deutschen Reichs und des Staates Preußen wird Frankfurt dem neugeschaffenen Lande Hessen einverleibt.

1948 Hundertjahrfeier zum Gedächtnis der Deutschen Nationalversammlung in der wieder aufgebauten *Paulskirche.* Wiederaufnahme der *Frankfurter Messen.*
Bei der Wahl zur Bundeshauptstadt unterliegt Frankfurt nur knapp Bonn.

1951 Einweihung der neuen Friedensbrücke über den Main. 1. Internationale Automobilausstellung nach dem Kriege.
Eröffnung des erneuerten Goethehauses.

1952–1960 Wiederaufbau von Altstadt und Innenstadt: 1952 Römer; 1956 Dom; 1954 Katharinenkirche; 1955 Kaisersaal; 1956 Fernmeldehochhaus; 1957 Börse; 1959 Deutsche Bibliothek.

1968 Eröffnung der 1963 begonnenen ersten U-Bahn-Strecke

1972 Eingemeindung von Harheim, Kalbach, Nieder-Erlenbach, Nieder-Eschbach. Eröffnung des Historischen Museums und des neuen Flughafen-Terminals.

1975 Das Gesetz über den "Umlandverband Frankfurt" tritt in Kraft.

1977 Eingemeindung von Bergen-Enkheim und des gesamten Flughafengeländes.

1978 S-Bahnhof Hauptwache wird in Betrieb genommen.

1981 Wiedereröffnung der Alten Oper als 'Konzert- und Kongreßzentrum'.

7. Bedeutende Frankfurter.

In chronologischer Folge nennen wir hier 113 Männer und Frauen, die durch Geburt oder einen wesentlichen Teil ihres Lebenswerkes mit Frankfurt verbunden sind und viel zu dem beigetragen haben, was die Stadt in unseren Augen ist oder sein sollte. Wo kein Geburts- oder Todesort angegeben ist, handelt es sich immer um Frankfurt.

14.–15. JAHRHUNDERT

Frosch, Wicker, †1360. Geistlicher. Aus reichem altem Geschlecht. Kantor des Domes, stiftete 1353 ein Spital mit Kloster, das spätere Katharinenstift. Grabstein in St. Katharinen.

von Peterweil, Baldemar †1382. Kanonikus am St. Bartholomäus-Stift, verfaßte die erste Ortsbeschreibung von Frankfurt am Main.

zum Paradies, Siegfried, †1386. Von Kaiser Karl IV. eingesetzt, löste er das dem Grafen Ulrich von Hanau verpfändete Reichsschultheißenamt, die Grafschaft Bornheimer Berg und den Stadtwald ein. Indem die Stadt 1372 diese Rechte und Besitzungen von ihm erwarb, erlangte sie die Reichsfreiheit. Grabstein in der Nikolaikirche.

Gutenberg, Johann, *vor 1400 in Mainz, †1468 in Mainz. Erfinder der Buchdruckerkunst, lebte 1454–57 in Frankfurt und druckte dort den Ablaßbrief, den Türkenkalender und die Kreuzzugsbulle des Papstes Calixt III. Gutenbergdenkmal auf dem Roßmarkt.

Gerthener, Madern, *um 1360, †1430, Steinmetz, übernahm 1391 die Werkstatt des Vaters, trat 1395 in städtische Dienste, wurde 1405 Meister, 1411 Dombaumeister. Erbaute von 1415 an den Domturm bis zur Vollendung des zweiten Stockwerkes und 1428 den Eschenheimer Turm.

Der Frankfurter. Um 1400 lebender, namentlich unbekannter Priester und Kustos am Deutschherrenhaus. Verfaßte eine mystisch-asketische Schrift, die Luther 1516–18 unter dem Titel "Eyn Deutsch Theologia" zuerst herausbrachte, weil er ihr außerordentliche Einsichten verdankte.

Holzhausen, Hamman v., *1467, †1536. Bedeutendster Vertreter einer patrizischen Familie, die der Stadt eine große Zahl von Ratsherren und Bürgermeistern gestellt hat. Förderer der Reformation und des Humanismus. Besitzer des Holzhausen-Schlößchens. Holzhausen-Kapelle in St. Leonhard.

Cochlaeus, Johannes, *1479 bei Nürnberg, †1552 in Breslau. Geistlicher. 1519 Dechant des Liebfrauenstiftes. Scharfer Gegner Luthers beim Wormser Reichstag 1521 und danach.

Ibach, Hartmann, *1487, †1533. Ehemaliger Barfüßermönch, der sich der Lehre Luthers zuwandte und am 9. März 1522 in der Katharinenkirche mit Billigung des Rates die erste protestantische Predigt hielt.

Nesen, Wilhelm, *1493 in Zittau, †1523 in Wittenberg. Humanist, Freund Luthers. Ab 1520 Leiter der neu errichteten Lateinschule in Frankfurt, aus welcher das heutige Lessinggymnasium hervorgegangen ist.

16. JAHRHUNDERT.

Egenolff, Christian, *1502 in Hadamar, †1555. Erster ständiger Buchdrucker zu Frankfurt. Bedeutender wissenschaftlicher Verleger der Reformationszeit.

Fichard, Johann, *1512, †1581. Jurist, Syndikus der Stadt. Verfaßte im Auftrage des Rats die als 'Erneuerte Reformation' 1578 publizierte Bearbeitung des geltenden Stadtrechts.

Heller, Jakob, †1522. Großkaufmann, Patrizier, Schöff und Bürgermeister. In seinem Auftrag malte Dürer den sog. 'Helleraltar' für das Dominikanerkloster und schuf Backoffen die Kreuzigungsgruppe im Dom.

Steinmetz, Johann, genannt *Latomus,* *1524, †1598. Von 1561 an Dechant am Bartholomäusstift. Frankfurts erster Stadtgeschichtsschreiber durch seine 'Antiquitates' und seine für die Allgemeinheit bestimmten 'Acta'.

Feyerabend, Sigmund, *1528 in Heidelberg, †1590. Als Formenschneider, Buchdrucker und Verleger verschaffte er Frankfurt den Ruf der bedeutendsten Druckerstadt Europas.

Faber, Konrad, *Kreuznach, †1553. Maler, seit 1525 in Frankfurt, seit 1538 Bürger. Bis heute berühmt als Zeichner des Planes der Belagerung Frankfurts von 1552, der von Hans Grave in Holz geschnitten wurde.

Flegel, Georg, *1568 in Olmütz, †1638. Maler und Miniaturist. Eigenständiger, meist in Frankfurt tätiger Meister des Stillebens. Werke im Histor. Museum.

Baur, Johann Martin, *1577, †1634. Ratsherr, Schöff und Stadtschultheiß. Schlug 1614 den Aufstand der Handwerker unter Vinzenz Fettmilch nieder und wurde dafür "als Baur von Eysseneck" 1616 vom Kaiser geadelt.

Elsheimer, Adam, *1578, †1610 in Rom. Großer Maler und Radierer. Ging über München und Venedig nach Rom. Malte Landschaften mit Figurenscenen meist kleine Formate. Einige Hauptwerke im Staedel.

Herbst, Johann Andreas, *1588 in Nürnberg, †1666. Musiker, vom Rat 1623 zum städtischen Musikdirektor berufen, hat er das Musikleben der Stadt aus bescheidenen Anfängen zu großer und bleibender Blüte gebracht.

Merian, Matthäus, (der Ältere), *1593 in Basel, †1660 in Schwalbach. Maler und Kupferstecher. Erwarb 1626 das Bürgerrecht und übernahm die Kunsthandlung seines Schwiegervaters de Bruy. Durch seine Ansichten deutscher und europäischer Städte, die 1624–88 in der 'Topographia' erschienen, überlieferte er ein zuverlässiges Bild der Städte im 17. Jahrhundert.

zum Jungen, Johann Maximilian, *1596, †1649. Ratsherr, Schöff und Bürgermeister. Hervorragender Gelehrter, Reisender und Sammler, dessen Bücher 1690 zum Grundstock der Stadtbibliothek wurden.

17. JAHRHUNDERT

Dilich, Johann, *1600 in Kassel, †1657. Ingenieur und Festungsbaumeister. Schuf von 1627–56 Frankfurts großartige neue Stadtbefestigung, heute die Wallanlagen.

Sandrart, Joachim v., *1606, †1688 in Nürnberg. Maler, hervorragender Porträtist, am päpstlichen wie am kaiserlichen Hof angesehen. Seine 'Teutsche Akademie' (Nürnberg 1675–79) ist die erste Kunstgeschichte in deutscher Sprache.

Ludolf, Hiob, *1624 in Erfurt, †1704. Bedeutender Sprachforscher, namentlich des Äthiopischen. Seine Bücher und Handschriften hinterließ er der Stadtbibliothek. Grabmal an der Katharinenkirche.

Spener, Philipp Jakob, *1635 in Rappoltsweiler, †1705 in Berlin. Geistlicher. Begründer des Pietismus. Von 1666 bis 1686, Senior des Predigerseminars in

Frankfurt. Errichtete 1669 ein Armen-, Waisen- und Arbeitshaus, gründete 1670 die 'Collegia pietatis', Zusammenkünfte frommer Menschen.

Leisler, Jakob, *1640, †1691 in New York. Sohn eines Pfarrers der franz.-ref. Gemeinde. Ging 1660 als Soldat nach Amerika, wurde Kaufmann und Vizegouverneur von New York, durch die Aristokraten gestürzt und hingerichtet, jedoch durch das englische Parlament rehabilitiert.

Merian, Maria Sibylla, *1647, †1717 in Amsterdam. Tochter von M. Merian, verheiratete Graff. Bedeutende Malerin und Erforscherin von Blumen und Insekten auf Reisen durch Surinam (1699–1701). Ihre Aquarelle z.T. im Graphischen Kabinett des Staedel.

Lersner, Achilles August v., *1662, †1732. Ratsherr und Schöff. Verfasser einer höchst reichhaltigen 'Chronik' von Frankfurt.

Telemann, Georg Philipp, *1681 in Magdeburg, †1767 in Hamburg. Komponist. 1712–21 Kirchenmusikdirektor in Frankfurt.

Heister, Lorenz, *1683, †1758 in Helmstedt. Professor der Anatomie, Botanik und Chirurgie, einer der berühmtesten Wundärzte seiner Zeit.

Uffenbach, Johann Friedrich, *1687 †1769 Schöff, Bürgermeister, Kaiserlicher Rat, bedeutender Gelehrter auf dem Gebiete der Technik und Naturwissenschaft.

18. JAHRHUNDERT

Senckenberg, Johann Christian, *1707, †1772. Arzt und Naturwissenschaftler. Stiftete sein Vermögen 1763 zur Errichtung eines Bürgerspitals und naturwissenschaftlichen Institutes, die zu den Grundlagen der Universität wurden. Grab im Bürgerspital.

Schütz, Christian Georg, *1718 in Flörsheim, †1791. Landschafts- und Architekturmaler. Kam als 14jähriger Bauernjunge zu einem Fassadenmaler in Frankfurt in die Lehre und errichtete nach längerer Wanderschaft 1743 eine eigene Werkstatt. Aus dieser gingen die schönsten Ansichten der Frankfurter Stadtlandschaft und der Rheinlandschaft im 18. Jh. hervor.

Staedel, Johann Friedrich, *1728, †1816. Begründer des Staedelschen Kunstinstitutes durch Vermächtnis von 1 Mio. Gulden und seiner Kunstsammlung. Büste im Staedel.

Brönner, Johann Karl, *1738, †1812. Bedeutender Verleger und Buchhändler, Förderer des Freimaurertumes. Seine Kunstsammlungen bildeten den Grundstock des Graphischen Kabinetts im Staedel.

Battonn, Johann Georg, *1740 in Mainz, †1827. Geistlicher Rat, bekannter Verfasser einer 'örtlichen Beschreibung der Stadt Frankfurt am Main'.

Rothschild, Mayer Amschel, *1743, †1812. Begründer des Bankhauses Rothschild, das durch seine fünf Söhne zu einer weltbeherrschenden Firma mit Filialen in London, Paris, Wien und Neapel wurde. Das Stammhaus bestand 1798 bis 1901. Rothschildpark bei der Alten Oper.

Guiollet, Jakob, *1746 in Aschaffenburg, †1815. In der Franzosenzeit Senator und seit 1811 Maire von Frankfurt, führte die Umwandlung der Stadtbefestigung in Wallanlagen durch. Denkmal in der Taunusanlage.

Goethe, Johann Wolfgang, *1749, †1832 in Weimar. Sohn des kaiserl. Rates Johann Kaspar Goethe (1710–82) und der Elisabeth Catharina Textor (1731–1808), Tochter eines Stadtschultheißen. Verlebte seine Kindheit bis 1765 und seine ersten Schaffensjahre bis zum Fortgang nach Weimar (1775) in Frankfurt, von dessen Leben er in 'Dichtung und Wahrheit' eine höchst anschauliche Beschreibung gab.

Klinger, Friedrich Maximilian v., *1752, †1831 in Dorpat. Freund des jungen Goethe, Verfasser des Dramas 'Sturm und Drang' 1776, nach dem sich eine ganze Gruppe junger Schriftsteller benannte. Zuletzt in russischen Diensten bis zum Rang eines Generals aufgestiegen.

Günderode, Friedrich Maximilian v., *1753, †1824. Präfekt im Großherzogtum Frankfurt und als letzter Stadtschultheiß 1806–16 Oberhaupt der Stadt.

Salins de Monfort, Nicolas, *1753 in Versailles, *1838 in Würzburg. Architekt. Kam als Emigrant nach Frankfurt, wo er namentlich 1818–23 eine Anzahl guter Privathäuser baute.

Soemmerring, Samuel Thomas v., *1755 in Thorn, †1830. Großer Anatom, Erfinder des elektrischen Telegraphen (1809). Lebte 1792–1805 und 1820–30 in Frankfurt.

Heß, Johann Christian, *1756 in Zweibrücken, †1816. Stadtbaumeister. Erbauer der Paulskirche 1789–92, die sein Sohn 1816–33 vollendete.

Stein, Heinrich Friedrich Karl, v. *1757 in Nassau, †1831 in Cappenberg. Staatsmann. Seit 1816 Ehrenbürger von Frankfurt, dem er nach der französischen Herrschaft die Unabhängigkeit im Deutschen Bund sicherte. Begründete hier 1819 die 'Gesellschaft für ältere deutsche Geschichtskunde'.

Adlerflycht, Justinian v., *1761, †1831, Schöff und Senator, Verfasser von 'Privatrecht der Freien Stadt Frankfurt'.

Hölderlin, Friedrich, *1770 in Lauffen, †1843 in Tübingen. Von 1795–98 Hauslehrer im Hause des Frankfurter Kaufmanns Gontard, dessen Frau Susette unter dem Namen 'Diotima' zu einer Idealgestalt seiner Dichtungen wurde. Denkmal in der Bockenheimer Landstraße.

Wöhler, August v., *1771 in Rinteln, †1850. Tierarzt und Landwirt. Wurde von Primas v. Dalberg 1816 nach Frankfurt gezogen, wo er zum Förderer allgemeinnütziger Einrichtungen wurde, so der 'Frankfurter Sparkasse von 1822', Die Wöhler-Stiftung von 1846 und die Wöhlerschule von 1870 ehren sein Andenken.

Meyer, Johann Heinrich v., *1772, †1849. Bürgermeister und 1831–48 Bundestagsgesandter Frankfurts. Anfänglich Rationalist, kehrte er zum Christentum zurück und ist als Bibelübersetzer aus den Urtexten zum Beinamen 'Bibel-Meyer' gekommen.

Fischard, Johann, *1773, †1829. Senator und Schöff, schrieb 1811–15 'Die Entstehung der Reichsstadt Frankfurt am Main'.

Bozzini, Phillipp, *1773 in Mainz, †1809. Stadtarzt, Erfinder des Kehlkopfspiegels ('Lichtleiter').

Schlosser, Friedrich Christoph, *1776 in Jever, †1861 in Heidelberg. 1801–17 Haus-und Gymnasiallehrer in Frankfurt. Als Professor in Heidelberg Verfasser der 1857 vollendeten 'Weltgeschichte für das Deutsche Volk'.

Morgenstern, Johann Friedrich, *1777, †1844. Maler. Viele seiner schönen Ansichten von Frankfurt und Umgebung im Staedel und im Histor. Museum.

Savigny, Karl v., *1779, †1861 in Berlin. Berühmter Vorkämpfer der histor. Rechtsforschung, preußischer Minister.

Brentano, Clemens, *1778 in Ehrenbreitstein, †1842 in Aschaffenburg. Dichter der Romantik. Verlebte seine Jugend in Frankfurt. Herausgeber von 'Des Knaben Wunderhorn" (1805–08).

Kirchner, Anton, *1779, †1835. Pfarrer, Historiker. Schrieb 1806 die erste umfassende Geschichte der Stadt Frankfurt. Denkmal in der Eschenheimer Anlage.

Rinz, Sebastian, *1782 in Heimhausen, †1862. Schuf als Stadtgärtner von 1806 bis zu seinem Tode die Frankfurter Wallanlagen. Denkmal in der Friedberger Anlage.

Arnim, Bettina v., *1785, †1859 in Berlin. Schwester Clemens Brentanos, Gattin des Romantikers Achim von Arnim. Glühende Verehrerin Goethes, verfaßte 'Goethes Briefwechsel mit einem Kinde' (1835).

Bethmann, Simon Moritz v., *1786, †1826. Brachte das 1748 gegründete Bankhaus Gebrüder Bethmann zu Weltgeltung. Erwies der Stadt große Dienste bei der Erwerbung der Klöster (1802), bei der Reform des Schulwesens (Musterschule 1803), beim Rückzug Napoleons (1813). Sein Denkmal in der Friedberger Anlage, sein Grab auf dem Petersfriedhof.

Börne, Ludwig (eigentlich Löb Baruch), *1786, †1837 in Paris. Schriftsteller, Förderer der Emanzipation der Juden. Gab 1818–21 'Die Wage', eine Zeitschrift für Bürgerleben heraus. Von der Zensur schikaniert, ging er nach Paris und verfaßte dort die witzigen 'Briefe aus Paris'. Sein Denkmal in der Bockenheimer Anlage.

Passavant, Johann David, *1787, †1861, Maler. Schüler Davids in Paris. Von 1824 an in Frankfurt tätig, seit 1840 auch als Inspektor des Staedel.

Pforr, Franz, *1788, †1812 bei Rom. Maler, Mitbegründer der Brüderschaft von Sant Isidoro in Rom. Im Staedel sein Bild 'Der Graf von Habsburg' (1810).

Schopenhauer, Arthur, *1788 in Danzig, †1860. Philosoph. Siedelte 1833 nach Frankfurt über, erwarb aber nie das Bürgerrecht. Lebte hier als Privatgelehrter, sein pessimistisches Hauptwerk 'Die Welt als Wille und Vorstellung' (1818) wurde erst nach 1850 berühmt. Sein Denkmal in der Obermainanlage, Schopenhauerarchiv in der Stadtbibliothek.

Malß, Karl Balthasar, *1792, †1848. Theaterdirektor von 1827–41 und Lokaldichter. Immer noch gern aufgeführt das Lustspiel 'Der alte Bürgerkapitän' (1821).

Veit, Philipp, *1793 in Berlin, †1877 in Mainz. Maler. 1815–30 in Rom, dann bis 1843 Lehrer am Staedelschen Kunstinstitut.

Rüppell, Eduard, *1794, †1884. Großer Afrikaforscher in Nubien, Abessinien und der Sinaihalbinsel (1822–34). Stiftete die Ausbeute seiner Reisen der Senckenbergischen Naturforschenden Gesellschaft.

Delkeskamp, Friedrich Wilhelm, *1794 in Bielefeld, †1872. Kupferstecher. Seit 1831 in Frankfurt tätig. Berühmt sind seine Panoramen vom Rhein und der 'Malerische Plan von Frankfurt am Main', 1859–64 entstanden.

Boehmer, Johann Friedrich, *1795, †1863. Bedeutender Historiker. Herausgeber der 'Monumenta Germaniae Historica' und des Urkundenbuches der Reichsstadt Frankfurt am Main (1836).

Rumpf, Friedrich, *1795, †1867, Architekt, er schuf das Heiliggeist-Hospital sowie die Portale am Alten israel. Friedhof und am Hauptfriedhof, wo er begraben liegt.

19./20. JAHRHUNDERT

Souchay, Eduard Franz, *1800, †1872. Senator und Bundestagsgesandter. Bewirkte Frankfurts Anschluß an den Zollverein und an das neuentstehende Eisenbahnnetz.

Schleiden, Jakob Mathias, *1804 in Hamburg, †1881. Berühmter Botaniker, der die Bedeutung der Zelle erkannte. 1842–43 'Grundzüge der Botanik'.

Holzmann, Johann Philipp, *1805 in Sprendlingen, †1870. Begründer einer der bedeutendsten Baufirmen in der Welt. Siedelte 1856 nach Frankfurt über und beteiligte sich vor allem am Bau des Eisenbahnnetzes.

Fellner, Karl Konstanz Victor, *1807, †1866. Letzter regierender Bürgermeister der Freien Reichsstadt. Nahm sich das Leben, weil er die von der Preuss. Rheinarmee geforderte Kriegskontribution von 25 Mio. Goldgulden und die Denunziation zahlungskräftiger Preußenfeinde nicht ausführen wollte. Gedenkstein am Rechneigraben.

Körner, Gustav Peter, *1809, †1896 in Belleville/USA. Anführer beim mißlungenen Sturm auf die Hauptwache 1833. Entkam nach USA, dort Aufstieg bis zum Gesandten in Spanien.

Hoffmann, Heinrich, *1809, †1894. Arzt, Menschenfreund und Dichter. Gründete 1834 ein Armenspital, verfaßte 1844 das volkstümliche Bilderbuch 'Struwwelpeter', das um die ganze Welt ging. 1851–89 leitender Arzt der städt. Irrenanstalt.

Ravenstein, Friedrich August, *1809, †1881. Buchhändler und Begründer des noch bestehenden Landkartenverlages. Rief 1833 die erste Frankfurter Turnerschaft ins Leben, gründete 1868 den Taunusklub.

Gutzkow, Karl, *1811 in Berlin, †1878. Schriftsteller, Wortführer des 'Jungen Deutschland'. Lebte von 1849 bis zu seinem Tode in Frankfurt, der Heimat seiner Frau.

Mouson, Johann Georg, *1812, †1894. Brachte die 1798 von seinem Vater gegründete Seifensiederei zu einer kosmetischen Fabrik von Weltruf. Die Familie kam über Berlin aus Pont à Mousson (Frankreich).

Hoch, Joseph Paul Johannes, *1815, †1876. Bestimmte sein Vermögen zur Gründung des Hoch'schen Konservatoriums (1876), heute Hochschule für Musik.

Stoltze, Friedrich, *1816, †1891. Frankfurts bedeutendster und beliebtester Lokaldichter. In der 'Krebbelzeitung' (seit 1852) und der 'Frankfurter Latern' (seit 1860) schuf er beliebte humoristisch-satirische Blätter. Sein Denkmal südlich der Katharinenkirche.

Siesmayer, Franz Heinrich, *1817 bei Mainz, †1900. Gartenbaudirektor, Schöpfer des Palmengartens und des Grüneburgparkes.

Jordan, Wilhelm, *1819 in Insterburg, †1904. Schriftsteller. Abgesandter Brandenburgs in der Nationalversammlung, dann Marinerat. Verfasser des s.Zt. vielgelesenen Epos 'Die Nibelungen' (1868–74).

Reiffenstein, Theodor, *1820, †1893. Maler und Radierer von zahlreichen liebevoll ausgeführten Ansichten aus dem alten Frankfurt.

Denzinger, Franz Joseph v., *1821 in Lüttich, †1894 in Nürnberg. Architekt. Erneuerte den Dom nach dem Brand von 1867 und erbaute die Dreikönigskirche.

Volger, Georg, *1822 in Lüneburg, †1897 in Sulzbach/Taunus. Gründer des

Freien Deutschen Hochstifts 1859 und Erwerber des Goethehauses (1862) für das Hochstift als Zentrum der Goetheforschung.

Burnitz, Karl Peter, *1824, †1886. Zuerst Rechtsanwalt, dann Maler bei Corot in Paris, von 1857 an in Frankfurt und Kronberg tätig.

Reis, Philipp, *1834 in Gelnhausen, †1874 in Friedrichsdorf. Erfinder des Telefons, das er 1861 im Physikalischen Verein vorführte. Denkmal in der Eschenheimer Anlage.

Diesterweg, Moritz, *1834 in Berlin, †1906. 1860 Gründer des großen, noch bestehenden Schulbuchverlages dieses Namens.

Brüning, Adolf v., *1837 in Elberfeld, †1884. Chemiker, Begründer der Hoechster Farbwerke, auch Politiker und Reichstagsabgeordneter.

Bockenheimer, Jakob, *1837, †1908. Hervorragender Chirurg, Menschenfreund. Begründer einer Armenklinik. Sein Denkmal auf dem Oppenheimer Platz in Sachsenhausen.

Thoma, Hans, *1839 in Bernau, †1924 in Karlsruhe. Maler. Hatte seinen Wohnsitz 1877–99 in Frankfurt. Malte dort 'Die Oed' und viele andere Werke, die heute im Staedel hängen.

Steinhausen, Wilhelm, *1846 in Sorau, †1924. Maler, Dr. theol.hc. Versuchte eine Erneuerung der religiösen Malerei. Bedeutend als Landschaftsmaler und Porträtist seines Bekanntenkreises. Lebte fast 50 Jahre in Frankfurt, darunter Jahre der Freundschaft mit Hans Thoma. Steinhausenarchiv.

Adickes, Franz, *1846 bei Stade, †1915. Oberbürgermeister 1891–1912. Kraftvoller Förderer der städtischen Entwicklung. Erbauer des Osthafens und Gründer der Universität.

Merton, Wilhelm, *1848, †1916. Begründer der Metallgesellschaft als Zentrum des deutschen Metallhandels. Als Wohltäter und Sozialpolitiker Mitbegründer der Universität.

Ehrlich, Paul, *1854 bei Breslau, †1915 in Bad Homburg. Chemiker, bahnbrechender Forscher, Erfinder des Salvarsans. Nobel-Preis 1908. 'Paul-Ehrlich-Preis'.

Humperdinck, Engelbert, *1854 in Siegburg, †1921 in Neustrelitz. Komponist. In seiner Frankfurter Zeit als Lehrer am Konservatorium (1890–96) entstand die Oper 'Hänsel und Gretel'.

Epstein, Wilhelm, *1860 in Leipzig, †1941. Von 1906–30 hochverdienter Leiter des Frankfurter Bundes für Volksbildung zusammen mit seiner Frau Else.

Weinberg, Arthur v., *1860, †1943 im KZ Theresienstadt. Mitinhaber der Cassella-Werke. Vereinte in seiner Person die Eigenschaften des Wissenschaftlers, begeisterten Sportfreundes (Rennstall) mit denen des Wohltäters seiner Vaterstadt.

Ziehen, Julius, *1864, †1925. Schulrektor und Stadtrat. Gestaltete das Frankfurter Schulwesen zu einer in Deutschland und weithin im Ausland als vorbildlich geltenden Einrichtung.

Landmann, Ludwig, *1868 in Mannheim, †1945 in Haag. Frankfurts Oberbürgermeister 1924–1933. Seine Hauptleistungen sind die Stadtverwaltung von 1928, der Bau der Großmarkthalle 1929, der Ausbau des Flughafens.

Euler, August Heinrich, *1868, †1957 Feldberg/Schw. Flugzeugtechniker. Erster deutscher Flieger mit Flugpatent Nr. 1, sowie erster deutscher Luftfahrtminister. Führte das Fahrrad in Rußland ein, entwickelte das durch den Propeller schießende Maschinengewehr.

Klimsch, Fritz, *1870, †1960 in Freiburg. Bildhauer, Mitbegründer des Deutschen Künstlerbundes. Schuf vor allem Bildnisbüsten und weibliche Aktfiguren.

Frobenius, Leo, *1873, †1938 in Biganzolo (Tessin). Afrikaforscher und Begründer des Forschungsinstitutes für Kulturmorphologie, heute 'Frobenius-Institut', Hauptwerk 'Erlebte Erdteile' (1925–29).

Wilhelm, Richard, *1873 in Stuttgart, †1930 in Tübingen. 1899–1921 Missionar in China. Hervorragender Kenner der Chinesischen Kultur. Gründete 1925 das Frankfurter China-Institut und übersetzte viele Werke aus der klass. Literatur der Chinesen.

Hahn, Otto, *1879, †1968 in Göttingen. Chemiker. 1928 Direktor des Kaiser-Wilhelm-Institutes, 1946 Präsident der Max-Planck-Gesellschaft. Entdeckte 1938 in Berlin die Kernspaltung des Urans, wofür er 1945 den Nobelpreis erhielt. Ehrenbürger der Stadt. Seit 1970 Verleihung des Otto-Hahn-Preises.

Beutler, Ernst, *1885 in Reichenbach, †1960. Literarhistoriker. Seit 1925 Leiter des Freien Deutschen Hochstifts, hervorragender Goethekenner. Erreichte gegen viele Widerstände den Wiederaufbau des Frankfurter Goethehauses.

Valentin, Veit, *1885, †1947 in Washington. Historiker, namentlich der Revolution 1848/49. Nach 1933 aus Deutschland vertrieben,lehrte er an der Universität in London und in New York.

Vocke, Wilhelm, *1886 in Aufhausen, †1974. Bankfachmann. Seit 1948 Präsident des Direktoriums der Bank deutscher Länder. Sicherte gegen den Wunsch Adenauers den Verbleib der Deutschen Bundesbank in Frankfurt, deren Stellung als führender Bankplatz dadurch neu begründet war.

Hindemith, Paul, *1895 in Hanau, †1963 in Frankfurt, Komponist. 1915–27 Konzertmeister an der Frankfurter Oper, ab 1927 Professor an der Musikhochschule in Berlin. Anerkannter Führer der neueren deutschen Musik. Emigrierte 1933 in die Türkei, dann nach USA.

Horkheimer, Max, *1895 in Stuttgart, †1973 in Nürnberg. Philosoph und Soziologe, Leiter des Frankfurter Institutes für Sozialforschung 1931–33 und nach seiner Rückkehr aus der Emigration (1949). Durch die sog. 'Kritische Theorie' Begründer der 'Frankfurter Schule' in der Philosophie, welche die Studentenbewegung der 60er Jahre stark beeinflußte. Ehrenbürger Frankfurts.

Weischedel, Wilhelm, *1905, †1975 in Berlin. Philosoph. Sohn eines freikirchlichen Predigers. Habilitierte sich 1939, war im Dritten Reich verfemt, wurde nach 1945 Ordinarius für Philosophie in Tübingen und später in Berlin. Versuchte eine neue Grundlegung der philosophischen Theologie. Hauptwerk 'Der Gott der Philosophen' (1971/72).

Adorno, Theodor W., (Theodor Wiesengrund), *1903, †1969. Soziologe und Philosoph. Kompositionsschüler von Alban Berg. Nach Rückkehr aus der Emigration (1949) Professur für Sozialphilosophie in Frankfurt. Zusammen mit Horkheimer Direktor d. Instituts für Sozialforschung. Wichtiger Theoretiker der "Neuen Linken", seine kritische Analyse der modernen "verwalteten Welt" fand unter der jungen Generation starke Beachtung.

Fromm, Erich, *1900, †1980 in Locarno. Sozialwissenschaftler und Psychoanalytiker. Gründer des Frankfurter Instituts für Psychoanalyse, Mitarbeiter am Institut für Sozialforschung. Kritische Untersuchungen der Theorien von Karl Marx und Sigmund Freud.

I. DIE ALTSTADT

Neue Häuser, neuer Raum mögen sich gestalten –
Der Erinnerung schöner Traum ruht doch auf den alten.
Marianne v. Willemer

Die FRANKFURTER ALTSTADT war bis zu ihrer Zerstörung im Jahre 1944 die größte noch in mittelalterlichen Formen erhaltene Altstadt Deutschlands. Ihr Verlust als Kulturdenkmal ist unersetzlich. Die Grenzen dieses 1000 x 600 m großen Stadtkernes bezeichnen: die Schneidwallgasse, die Weißfrauenstraße, der Große und der Kleine Hirschgraben, der Holzgraben, der Baugraben, die Börnestraße (Judengasse). Sie war auf einer Doppelinsel entstanden, die vom *Braubach*, einem Seitenarm des Mains, umflossen wurde. Dieser zweigte sich bei der Fahrgasse vom Strome ab, floß dann durch die heutige Braubachstraße, schickte einen Nebenarm durch die Mulde des Römerberges und mündete bei der Neuen Mainzer Straße wieder ein. Auf der Ostinsel entstanden die kaiserliche Pfalz der Hohenstaufen (Saalhof), die Pfarrkirche (Dom) und die Nikolaikirche, auf der Westinsel die Leonhardskirche, das Rathaus (Römer) und das Karmeliterkloster.

Seit Jahrhunderten wohnten in dieser Altstadt Kaufleute und Handwerker, die stolz und zäh am Erbe ihrer Väter hingen. Sie hatten ihren von Geschlecht zu Geschlecht übernommenen Hausbesitz im Laufe der Zeit wohl äußerlich den einzelnen Stilepochen angepaßt, die gotische Struktur der alten Stadt im ganzen aber erhalten. Wer durch ihre engen Gassen ging, vermeinte, die Weltgeschichte habe vor diesem ehrwürdigen Raum haltgemacht, der noch immer dem Merianplane von 1645 glich. Die Bedeutung der Frankfurter Altstadt lag nicht im Glanze prunkvoller Bauten aus fürstlicher Hand.

Wohl besaß Frankfurt als die 'heimliche Hauptstadt des Heiligen Römischen Reiches Deutscher Nation' würdige Räume und Plätze für großartige Messen und feierliche Kaiserkrönungen – einzigartig aber war in dieser Altstadt die zuchtvolle Ordnung bürgerlicher Wohnhäuser mit ihren stolzen Giebeln, den charakteristischen 'Überhängen' und den überdeckten Dachlauben ('Belvederchen') an reizvoll geschwungenen Gäßchen und Plätzchen.

In dieser Welt, die 'mehr sein als scheinen wollte', vollzog sich Frankfurts große Geschichte und blühte seine Kultur. Durch seinen 'Alten Markt' ging der feierliche Zug der im Kaiserdom gekrönten deutschen Kaiser zum Römer. Über seine 'Alte Brücke' und die 'Fahrgasse' strömte im Mittelalter der Verkehr zwischen Nord und Süd. In den Häusern der 'Buchgasse' glänzten seine Buchmessen, druckte Egenolff seine ersten Bibeln, zeichnete Merian seine berühmten Stadtpläne und fand Giordano Bruno Zuflucht bei den Karmeliter-Mönchen. Im Hirschgraben aber wurde Goethe geboren, den der Geist seines Vaterhauses formte und der nur in der mystischen Enge dieser Altstadt seinen Urfaust dichten konnte.

Diese Altstadt war Frankfurts stolzester Besitz. Sie war trotz ihres Alters und ihrer Altersschwächen ein lebendiges Baudenkmal, das den Einheimischen wie den Gästen der Stadt in ihren alten Mauern und in den gemütvollen Kneipen 'hibb der Bach und dribb der Bach' immer wieder beglückende Stunden geschenkt hat.

Die leicht brennbaren Fachwerkhäuser an den engen Gassen der Altstadt sanken vier Tage nach dem ersten Nachtangriff in der Nacht des 22. März 1944 in einem einzigen Brand in Schutt und Asche. Sie wäre damals durch die Glut in ihren Gassen auch ein Massengrab für ihre Bewohner geworden, wenn die Stadt nicht vorher ein System unterirdischer Fluchtwege zu Notausgängen auf dem Römerberg und am Mainkai durch Kellerdurchbrüche und 82 unterirdische Tunnels geschaffen hätte. Als der 23. März anbrach, ragten nur noch Reste steinerner Bauten und – wunderbar erhalten – der Turm des Domes aus den Trümmern.

Die alten sehr schmalen Fachwerkhäuser, von denen nur das *Haus Wertheim* erhalten ist, hatten meist 2–3 Keller übereinander zur Einlagerung von Wein und Vorräten. Ihre 4–5 Stockwerke sprangen jedes weiter vor und in den hohen Giebeln befanden sich 2–3 Böden übereinander. Die Gassennamen erinnerten an die Handwerke, die meist in der gleichen Gasse waren. Die Schirnen, Verkaufsstände der Metzger, hat Goethe so beschrieben: "Am Schirnen, wo die Schmeißen hausen, die fetten Braten anzuschmausen."

Viele Freunde der zerstörten Altstadt hätten es am liebsten gesehen, wenn die neue Altstadt nach dem Beispiel des wiederaufgebauten Goethehauses in alter Form erstanden wäre. Sie übersahen hierbei, daß die Erneuerung mittelalterlicher Häuser auch die Beibehaltung der alten Straßenzüge bedingt, sofern diese Häuser maßstäblich echt wirken sollen. Wer aber die frühere Bebauungsdichte der Altstadt am Treuerschen Altstadtmodell (S. 82) prüft, wird verstehen, daß die neue Altstadt nur in aufgelockerter Form aufgebaut werden konnte. Deshalb mußten die Häuser der Altstadt neu und in den Formen unserer Zeit errichtet werden. Dies ist in ziemlich einheitlicher Weise geschehen, da die zerstörten Grundstücke in die öffentliche Hand überführt wurden. Frankfurts Altstadt war vor allem Wohn- und weniger Geschäftsviertel, und das ist es nun auch wieder. Aufgelockerte Häuserzeilen, Grünanlagen, breitere Straßen, Farbigkeit, Arkaden und Passagen sind die Merkmale des neuen Altstadtbildes; die Wohndichte ist um 40 % vermindert. Die Häuser sind um ruhige Gartenhöfe gruppiert, in denen mitunter auch die geliebten alten Brunnen wieder aufgestellt oder durch neue ersetzt wurden. Die Fassaden sind mit Wandbildern, Ornamenten in Drahtplastik geschmückt, sogar eines der charakteristischen 'Belvederchen' (Laube auf dem Dach) ist wieder erstanden.

Die vier Kirchen, *Liebfrauenkirche, Nikolaikirche, Dom* und *Leonhardskirche* sind wiederhergestellt; die erneuerte *Paulskirche* dient kulturellen Veranstaltungen. Die beiden alten Klöster haben neue Bestimmung erhalten: das *Karmeliterkloster* als Stadtarchiv, das *Dominikanerkloster* als Sitz des Ev. Gemeindeverbandes. Der *Saalhof mit dem Rententurm* ist in das neuerbaute Historische Museum einbezogen worden. Von den alten Patrizierhäusern lebt das *Steinerne Haus* als Ausstellungsbau des Kunstvereins fort, das *Goethehaus* ist originalgetreu wieder aufgebaut worden, das *Bethmannhaus* ist auch heute noch Sitz dieses Bankhauses; noch Ruine ist das *Leinwandhaus* am Dom. Der Beitrag an Repräsentationsbauten unseres Betonzeitalters sind das dreitürmige *Technische Rathaus* und das *Historische Museum* sowie das Kommunikationszentrum "Kultur-Schirn" zwischen Dom und Römer, das 1984 vollendet sein soll. Der Römerberg wird auf seiner Ostseite durch eine Gruppe Wohnbauten in der Art der einstigen Altstadthäuser (s. unsere Zeichnung S. 59) geschlossen werden. Ein Tiefblick vom Domturm und ein Blick vom Schaumainkai herüber erhellen das Problem Altstadt besonders gut.

Die Altstadt hat seit 1939 60% ihrer Bewohner verloren. Hauptdurchgangsstraßen von Westen nach Osten sind der Ende des 19. Jh. ausgebaute Zug Bethmannstraße/Braubachstraße und der nach 1945 allzu breit angelegte Zug Berliner Straße/Battonstraße. Die nordsüdlich verlaufende Fahrgasse ist der traditionsreiche Weg zur Alten Brücke. Neu und willkommen sind die Fußgängerzonen.

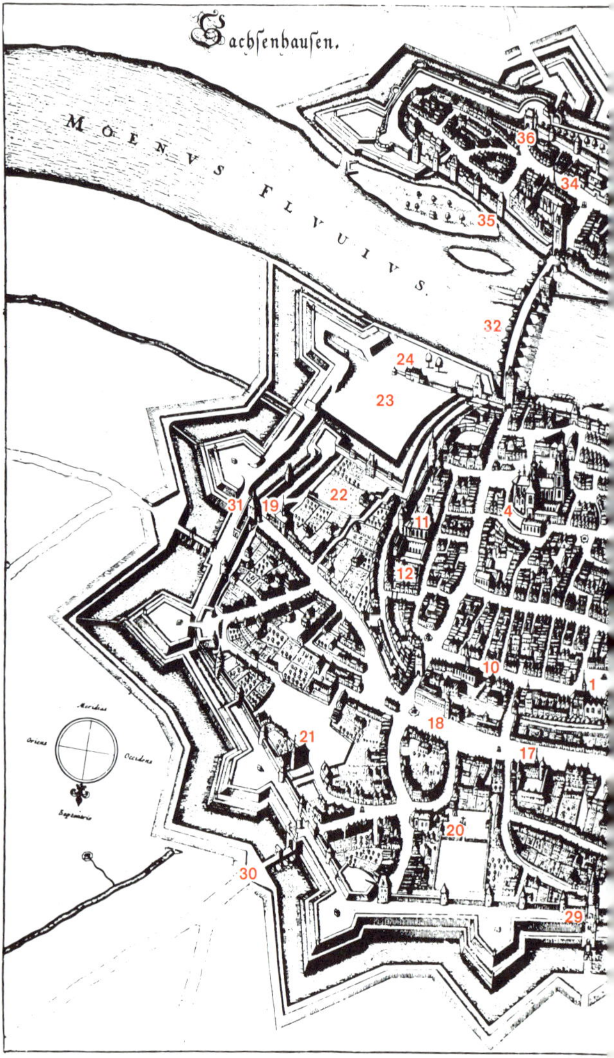
Sachsenhausen.
MOENVS FLVVIVS.
Meridies
Oriens
Occidens
Septentrio
36
34
35
32
24
23
22
31
19
4
11
12
10
1
18
21
17
20
30
29

RANCOFVRTVM

Franckfurt

nach Math. Merian d. Ä.
um 1645

● = nicht mehr vorhanden

ALTSTADT

1 Liebfrauenmarkt
2 ● Barfüßerkloster (Paulskirche)
3 Römerberg
4 Dom + ● St. Michael
5 Heiliggeistspital
6 Saalhof
7 Leonhardkirche
8 Karmeliterkloster
9 ● Weißfrauenkloster
10 ● Antoniterkirche
11 Dominikanerkloster
12 Staufenmauer (Rest)

NEUSTADT

13 Neumarkt (Hauptwache)
14 Katharinenkirche
15 Roßmarkt
16 ● Rahmhof (Börse)
17 Zeil
18 Zeughaus
19 ● Allerheiligenkap.
20 Petersfriedhof
21 ● Pesthaus (Justizgeb.)
22 Judenfriedhof
23 ● Fischerfeld
24 ● Schützenhaus

WALLANLAGEN + SACHSENHAUSEN

25 ● Mainzer Turm
26 ● Mainzer Tor
27 ● Galgen- Tor
28 ● Bockenheimer Tor
29 Eschenheimer Tor
30 ● Friedberger Tor
31 ● Allerheiligentor
32 Alte Brücke
33 Dreikönigskirche
34 Deutschordenshaus
35 Kuhhirtenturm
36 ● Affentor

1. Liebfrauenberg und Paulskirche

Von der Hauptwache (F 5) führen zwei Straßenzüge in die Altstadt. Westlich der Katharinenkirche (S. 96) ist dies die Katharinenpforte. Sie berührt eine kleine Anlage, in der die Bronzebüste (1891; Schierholz) des Lokaldichters *Friedrich Stoltze* (1816–91) steht, der ein Wirtssohn aus der Frankfurter Altstadt war. Von dort aus weiter führen: rechts der Kornmarkt, einst Straße prächtiger Bürgerhäuser, links die Sandgasse, in der das Stammhaus der Brentanos stand und auch die Druckerei, in der die Briefmarken der Thurn & Taxis-Post gedruckt wurden.

Östlich der Katharinenkirche beginnt die Achse Liebfrauenstraße – Neue Kräme (für Autos gesperrt), die am Römerberg endet. Zentrum ist hier der Liebfrauenberg. Der *Liebfrauenbergbrunnen*, größter aller Stadtbrunnen, wurde 1770 von Datzerath aus rotem Miltenberger Sandstein gehauen und 1970/72 erneuert. Er zeigt um einen Obelisken sitzend, den eine goldene Sonne krönt, die Flußgötter Rhenus und Moenus, sowie Figuren der Gerechtigkeit, Stärke, Weisheit und Geduld. – Auf der Südseite des Platzes das stattliche, rot-weiße *Haus zum Grimmvogel* von 1775, in dessen Vorgänger, dem 'Haus zum Paradies', Kaiser und Kurfürsten Quartier genommen haben. In einem Dreiecksgiebel das Wappen der Familie Schad von Mittelbiberach.

Die ***Liebfrauenkirche** (F5), die wohl volkstümlichste katholische Kirche Frankfurts, ist nach der schweren Kriegszerstörung 1954 neu und in veränderter Form wieder aufgebaut worden. Gestiftet wurde sie 1308 als Marienkapelle an diesem alten Marktplatz von dem Bürgermeister und Schöffen Wigel von Wanebach und 1310–21 erbaut. 1452/54 erhielt sie den Turm, der auch als Wachtturm an der Stadtmauer verwendet und 1957 um ein achteckiges Glockengeschoß erhöht wurde. 1470–77 wurde ein spätgotisches Langhaus erbaut, dessen südliches Seitenschiff jetzt Dreiecksgiebel aufweist, und 1508–09 der spätgotische Chor angefügt. Das barocke alte Hauptportal, das seit 1968 geschlossen ist, ist von niedrigen Ladenbauten flankiert. Am ältesten ist wohl der umgestaltete Westteil, der einem Querschiff gleicht. Über dem jetzigen Hauptportal eine Kreuzigungsgruppe von c. 1460 und auf der zweiflügeligen Tür sechs Szenen aus dem Marienleben, in Kupferblech getrieben von Welker (1954). Zwischen Kirche und Turm ist noch ein Stück des alten Wehrganges der Stadtmauer von 1150 (Staufenmauer) erhalten. Seit 1917 ist Liebfrauen Kapuziner-Klosterkirche. Das Glockengeläut ist fünfstimmig.

INNERES. Eine flache, rautenförmig gegliederte Holzdecke ersetzt seit 1954 die zerstörten Netzgewölbe der Spätgotik. Von der reichen Rokokoausstattung (1763–71) zeugen noch die an den Pfeilern aufgestellten vier Heiligenfiguren Petrus, Paulus, Johannes d.T. und Joh. Nepomuk (1765; H. Jung) und die bewegte Himmelfahrt Mariens an der Chorwand. Das gute Chorgestühl stammt von 1510. Die neuen Fenster von W. Geier zeigen im Chor das Leben Marias, im Kirchenschiff geometrische Muster und marianische Symbole im Maßwerk. An der Nordwand der Grabstein des Stifters *Wigel von Wanebach* (1322) mit dem Kirchenmodell in der Hand, der ursprünglich seine im Chor aufgestellte Tumba deckte. In der GNADENKAPELLE auf der Südseite steht jetzt das seit alters verehrte *Marienbild,* eine 1483 gestiftete Pietà. Hier befindet sich jetzt auch das **Tympanon* vom einstigen Südportal, ein Hauptwerk Madern Gertheners, 1425 im sog. weichen Stil des Mittelrheingebietes geschaffen: das figurenreiche Relief von der Anbetung der Hl. Drei Könige ist von einem spitzbogigen Maßwerkfries umschlossen, in zwei Rundmedaillons darüber die Propheten Jesaias und Jeremias. – In der nördlichen Vorhalle der Kirche eine *Lourdesgrotte* von 1920. Von hier zur stimmungsvollen ANBETUNGSKAPELLE in der alten Sakristei von 1430, in der ein Nothelferaltar aus dem 16. Jh. steht.

Südlich vom Liebfrauenberg liegt die **Kleinmarkthalle** (1954), besuchenswert wegen ihres reichhaltigen Angebotes an Gemüse, Obst, Fleisch, Geflügel, Käse, besonders auch Waren aus der Heimat unserer Gastarbeiter. 1879 war sie als erste Markthalle in Deutschland erbaut worden, diente bis 1928 auch als Großmarkthalle und wurde nach der Zerstörung neu errichtet. – An der Hasengasse Ecke Töngesgasse steht vor der *Stadtsparkasse* seit 1967 der *Tugendbrunnen.* Die 1768 geschaffene Gestalt der Tugend hat Maßstab und Schwert in Händen und setzt ihren Fuß auf die Erdkugel mit ihren Lastern.

Die Neue Kräme, die vom Liebfrauenberg zum Römerberg führt, war einst Standort stolzer Handelshäuser und auch die Börse hatte 1843–83 hier ihren Platz. Nach Querung der breiten Berliner Straße, die nach dem Kriege als westöstliche Verkehrsachse durch die Altstadt gebrochen wurde, erreicht man den Paulsplatz, der 1978 neu gestaltet wurde. Dabei wurde der Platz neu gepflastert, Bänke aufgestellt und Platanen gepflanzt, die aus dem Mittelmeerraum stammen und frostempfindlich sind, denen aber das Großstadtleben nichts ausmacht.

Die **Paulskirche** (F 5), ein ovaler Zentralbau mit hohem Schieferdach und Südturm, wurde 1789–1833 als ev. Saalkirche aus rotem Sandstein in klassizistischen Formen errichtet. Die Pläne stammten von Stadtbaumeister Liebhardt, die Ausführung besorgten Vater und Sohn Hess. Der Rohbau war schon 1797 fertig, doch kam der Turm erst 1830–33 zustande. Zuvor stand hier von c. 1270 bis zum Abbruch 1786 das Kloster der Barfüßermönche (Franziskaner), dessen Kirche 1548 protestantische Hauptkirche der Stadt geworden war, während sich im Kloster schon von 1520 an das 'Gymnasium Francofurtanum', eine bedeutende Lateinschule, entfaltete, zu deren Schülern auch Goethe zählte.

Weit über die Grenzen Deutschlands hinaus symbolisiert die Paulskirche den Willen zur Bildung einer einheitlichen deutschen Demokratie. Im Jahre 1848/49 war sie Sitz der 'Deutschen Nationalversammlung', die die Einzelstaaten zur Einheit verbinden sollte. Arndt, Blum, v. Gagern, Jahn, Uhland haben daran teilgenommen. Deshalb wurde die 1944 völlig ausgebrannte Kirche nach dem Kriege von der Stadt im Austausch gegen die Dominikanerkirche erworben und bis zum 18. Mai 1948 mit Spenden der ganzen Nation als künftiges Parlamentsgebäude wieder aufgebaut. Da nicht Frankfurt, sondern Bonn Bundeshauptstadt wurde, dient der Bau seitdem für Feierlichkeiten, Versammlungen und Ausstellungen. Eintr. s. S. 21.

Das Äußere der Kirche blieb bis auf die Abflachung des Daches in seiner alten Form erhalten. Neben dem Haupteingang erinnern Tafeln an das Deutsche Vorparlament von 1848 und an die Deutsche Nationalversammlung 1849. An der Ostseite Ehrentafeln. 1950 wurde das Gedächtnismal für den ersten Reichspräsidenten *Friedrich Ebert* (1871–1925) geschaffen, ein bronzener Jüngling mit erhobener Schwurhand (1926; Scheibe). Porträtreliefs erinnern an den *Freiherrn vom Stein* (1931; Winter), Ehrenbürger der Stadt, an *Theodor Heuss* (1966; Knudsen) und an *John F. Kennedy* (1966; Krämer), der am 25. Juni 1963 in der Paulskirche gesprochen hat. An der Nordseite der Paulskirche das *Mahnmahl an Opfer der Gewalt* (1968; Wimmer): eine in die Knie gezwungene Gestalt versucht vergeblich, die Fesseln zu brechen; am Sockel die Namen von 54 Konzentrationslagern.

Das EINHEITSDENKMAL vor dem Eingang der Paulskirche ist 1903 zur Erinnerung an die Vorkämpfer für Freiheit und Einheit errichtet worden. Der Obelisk aus weißem Kalkstein ist von der Bronzestatue der Geschichtsgöttin bekrönt; die ebenfalls 1942 eingeschmolzenen drei Bronzegruppen für Bürgertum, Hochschulen und Sängerbünde wurden nicht wieder neu gegossen. Drei Reliefs zeigen Abschied, Schmiede der Waffen und Bereitschaft zum Kampf, dazu Worte von Arndt, Chemnitz und Geibel.

Im Innern ist anstelle des Kirchenraumes ein Festsaal eingerichtet worden, unter ihm eine von schweren Säulen getragene Wandelhalle, in der Ausstellungen stattfinden. – Der querovale *Festsaal* ist schlicht gehalten: ein grauer Steinfußboden, eine Decke aus Holzrippen, ein steinernes Rednerpult vor der Ehrentribüne, darüber eine Orgel. An den Wänden die Fahnen der Bundesländer und Berlins und zwei Reihen farblos verglaster Fenster. Die bedeutendsten Veranstaltungen im Jahr sind die Verleihung des 'Goethepreises' und des 'Friedenspreises des Deutschen Buchhandels' (S. 88).

Träger des 1927 von der Stadt Frankfurt gestifteten GOETHEPREISES, der jetzt alle drei Jahre verliehen wird, waren bisher:

1927 Stefan George	(1868–1933)	1945 Max Planck	(1858–1947)
1928 Albert Schweitzer	(1875–1965)	1946 Hermann Hesse	(1877–1962)
1929 Leopold Ziegler	(1881–1952)	1947 Karl Jaspers	(1883–1969)
1930 Siegmund Freud	(1856–1948)	1948 Fritz von Unruh	(1885–1957)
1931 Ricarda Huch	(1864–1950)	1949 Thomas Mann	(1875–1955)
1932 Gerhard Hauptmann	(1862–1945)	1952 Carl Zuckmayer	(1896–1977)
1933 Hermann Stehr	(1864–1945)	1955 Anette Kolb	(1875–1967)
1934 Hans Pfitzner	(1869–1957)	1958 Carl v. Weizsäcker	(*1912)
1935 Hermann Stegemann	(1870–1945)	1960 Ernst Beutler	(1885–1960)
1936 Georg Kolbe	(1877–1947)	1961 Walter Gropius	(1883–1969)
1937 Guido Kolbenheyer	(1878–1962)	1964 Benno Reifenberg	(1892–1970)
1938 Hans Carossa	(1878–1957)	1967 Carlo Schmid	(1896–1979)
1939 Karl Bosch	(1874–1940)	1970 Georg Lukács	(1885–1971)
1940 Agnes Miegel	(1879–1964)	1973 Arno Schmidt	(*1914)
1941 Wilhelm Schäfer	(1868–1952)	1976 Ingmar Bergmann	(*1918)
1942 Richard Kuhn	(1900–1967)	1979 Raymond Aron	(*1905)

2. Römerberg. Römer und Rathaus

Der **Römerberg,** der ovale, nordsüdlich gestreckte Platz vor dem Römer, ist seit Jahrhunderten der repräsentative Platz, die 'Gut Stubb' Frankfurts. Er hat große Tage der Frankfurter und der deutschen Reichsgeschichte gesehen. Im 'Mainfest' und im 'Christkindchesmarkt' mit dem Posaunenblasen lebt etwas von dieser Tradition volkstümlich fort. Ursprünglich gehörte er zum Bezirk der benachbarten Kaiserpfalz im Saalhof, was im Boden die 1943 entdeckten Fundamente eines spätstaufischen Rundturmes von $21^1/_2$ m Dm und $6^1/_2$ m Mauerstärke bezeugten. Die 816 000 Pflastersteine des Platzes wurden 1973 neu gelegt. Berühmt waren die 1932–1939 abgehaltenen 'Römerbergfestspiele', bei denen Werke von Goethe, Schiller, Shakespeare, Hebbel und Hauptmann aufgeführt wurden.

In der Platzmitte steht der *Gerechtigkeitsbrunnen,* der 1543 als Zeichen des Marktrechtes zuerst aufgestellt und oft erneuert wurde, wobei 1887 die bronzene 'Justitia' mit Schwert und Waage anstelle einer steinernen Figur von 1611 trat. Am achteckigen Sandsteinbecken Relieffiguren der Caritas, Spes, Temperantia und Justitia. Aus einem hölzernen Brunnen daneben floß bei Kaiserkrönungen Wein, auch wurde ein Ochse gebraten, Bräuche, die noch heute bei Festen geübt werden.

Gegen Osten wird der Platz mit einer Reihe der untergegangenen Altstadthaustypen geschlossen werden. Dort standen vor der Zerstörung z.B. der 'Engel', die Apfelweinwirtschaft 'Heyland' und die vornehme Gaststätte 'Schwarzer Stern', deren Gebäude neben der Nicolaikirche rekonstruiert wird. Im Haus Nr. 32 befindet sich die *Auskunftsstelle Römer* (Mo–Fr 8–16.30, Sa 8–12 Uhr), in der auch Ausstellungen stattfinden.

Nichts kann besser etwas von dem Glanz zurückrufen, den der Römerberg in alten Zeiten gesehen hat, als Goethes Schilderung von der Volksbelustigung nach der Kaiserkrönung (1764) in 'Dichtung und Wahrheit'.

Die **Nikolaikirche** (F 6) auf der Südseite des Römerberges ist 1290 als kaiserliche Hofkapelle des angrenzenden Saalhofes geweiht worden. Im 14. Jh. ging sie in den Besitz der Stadt über und wurde Ratskapelle. Der fast quadratische Bau hat zwei Schiffe unter einem sehr hohen Dach. Chor und Unterbau stammen noch aus der Stauferzeit, das Schiff wurde 1467 erhöht und die am Dach umlaufende Galerie mit Maßwerkbrüstung und Ecktürmen aufgesetzt, um als Tribüne für die Ratsmitglieder bei Passionsspielen und Turnieren zu dienen. Der minarettartige Turm ist unten romanisch, in der Mitte gotisch, seine grüne Haube wurde erst 1935 um den alten Maßwerkhelm gelegt. Von 1460 an blies der Turmwächter das Lied 'In Gottes Namen fahren wir', wenn Marktschiffe ankamen oder abfuhren. Seit 1939 hängt in ihm ein GLOCKENSPIEL von 35 Glocken, das automatisch und auch von Hand bedient werden kann; die Brauerei Binding stiftete es. Die täglichen Melodien sind: Die güldene Sonne (9.05), Lobet den Herrn (12.05), Der Mond ist aufgegangen (17.05). Glockenspiel von Hand samstags 11.00 Uhr (1.5.–30.9.) bzw. 12.05 Uhr (1.10.–30.4.). Von der Brüstung blasen Posaunen die Weihnacht ein.

Diese älteste prot. Kirche Frankfurts diente 1552 bis 1843 meist als Warenlager, erst seit 1847 wieder für Gottesdienste. 1949 wurde sie der ev.-luth. St.-Pauls-Gemeinde des innersten Stadtbereichs übergeben und ist ökumenisches Zentrum und Pflegestätte der Kirchenmusik geworden. St. Nikolaus, Bischof von Myra (hingerichtet um 350) ist Patron der Schiffer und Bäcker; an der Außenmauer zeigen ihn drei kleine Plastiken als Helfer der Bedürftigen.

Der Kirchenraum hat schöne Gewölbeschlußsteine. Die hölzerne *Rokokokanzel* stammt von 1777. Die schwarzgelben *Glasgemälde* im Chor zeigen die Evangelisten und ihre Symbole (1951), die vier

Fenster im Schiff (v. Schauroth) sind Stiftungen des Frhrn. v. Weinberg aus seiner Gutskapelle in Niederrad. Unter den sechs Grabsteinen sind hervorzuheben die bemalten des nicht hier begrabenen Schultheißen **Sigfrid zum Paradies* (†1386) und seiner Frau *Katharina* (†1378), denen Frankfurt seinen Stadtwald verdankt.

Der ***Römer** (F6) ist eine Gruppe von acht Bürgerhäusern zwischen Paulsplatz, Römerberg und Limpurgergasse, die zusammen mit zwei großen Neubauten auf der Westseite das *Rathaus* der Stadt bilden und in früheren Jahrhunderten durch die Kaiserkrönungen ein Schauplatz glänzender Feste waren. Im Ganzen waren es 13 Patrizierhäuser, die zum Rathaus der Stadt zusammenwuchsen; fünf davon wurden 1900 beim Rathausneubau abgetragen. Das Kernstück, die drei Staffelgiebelhäuser 'Zum Römer', 'Alt-Limpurg' (l.) und 'Löwenstein' (r.) sind das Wahrzeichen Frankfurts.

Der älteste Bau ist das *Haus zum Römer* in der Mitte, das 1405 der Familie 'zum Römer' abgekauft und zum Rathaus gemacht wurde, da das bisherige dem neuen Domturm hatte weichen müssen. Der durchlaufende Balkon mit Maßwerkbrüstung über den drei Portalen, die vier Kaiserfiguren, die Uhr und die zwei Wappen, welche die Fassade schmücken, sind Zutaten von 1896–1900 (M. Meckel). Das Haus enthält unten die alte Kaufhalle, darüber den Kaisersaal. – Das Haus *Alt-Limpurg* (links), 1336 zuerst erwähnt, war 1495–1878 Sitz der Patriziergesellschaft dieses Namens und wurde dann von der Stadt erworben. An der Hauskante eine Marienfigur. – Rechts vom Römer das *Haus Löwenstein,* das 1596 angekauft und nach der Zerstörung von 1943 als Ratstreppenhaus modern ausgebaut wurde. Weiterhin rechts das *Haus Frauenstein* und das *Salzhaus.* Frauenstein war 1444–1694 Sitz der Adelsgesellschaft dieses Namens und ist erst 1843 zum Rathaus hinzugenommen worden. Das Salzhaus, ebenfalls erst 1843 erworben, und Frauenstein waren Glanzstücke bürgerlicher Schmuckfreude, sind jedoch 1943 bis auf das Erdgeschoß zerstört worden. Mit hohen Dreiecksgiebeln und Mosaikornamenten (z.B. Phönix aus der Asche) sind sie neu errichtet worden, wobei man auch drei der 1610 geschnitzten Holzreliefs vom Salzhaus wieder einsetzte. Die Fassade des Römers wurde 1975 farbenfreudig erneuert.

Auf der Nordseite, am Paulsplatz, wurden wieder aufgebaut: das *Haus Wanebach,* jetzt ein Traufenhaus (statt Giebelhaus) mit modernem Innenhof, das seit 1596 zum Rathaus gehörte und früher die schöne 'Kaisertreppe' der Rokokozeit (1741) enthielt; – das *Haus Zum Goldenen Schwan,* das schon 1405 zum Rathaus kam und eine gleiche Halle wie das Haus zum Römer besitzt, sowie einst das 'Kurfürstenzimmer' (1733) enthielt, in dem die Vorbereitungen zur Kaiserwahl getroffen wurden. Jetzt sind dort die Bürgermeisterzimmer und die Ratsdiele.

Auf der Südseite, an der Limpurgergasse, liegt das *Haus Silberberg,* ein jetzt modern gestaltetes Traufenhaus auf Renaissancegeschoß. Im RÖMERHÖFCHEN hinter seiner schönen Durchfahrt 21 steinerne Wappen von Orten, die zu Frankfurt eingemeindet wurden, der bronzene *Herkulesbrunnen* (1904; Kowarzik) und ein **Treppenturm* (1627) zur einstigen Trinkstube im Haus Alt-Limpurg, der in seiner luftigen Aufgelöstheit die deutsche Renaissance auf einem Gipfel ihres Könnens zeigt.

Das I n n e r e des Römers betritt man vom Römerhöfchen aus. Der *Limpurgsaal* im Haus Alt-Limpurg dient Empfängen. Ein Frankfurter Schrank und ein Brüsseler Gobelin 'Die Schlacht am Granikus' (1675; v.d. Hecke) schmücken ihn. Großartig sind die zweischiffigen *Römerhallen* von 1405, die im rechten Winkel zusammenstoßen. Bis 1846 dienten sie dem Handel während der Messen, jetzt u.a. für den Weihnachtsmarkt der Frankfurter Künstler. An der Nordseite der Halle das 1741 angebrachte *Portal* zur zerstörten Kaisertreppe.

Der *KAISERSAAL im ersten Stock war zwischen 1562 und 1792 Schauplatz der Krönungsbankette für zehn deutsche Kaiser, die in Frankfurt gewählt und gekrönt worden sind. Seine gewölbte *Kassettendecke* von 1955 gleicht der von 1612. Die in die Wände eingelassenen *Bilder der 52 Kaiser,* die 768–1806 das Deutsche Reich regiert haben, sind 1838–53 zur Erinnerung an die alte Reichsherrlichkeit von damals führenden Malern wie Rethel, Steinle, Veith, Waldmüller, u.a. gemalt worden als Ersatz für 1710 aufgestellte Porträtbüsten. Die Reihe beginnt mit Karl dem Großen (768–814) und endet mit Franz II (1792–1806). 1848 versammelten sich hier die Abgeordneten der Deutschen Nationalversammlung zum feierlichen Zuge in die Paulskirche.

Der **Rathausneubau** der Jahrhundertwende schließt sich im Westen an die alten Römerbauten an. Er umfaßt einen Hauptbau mit Innenhof und zwei Türmen sowie den durch eine Brücke angeschlossenen kleineren Nordbau, beide 1900–08 von Franz v. Hoven und Ludwig Neher in historisierenden Formen errichtet. In dem reichen plasti-

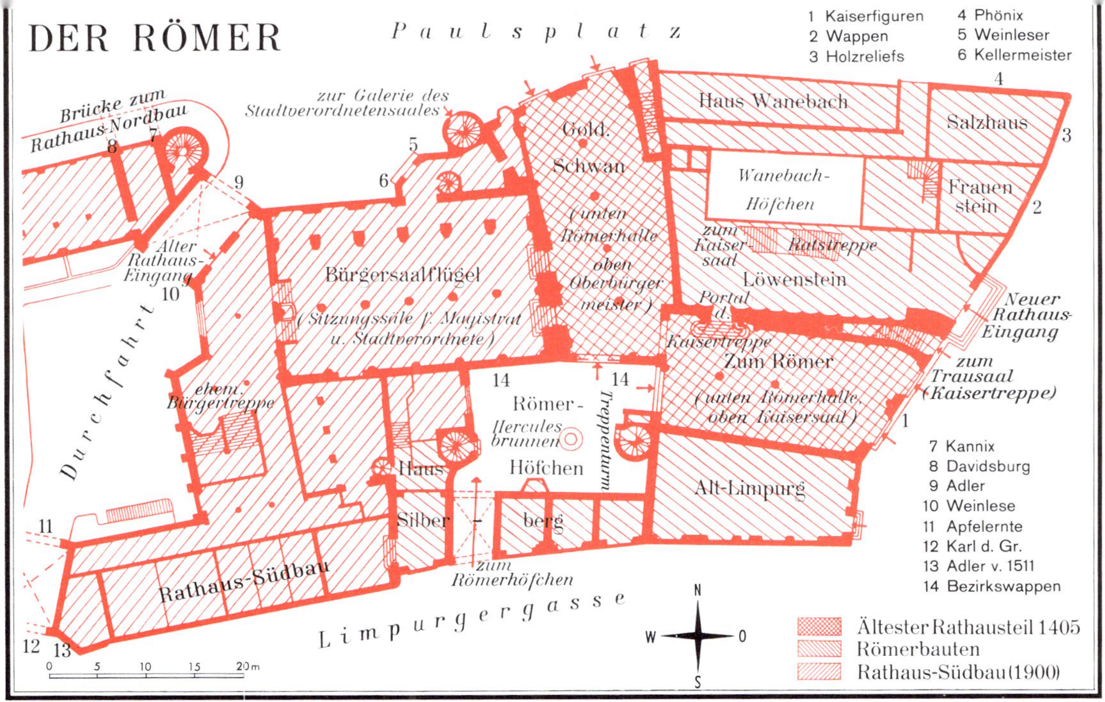
DER RÖMER
Paulsplatz
1 Kaiserfiguren
2 Wappen
3 Holzreliefs
4 Phönix
5 Weinleser
6 Kellermeister
Brücke zum Rathaus-Nordbau
zur Galerie des Stadtverordnetensaales
Haus Wanebach
Salzhaus
Gold. Schwan
(unten Römerhalle oben Oberbürgermeister)
Wanebach-Höfchen
Frauenstein
zum Kaisersaal
Ratstreppe
Löwenstein
Alter Rathaus-Eingang
Bürgersaalflügel
(Sitzungssäle f. Magistrat u. Stadtverordnete)
Portal d. Kaisertreppe
Neuer Rathaus-Eingang
Durchfahrt
Zum Römer
zum Trausaal (Kaisertreppe)
ehem. Bürgertreppe
Römer-Höfchen
Hercules brunnen
Treppenturm
(unten Römerhalle, oben Kaisersaal)
7 Kannix
8 Davidsburg
9 Adler
10 Weinlese
11 Apfelernte
12 Karl d. Gr.
13 Adler v. 1511
14 Bezirkswappen
Haus Silber-berg
Alt-Limpurg
zum Römerhöfchen
Rathaus-Südbau
Limpurgergasse
N
W
O
S
0 5 10 15 20 m
Ältester Rathausteil 1405
Römerbauten
Rathaus-Südbau (1900)
Kart. Inst. G. Schiffner, Lahr/Schwarzwald

schen Schmuck, dem man heute wieder Geschmack abgewinnt, gab das Frankfurter Bürgertum seinem Stolz und seiner Lebensfreude Ausdruck. Es lohnt ein Rundgang, angefangen auf der Nordseite; um die etwa 50 Figuren, namentlich berühmte Zeitgenossen, zu sehen.

Der BÜRGERSAALFLÜGEL, der die Sitzungssäle für Magistrat und Stadtverordnete enthält, ist an der Wand sowie in und auf den Giebeln mit Figuren geschmückt. Den Eingang zum einstigen Ratskeller flankieren ein Weinleser und ein Kellermeister. – Über den Durchfahrten zum HOF die Mosaiken 'Weinlese' und 'Apfelernte'. Der NORDFLÜGEL des Hauptbaues weist ein reiches Portal auf, flankiert von den Bronzefiguren 'Baumeister' und 'Bildhauer'; oben Portraits in den Fensterlaibungen. An der Westecke der GROSSE TURM, der nach dem Oberbürgermeister Adickes 'der Lange Franz' heißt. Er war vor der Zerstörung 70 m hoch und glich oben dem Tor der alten Mainbrücke. Die großen Mosaiken zeigen den hl. Florian (O) und den hl. Michael (W). Die Brücke zum NORDBAU wird von vier Figuren getragen: auf der Nordseite Bauer und Fischer, auf der Südseite zwei Originale der Zeit, die Juden 'Kannix' und Davidsburg (†1890). Der Nordbau selbst ist in Neubarockformen gehalten. Auf der Westseite das Hauptportal, an der Ostseite eingemauert der Schlußstein vom Portal der Alten Ratsstube (1747). – Der WESTFLÜGEL, den weitere fünf Porträtbüsten schmücken, endet in einem kleineren Turm. Daran ein Bronzerelief *Vater Main* und als Halbfiguren Nährstand, Wehrstand, Lehrstand. Am SÜDFLÜGEL eine Figur Karls d. Gr. und ein Adler von 1511.

Südlich der Limpurger Gasse wurde 1956 ein zweiflügeliger SOZIALBAU errichtet, in dessen Gartenhof jetzt der Schöppenbrunnen (1776; Datzerath) steht, den eine Figur Kaiser Franz I. bekrönt. Schöppar war ein Name für Abwasser.

Frankfurt hat von 1311 bis zum Ende seiner Reichsfreiheit 502 Bürgermeister gehabt. Einige Oberbürgermeisterportraits hängen in der Wandelhalle des Römers. Von 1866 bis 1980 waren es 14 *Oberbürgermeister:*

1867–80	Heinrich Mumm	1945–46	Kurt Blaum
1880–90	Johann Miquel	1946–56	Walter Kolb
1890–1912	Franz Adickes	1956–64	Werner Bockelmann
1912–24	Georg Voigt	1964–70	Willi Brundert
1924–33	Ludwig Landmann	1970–71	Walter Möller
1933–45	Fritz Krebs	1971–78	Rudi Arndt
1945	Wilhelm Hollbach	seit 1978	Walter Wallmann

Das *Ehrenbürgerrecht,* welches seit 1795 neunzehnmal verliehen wurde, erhielten zuletzt u.a. Albert Schweitzer, Otto Hahn, Richard Merton, Theodor Heuss, Max Horkheimer. – Seit 1903 dient das vom Bankier S. M. v. Bethmann gestiftete *Goldene Buch* zur Eintragung bedeutender Gäste der Stadt.

3. Der Domhügel

Der Domhügel ist die höchste Stelle der Altstadt und seit Jahrtausenden nicht mehr vom Hochwasser berührt worden. Zwischen Main und Braubachstraße nimmt er ein abgerundetes Rechteck von 325 m ostwestlicher Länge und 125 m Breite ein. Er besteht aus Ton und Kalk, die seit Urzeiten von Hochflutlehm überdeckt sind. Anstelle der Braubachstraße floß in alten Zeiten ein Nebenarm des Mains, die von Osten kommende *Braubach*, die durch die Senke anstelle des heutigen Römerberges den Main erreichte, dessen Ufer allerdings noch im frühen Mittelalter 100 m weiter nördlich lag. Im Osten grenzte der Domhügel an das versumpfte Fischerfeld (S. 103), das erst im 19. Jh. bebaut wurde. Der Main bot schon vor dem ersten Brückenschlag durch einen langen Kalkfelsen zwischen Alter Brücke und Eisernem Steg eine Furt, die 'Frankenfurt'.

Dieser Hügel war die Keimzelle der Stadt, hier wird die Besiedlung durch Funde und Grundmauern vom Altertum an am erkennbarsten. Menschen der Jungsteinzeit, der Bronzezeit, Kelten, Alemannen, Römer, Franken haben hier gesiedelt. Der *Historische Garten* (s. S. 74) gibt Einblick in die gefundenen Grundmauern, die Funde selbst sieht man im Vorgeschichts- und im Historischen Museum.

Mit der Bebauung des Dom-Römer-Bereichs wurde im Januar 1981 begonnen. Die Ostseite des Römerbergs wird historisch genau mit sechs Fachwerkhäusern und dem Gebäude 'Schwarzer Stern' rekonstruiert (siehe Abb. S. 59). Die Gebäude, die im Innern modern eingerichtet werden, beherbergen Wohnungen und Geschäfte (Architekt Schirmacher, Bad Soden). Daran anschließend als Bindeglied zur modernen Bebauung der Mittelzone eine weitere Reihe von Wohnhäusern mit Läden und Innenhöfen. In Richtung Dom mit Kolonnaden und verglaster Rotunde ein langgestrecktes Kommunikationszentrum, die 'Kultur-Schirn' (Architektengruppe Bangert, Jansen, Scholz u. Schultes, Berlin). Die Südostseite des Bereichs wird von zwölf weiteren Wohnbauten begrenzt; geplante Fertigstellung 1983/84.

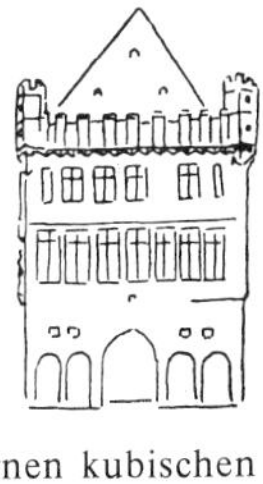

Das **Steinerne Haus,** auf der Nordseite, ist eines der wenigen Monumente gotischer Profanbaukunst in Frankfurt und deshalb 1957–60 wieder aufgebaut worden. Der Kölner Seidenhändler Johann von Melem erbaute es 1464 in den Bauformen seiner niederrheinischen Heimat und seine Firma benützte es bis 1654. Die vernichtete Steinmadonna an der Hausecke, als 'Madonna Jutta' Gegenstand einer traurigen Liebesgeschichte, ist 1972 durch eine Kopie ersetzt worden. 1906 wurde das Haus Künstlerheim, seit 1960 dient es zusammen mit dem modernen kubischen Anbau rechts den vielbesuchten Ausstellungen des 1829 gegründeten *Frankfurter Kunstvereins.*

Das **Technische Rathaus,** das die Nordseite des Platzes einnimmt, ist als 'Monument der Verwaltungsmacht' viel umstritten worden. Der 1970–72 von Bartsch, Thürwächter und Weber errichtete Bau besteht aus drei Türmen mit Flachkuppeln – volkstümlich 'Elefantenfüsse' genannt –, denen zum Platz hin ein flacher Sitzungsbau vorgelagert ist. Der dem Domturm benachbarte Turm ist der niedrigste, der mittlere mit elf Stockwerken 48 m hoch. Die Wucht der Betonmassen ist durch umlaufende Balkone und senkrechte Stützen aufgelockert, die Eingänge liegen an der Braubachstraße. Im Innenhof farbintensive Symbole aus dem Bauhandwerk. Im Erdgeschoß Läden, oben das Café Bonaparte mit Aussichtsterrasse. – Die alten Häuser in der Braubachstraße, die jetzt bunte Fassaden erhalten haben, sind 1904–10 mit viel plastischem Schmuck erbaut worden. Anstelle des Zollamtes stand 'Der Rebstock', Geburtshaus von Friedrich Stoltze (Tafel; vgl. S. 64).

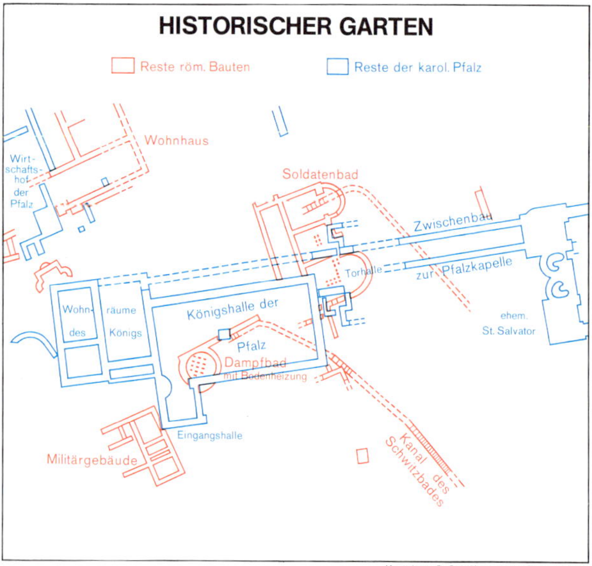

Kart. Inst. G. Schiffner, Lahr/Schwarzwald

Vor dem Technischen Rathaus befindet sich der tiefliegende **Historische Garten,** ein Gelände, in dem Teile der *Römischen Siedlung* mit Bad, heizbaren Wohnräumen und Kanalanlagen freigelegt wurden, sowie die Fundamente der *Karolingischen Königspfalz,* deren

DOM ZU FRANKFURT
(St. Bartholomäus)

NUMMERNERKLÄRUNG:

1. Südl. Turmportal (1957; O. Wissel)
2. Südportal (1962; H. Mettel)
3. Kreuzigungsgruppe (1509; H. Backoffen)
4. Nordportal (1965; H. Mettel)
5. Bartholomäusrelief (1957; H. Mettel)
6. Kanonikus H. v. Rhein (+1527)
7. Kruzifixus (18. Jh., A. Donett)
8. Totenschilde der Patrizier (16. Jh.)
9. Apostelaltar (1523)
10. Sippenaltar (um 1500)
11. Liebfrauenaltar (um 1500)
12. Sakramentsgehäuse (um 1480)
13. Maria unter Baldachin (15. Jh.)
14. Heiliges Grab (1442)
15. Maria-Schlaf-Altar (1434)
16. Engl. Glasfenster (1880)
17. Annenaltar (1520/30)
18. Herz-Jesu-Altar (1505)
19. Passionsaltar (15. Jh.)
20. Thurn & Taxis-Epitaphien (17./18. Jh.)
21. Rudolf v. Sachsenhausen (+1370)
22. Johann u. Gudula v. Holzhausen (1393)
23. Kreuzabnahme von v. Dyck (1627)
24. Bischof von Worms (+1691)
25. Ratsherr A. Hirde (+1519)
26. Chorgestühl (1352)
27. Bartholomäusfries (1427)
28. Günther v. Schwarzburg (+1349)
29. Levitensitz (14. Jh.)
30. Hochaltar (15. Jh.)
31. Sakramentshaus (1415–20).

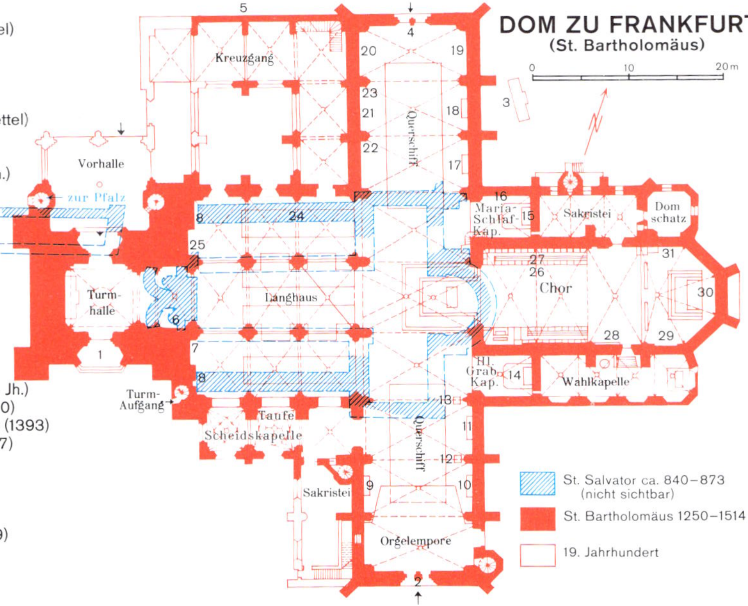

Kart. Inst. G. Schiffner, Lahr/Schwarzwald

Hofkapelle später zur Salvatorkirche wurde. Eine Versammlungshalle (12 x 26 m), Wohnbauten und die Kapelle sind in Fundamenten erhalten. Später wuchs die Altstadt über die Gemäuer hinweg, da die Hohenstaufen stattdessen den Saalhof angelegt hatten.

Der kath. ***Dom** *(St. Bartholomäus)* war die Wahl- und Krönungskirche der deutschen Kaiser und ist damit als sog. 'Kaiserdom' eines der großen Geschichtsdenkmale Deutschlands. Ihr gewaltiger, aus rotem Sandstein erbauter Turm beherrscht das Bild der Altstadt und gewährt eine großartige Rundsicht. Bischofskirche ist St. Bartholomäus nie gewesen, sondern 'Kaiserliche Stiftskirche' bis 1803, dann nur noch katholische Pfarrkirche. 'Dom' wurde sie vom 18. Jh. an wegen der Krönungen genannt. Der Grundriss gleicht einem griechischen Kreuz, weil ein dem überlangen Querschiff angemessenes Langhaus nie ausgeführt wurde. Als Werk gotischer Baukunst kann sich der Dom mit anderen Kirchen ähnlichen Ranges nicht messen, auch ist die Ausstattung nicht so reich, der Turm macht allerdings durch Pracht und Größe wett, was der übrige Bau als Kaiserdom einer blühenden Reichsstadt doch etwas schuldig bleibt. Abgesehen von den Jahren 1525–1548 ist der Dom immer katholisch geblieben.

BAUGESCHICHTE. Kaiser Ludwig II., der Deutsche, stiftete für die Kaiserpfalz eine *Salvatorkirche,* die 852 geweiht war und später anstelle des Westwerkes zwei Türme erhielt. Diese Kirche wurde 1238/39 erneuert und dem hl. Bartholomäus geweiht, von dem sie seit 1215 ein Schädelstück als Reliquie besaß. Der karolingische Bau, dessen Fundament 1964 genauer nachgewiesen wurde, erhielt 1250–69 ein breiteres, noch erhaltenes Langhaus, während das alte Querhaus zunächst noch stehen blieb. Als dieser Bau zu klein wurde, errichtete man 1315–38 den jetzigen gotischen Chor und 1338–69 das mit 60 m überlang erscheinende Querschiff. Zu dem geplanten großen Langhaus kam es nicht mehr, da sich das Interesse der Reichsstadt (seit 1370) im 14./15. Jahrhundert auf einen machtvollen Turm konzentrierte. Mit diesem unvollendeten Turm blieb der Dom von 1514 bis 1867 unverändert stehen. Am 14./15. August 1867, gerade als König Wilhelm I. die 1866 preussisch gewordene Stadt zum erstenmal besuchte, brannte der Dom durch Übergreifen eines Feuers aus und wurde dann 1869–80 von J. F. Denzinger restauriert. Dabei wurde das bisher niedrige Langhaus auf Querschiffhöhe gebracht, der Kreuzgang verändert, die Tumkuppel vollendet. 1943/44 zerstörten Spreng- und Brandbomben Teile des Domes erneut, doch blieb die Ausstattung durch gute Vorsorge erhalten. Die Wiederherstellung erfolgte 1950–53.

Das ÄUSSERE des Domes trägt Züge der Erneuerung von 1880. Das südliche *Turmportal* von 1422 (1) hat seit 1958 eine Bronzetür von Wissel, die sechs deutsche Kaiser als Förderer des Domes zeigt. Das *Südportal* (2) des Querschiffes zeigt im Bogenfeld die Epiphanie des Herrn (um 1350), in den Türflügeln (1962; Mettel) sieben auf den

Herrn hinweisende Propheten. Im Reststück des einstigen Domkirchhofes steht die Kopie einer **Kreuzigungsgruppe* (3), die der Großkaufmann Jakob Heller 1509 durch Hans Backoffen errichten ließ (Original in der Turmhalle). – Das *Nordportal* (4) durch welches der Krönungszug ging, war als 'Marienportal' besonders prächtig gestaltet, doch stammen die Figuren Christi und der Apostel unter der Fensterrose erst von 1880. Die Bronzetür (1965; Mettel) zeigt rechts Adam, Noahs Opfer, Abraham und Isaak, links Melchisedek, Jakobs Segen, Moses als Gesetzgeber. In die Außenmauer des ehem. Kreuzganges ist ein großes **Bartholomäusrelief* (5) eingemauert: riesig der geschunden daliegende Heilige, darüber klein und böse der Armenierkönig Astyages (1957; Mettel).

Der **TURM (95 m) wurde 1415, kurz nach den Türmen von Straßburg und Ulm begonnen und kann sich unter den deutschen 'Eintürmen' mit denen von Freiburg, Wien und Ulm messen. Die Frankfurter nennen ihn 'Parrtorm', d.i. Pfarrturm. Von Madern Gerthener stammt der Entwurf, Hans von Ingelheim hat diesen 1483–90 im Stile der Spätgotik überarbeitet. 1514 war er mit Ausnahme der Kuppelbekrönung vollendet. Der Unterbau ist viereckig und schmuckarm, über der großen Galerie beginnt der achteckige Aufbau. Die gewaltigen Kraftlinien werden von einer reichen Kuppel mit daraufsitzender Spitze großartig aufgefangen und verwandelt. Diese Kuppel von 35 m Höhe hat der Regensburger Dombaumeister Denzinger nach dem Dombrand von 1867 im Sinne von Ingelheims Plan 1869–77 vollendet. Zur ersten Galerie, von der aus man schon das meiste sieht, führen 185 Stufen, bis zur oberen Galerie im Ganzen 332 ausgetretene Sandsteinstufen. Das G e l ä u t (e, a, cis, e', fis, gis, a, h, cis) aus neun Glocken wurde 1877 neu gegossen. Kaiser Wilhelm I. stiftete dafür das Metall erbeuteter französischer Geschütze. Die riesige 11 950 kg schwere *Kaiserglocke* (Gloriosa) hängt im ersten Turmgeschoß, die anderen hängen im Achteck. Bis zum 2. Weltkrieg war dies die einzige Aussichtsstätte der Stadt. Die Geläute der neun Kirchen der Innenstadt sind aufeinander abgestimmt und erklingen an den Samstagen vor Ostern, Pfingsten und 1. Advent sowie Heiligabend. Die U h r wird elektrisch gesteuert, ihr Zifferblatt mißt 4 m, die 220 und 260 cm langen Zeiger wiegen 55 kg.

***Rundblick.** In der Tiefe sieht man die wiederaufgebaute Altstadt. Im W e s t e n die kleine Nikolaikirche mit dem grünen Spitzhelm, dahinter das neue Historische Museum mit Saalhof und Rententurm. Weiterhin die rote Fassade des Römers mit den beiden Türmen des Rathauses, den Rundbau der Paulskirche mit dem goldenen Kreuz, sowie die Leonhardskirche mit ihren niedrigen Chortürmen und den Chor der ehem. Karmeliterkirche. – Im N o r d e n Chor und Turm der Liebfrauenkirche, den schönen Turm der Katharinenkirche mit goldenem Turmhahn, die Kuppel der Börse, den roten Eschenheimer Turm, das Fernmeldehochhaus. Rechts daneben der dunkle Turm der Peterskirche und dahinter der braun gekachelte Block der Oberfinanzdirektion. –

Im O s t e n im Vordergrund das ehem. Dominikanerkloster und als grüne Insel der alte Judenfriedhof. Nahe am Main die Großmarkthalle. Im S ü d e n , jenseits des Maines am Stromufer die Dreikönigskirche, das Deutschordenshaus an der Alten Brücke, in der Ferne der Henningerturm und am Rande des Stadtwaldes der hölzerne Goetheturm. Auch 1981 war noch nicht klar, ob und wann der Turm wieder für Besucher geöffnet wird.

Das INNERE. Von der neugotischen V o r h a l l e (1879) sieht man in den 1438 erbauten Stiftskreuzgang. Dann betritt man die T u r m h a l l e , in der das Original von Backoffens **Kreuzigungsgruppe* (3a) aufgestellt ist. Das dreischiffige L a n g h a u s ist bei 20 m Breite nur 30 m lang, drei hochragende Pfeilerpaare tragen das Gewölbe. Die südlich angebaute S c h e i d - k a p e l l e mit Sterngewölbe wurde 1487 von dem Patrizier Nikolaus Scheid gestiftet. In ihr stehen die *Taufe* (18. Jh.) und eine *Pietà*.

Das Q u e r s c h i f f ist länger als Chor und Langhaus zusammen. An seinem Südende steht die *Orgel,* 1956/57 von Joh. Klais/Bonn mit 71 Registern und 6 400 Pfeifen erbaut, eine der größten in Deutschland. Die sechs mittelalterlichen *Altarschreine* im Querhaus wurden nach dem Dombrand von 1867 vom Stadtpfarrer Münzenberger aus anderen Kirchen angekauft, um die verbrannte Ausstattung zu ersetzen. In den beiden K a p e l l e n zu Seiten des Chores rechts eine schöne *Grablegung Christi* (14), mehrfigurige Steinplastik von 1442, die bis 1830 in der Friedhofskapelle stand; links der erneuerte **Maria-Schlaf-Altar* (15) von 1434, der einzige der ursprünglichen Altäre (Fassung des 19. Jh.). Das Stifterpaar von Werstatt ist mit seinen 17 Kindern auch abgebildet. Der schöne Grabstein für **Johann und Gudula von Holzhausen* (22), die 1395 bzw. 1430 starben, stammt aus der 1830 abgebrochenen Michaelskapelle beim Dom.

Den Chor, die Wahlkapelle und den Domschatz kann man nur bei Führungen näher besichtigen.

Der C h o r hat seit 1951 schlicht gemusterte Glasfenster von Hans Leistikow. Zwei Steinplastiken stellen die Dompatrone Karl d. Gr. und St. Bartholomäus dar. Der umlaufende *Bartholomäusfries* (27) ist eine Bilderfolge eines Meisters der Kölner Schule (1427). Das schön geschnitzte *Chorgestühl* (1352) zeigt auf den Wangen links Ludwig den Deutschen mit der Salvatorkirche, rechts St. Bartholomäus. Der stark vergoldete *Hochaltar* (15. Jh.) stand einst in der Katharinenkirche in Salzwedel. Die wappenumgebene *Grabplatte des Günther von Schwarzburg* (28) deckte einst das Hochgrab dieses 1349 in Frankfurt gewählten und im gleichen Jahr verstorbenen Gegenkönigs von Karl IV.

Unter der V i e r u n g, wo seit 1953 die schlichte schwarze *Altar-*

mensa steht, vollzog der Kurfürst und Erzbischof von Mainz zwischen 1562 und 1792 zehn Kaiserkrönungen:

Maximilian II.	30. Nov. 1562	Karl VII.	17. Febr. 1742
Mathias	14. Juni 1612	Franz I.	4. Okt. 1745
Ferdinand III.	9. Sept. 1619	Joseph II.	3. Apr. 1764
Leopold I.	1. Aug. 1658	Leopold II.	9. Okt. 1790
Karl VI.	22. Dez. 1711	Franz II.	14. Juli 1792

Die Wahlkapelle ist ein schlichter gotischer Raum, der um 1425 für die Stiftsbücherei erbaut wurde. In ihr haben zwischen 1562 und 1792 die sieben Kurfürsten 10 von 22 deutschen Kaisern gewählt.

Der DOMSCHATZ wird in einem 1875 angebauten Raum mit kunstvollem Türschloß von 1742 verwahrt. Er enthält gotische und barocke Kelche und Monstranzen, zwei Krönungsleuchter von 1700 sowie noch getragene Paramente und ganze Krönungsornate von einst. Die 1215 in den Dom gelangte Bartholomäusreliquie hat eine Fassung von 1928.

An der Südostecke des Platzes, dem Domturm gegenüber, steht – noch immer als Ruine – das 1399 von Madern Gerthener erbaute **Leinwandhaus,** das zur alleinigen Verkaufsstätte für Leinen, Garn, Flachs und Hanf außerhalb der Messezeiten bestimmt war. Es war bis ins 19. Jahrhundert der Mittelpunkt des hessischen Tuch- und Leinenhandels. Was auf den Dörfern gesponnen und gewebt wurde, kam hier zum Verkauf. Die drei großen Tore waren Wageneinfahrten. Das Gebäude diente auch als Schuldgefängnis, Stadtschreiberei, Zollverwaltung, Schwurgericht (1857–89) und Historisches Museum (1889–1943). Die Ruine steht unter Denkmalschutz. Der Wiederaufbau zu kulturellem Zweck ist geplant.

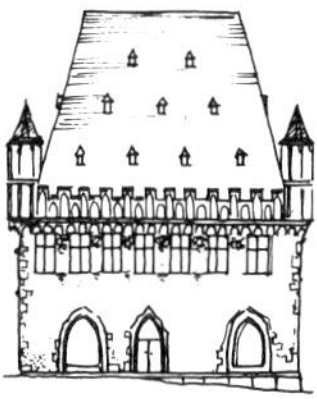
VOR DER ZERSTÖRUNG

Um den Dom herum im Süden und Osten wurden in den 60er Jahren auf dem Bombenschutt über neu herangeschafftem Erdreich pflanzenreiche Wohnhöfe erbaut, in denen noch drei der in der Stadt so beliebten schmuckreichen Brunnensäulen aus rotem Sandstein stehen. Einer davon, der Atlasbrunnen, zeigt den Träger der Weltkugel (1778).

Im Hainerhof erinnert ein steinerner *Postreiter* (1954; Glenz) daran, daß hier 1670–1807 der Kurhessische Posthof lag. Der Name erinnert an das Zisterzienserkloster Haina, das seit 1240 dort eine Niederlassung hatte. Seine 1240 erbaute St. Bernharduskapelle, in der Bernhard von Clairvaux zum 2. Kreuzzug aufgerufen hatte, ist 1944 zerstört worden. Die Fahrgasse, die das Viertel im Osten durchzieht, wies einst viele Gasthöfe auf und brachte jahrhundertelang den Fahrverkehr von und zu der einzigen Mainbrücke.

4. Saalhof und Historisches Museum

Vom Römerberg zum Saalhof führt die kurze Straße Am Fahrtor. Das erst 1840 abgerissene Tor bildete den wichtigsten Zugang von der Stadt zur Schiffslände am Main. Ein Rest des Tores ist der *Gotische Erker,* links am neuromanischen Vorbau des Saalhofes, mit Doppeladler und zwei Masken, die das Böse abwehren sollten. Das große schiefergedeckte **Haus Wertheim,** ein schon 1383 erwähntes Fachwerkhaus mit vergoldeter Ecksäule, ist der einzige Holzbau der Altstadt, der den Krieg überstanden hat. In der Brandnacht des 22. März 1944 war hier die Feuerwehr postiert, die Tausende von Geretteten aus den Luftschutzkellern nach dem Main durchschleuste, wobei sie Menschen und Haus dauernd unter Mainwasser hielt.

Der **Saalhof** (F 6) am Mainufer erinnert heute fast nur noch dem Namen nach an die staufische Reichsburg, die hier stand, hat aber als Gebäude des *Historischen Museums* nun wieder eine angemessene Aufgabe erhalten. Er besteht heute aus fünf Bauten: 1. dem 1970–72 errichteten neuen *Museumsflügel* an der Römerbergseite, der als Betonbau mit übermäßig stark betonten Horizontalen sich nur schwer in die gegebene Situation einfügt; 2. dem *Bernusbau* von 1717, der eine seiner prächtigen Barockfassaden der Fahrtorgasse und eine weitere dem Main zukehrt; 3. dem malerischen **Rententurm** an der Südwestecke, der 1456 als Sitz des Rentmeisters für die Hafengebühren errichtet wurde. Der Turm hat einen spitzen Schieferhelm, flankiert von vier Ecktürmchen und steckt heute tief in der Uferaufschüttung. An der Mainseite oben ein Doppeladler, unten die Hochwassermarken bis hinauf zur Flut vom 18. Jan. 1682; 1917–1932 wohnte der Dichter Fritz von Unruh (†1970) im Rententurm. 4. Auf der Mainseite schließt sich an den Bernusbau der *Burnitzbau,* 1842–44 von F. Burnitz mit Rundbogenfenstern und roten Zinnen errichtet. Sein östlicher Eckturm ist noch alt und zeigt als halbrunden Anbau die 1165–70 von Barbarossa (?) hinzugefügte Saalhofkapelle; 5. Auf der Nordseite der niedrige staufische *Palastbau* der am besten vom Hof aus sichtbar ist.

Der Saalhof, ein Bau von 65 x 46 m Seitenlänge, wurde unter Kaiser Konrad III. 1138–42 (?) als königliche Burg erbaut und trägt seinen Namen etwa seit 1277 nach 'des Reiches Saal' im einstigen Obergeschoß. Bis 1347 war die Burg ein Brennpunkt politischer Ereignisse: 45 mal weilten die Staufer in ihr, 16 Reichstage wurden hier abgehalten. Von der Anlage zeugen noch der Turm an der Nordostecke mit der Saalhofkapelle und der niedrige Palas, somit die ältesten erhaltenen Bauwerke der Stadt. Frankfurter Patrizer erwarben den Bau 1333, die Brüder Bernus 1697, die Stadt 1909.

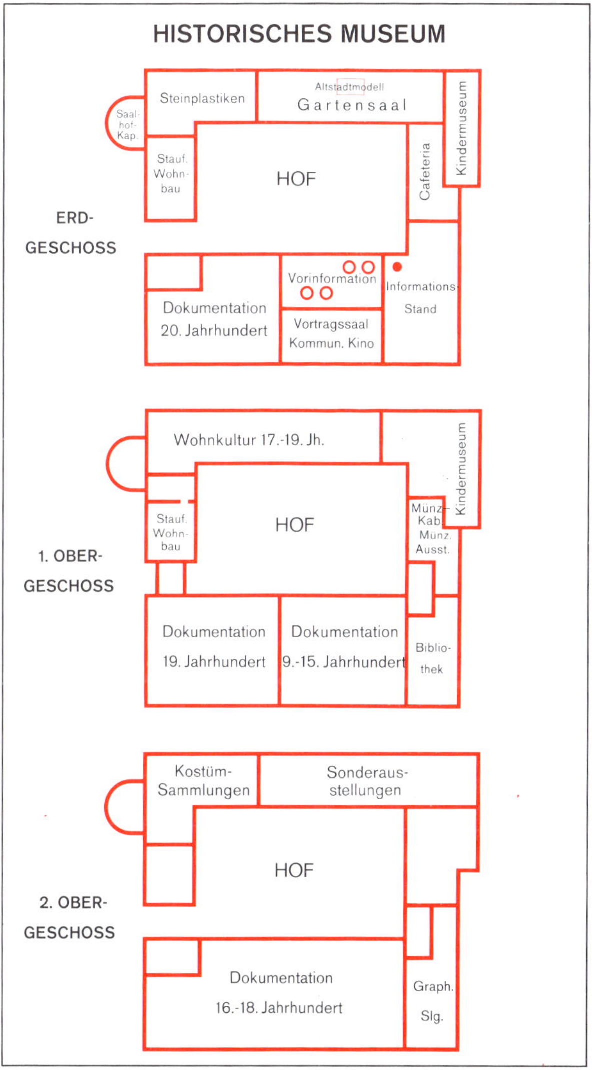

Kart. Inst. G. Schiffner, Lahr/Schwarzwald

Das ***Historische Museum** der Stadt Frankfurt, eines der bedeutendsten und modernsten in Deutschland, hat 1972 den wiederhergestellten und um einen wuchtigen Nordflügel erweiterten Saalhof bezogen, nachdem es schon seit 1956 hier Ausstellungen veranstaltete. Gegründet wurde es 1867 nach dem Verlust der reichsstädtischen Freiheit, erhielt 1878 ein eigenes Gebäude, wurde seit 1877 durch einen Verein gefördert, zog 1893 in das Leinwandhaus ein und breitete sich danach über fünf Gebäude aus, bis der Bombenkrieg ihm 1943 alle Quartiere, aber nicht die geretteten Bestände nahm. Ein Ende fand dabei auch das Bestreben, im Museum Ehrfurcht vor den historischen Leistungen der Väter zu erzeugen, stattdessen wird Aufklärung über die Geschichte erstrebt, um das Verständnis und den Wunsch nach Veränderung und Verbesserung der Verhältnisse zu stärken. Didaktische Texte, Fotos, Dias, grafische Darstellungen, Filme, Fernseher sollen helfen, dieses Ziel zu erreichen. Eintr. s. S. 21.

Im Neubau werden die ausgestellten Objekte mit der historischen Dokumentation in vier großen Sälen gezeigt: im Erdgeschoß das '20. Jahrhundert', im 1. Obergeschoß das '9.–15. Jahrhundert' und das '19. Jahrhundert', im 2. Obergeschoß das '16.–18. Jahrhundert'. – In den wiederhergestellten Altbauten sind die Teile der Sammlungen untergebracht, die nicht in die historische Dokumentation einbezogen werden konnten oder sollten. Wir charakterisieren die einzelnen Abteilungen und weisen auf einige Hauptstücke des seit 1977 voll aufgestellten Museums hin.

Untergeschoß. – DOKUMENTATION ALTSTADTGRABUNGEN. Fundstücke, Rekontruktionen, Grabungspläne von der Steinzeit bis zum 16. Jahrhundert.

Erdgeschoß. – VORINFORMATION: Vier Lichtbildfolgen mit Texten als Einführung zu den vier Dokumentationsräumen.

DOKUMENTATION DES 20. JAHRHUNDERTS. Die Themen wechseln: z.B. 1980/81 "Frauenbewegung und -alltag im 20. Jahrhundert".

GARTENSAAL. Das **Altstadtmodell* im Maßstab 1:200, das die Brüder Treuner im Format 2½ zu 4½ m nach dem Zustand von 1927 bis 1944 angefertigt haben. Ferner Architekturteile verschwundener Frankfurter Bauten und Skulpturen aus Frankfurter Gärten der Barockzeit.

STEINPLASTIKEN. Mittelalterliche Architekturteile, Schlußsteine, Bauplastiken, Grabsteine, Glocken.

*SAALHOFKAPELLE. Dieses älteste in seiner ursprünglichen Form erhaltene Baudenkmal Frankfurts war die 1165–70 erbaute Hauskapelle Friedrich Barbarossas; das Obergeschoß wurde 1210 aufgesetzt.

1. Obergeschoß. – DOKUMENTATION DES 9.–15. JAHRHUNDERTS (grün). – Die vier Themen sind: Frankfurt als Königspfalz (8.–12. Jh.); Frankfurt als Königsstadt (12.–14. Jh.); Frankfurt als Reichsstadt; Bürger als Stifter von Kirchengut.

Hervorzuheben: Die *Reichskleinodien,* Krone, Szepter und Reichsapfel in Kopien von 1913, deren Originale sich seit 1796 in der Wiener Hofburg befinden. Die berühmte achtplattige Krone dürfte um 962 in Rom zur Krönung von Otto d. Großen angefertigt worden sein. – Die *Goldene Bulle* (Kopie), Reichsgrundgesetz von 1356 bis 1806, so genannt nach der goldenen Siegelkapsel (lat. Bulla), die diesem Rechtsbuch Kaiser Karls IV. angehängt ist. – *Die Zehn Gebote,* große Sandsteintafel mit zwölf Reliefs, die im 15. Jh. in der St. Peterskirche aufgestellt war. – Die **Kunstschätze des Dominikanerklosters,* darunter der Altar des Patriziers Jacob Heller von Dürer . – *Bild der Schlacht bei Kronberg im Jahre 1389* (Kopie des 17. Jh.), welche die Frankfurter verloren. – *Modelle* der Dombauten des 12. und 13. Jahrhunderts.

DOKUMENTATION 19. JAHRHUNDERT/ERSTER WELTKRIEG (blau). Die Themen sind: Frankfurt und die Französische Revolution; Französ. Vorherrschaft und die Befreiungskriege 1813/14; Anfänge der industriellen Produktion; Vormärz; 1848; Gründerzeit; Erster Weltkrieg.

SAMMLUNGEN 16. BIS 18. JAHRHUNDERT. Möbel, Gemälde, Fayencen und Porzellan, Tafelsilber, Entwicklungsformen des typischen 'Frankfurter Schrankes', Wohnräume des Rokoko und Biedermeier. Das berühmte 'Prehnsche Kabinett', d.s. über 800 kleinformatige Gemälde, gesammelt von Konditormeister Prehn.

MÜNZKABINETT. Bedeutendste 'Sammlung deutscher Münzen'; alle in der Münzstätte Frankfurt geprägten Münzen und Medaillen; Griechische und römische Münzen; Siegelstempel; große Papiergeldsammlung. Größte Sammlung von Goethe-Medaillen (c. 1 000 Stück).

2. Obergeschoß. – DOKUMENTATION 16.–18. JAHRHUNDERT. Die Themen sind: Angriffe auf das Mittelalter; Reformation; Bauernkrieg; Das Städtische Handwerk; Religionskrieg; Gegenreformation; Demokratisierungsversuche; Wohnen um 1620; 30jähriger Krieg; Merkantilismus; Die Messe; Verkehr; Technik; Kommunikation, Obrigkeit, Verwaltung, Öffentlichkeit; Wohnen um 1760; Feste und Feiern; Kaiserkrönungen; Französische Revolution.

5. St. Leonhardskirche und Karmeliterkloster

Am Mainkai vor dem Saalhof befand sich jahrhundertelang die Frankfurter Schiffslände, bis der Bau von Westhafen und Osthafen neue Verhältnisse schuf. Noch heute jedoch fahren hier die Personenschiffe zu ihren Mainfahrten ab. Der Eiserne Steg überschreitet hier den Main. Der Straßenname Leonhardstor erinnert an ein erst 1836 abgebrochenes Stadttor.

Die kath. ***St. Leonhardskirche** (F 6), hart am Mainkai, ist heute eine Hallenkirche der Spätgotik mit fünf Schiffen unter einem mächtigen Satteldach. Die niedrigen achteckigen Osttürme zuseiten des gotischen Chores gehören noch zu der spätromanischen Basilika, für die Kaiser Friedrich II. 1219 den Baugrund geschenkt hatte. Sie war die erste Kirche, welche die Frankfurter Bürger für sich selbst bauen durften. Zuerst war sie Maria und dem hl. Georg geweiht, doch als sie 1323 eine Relique des hl. Leonhard erhielt, wurde dieser zum Kirchenpatron. Eine Ausdehnung des gotischen Neubaues zu Anfang des 16. Jh. war wegen des Leonhardtores nicht möglich, daher die quadratische Grundform des Schiffes und die Erweiterung durch die äußeren Seitenschiffe. Man betritt das nördlichste Seitenschiff und findet dort noch das spätromanische **Hauptportal* (1) von 1220 mit prächtig behandelter Bogenlaibung. Im Bogenfeld Christus zwischen Maria und Petrus, außen knieend Johannes d. T. und St. Georg. Das roman. *Nebenportal* (2), seit 1808 zugemauert, zeigt im Bogenfeld St. Jakobus zwischen zwei Pilgern. Das *SALVATORCHÖRLEIN (3) von 1510, am Ostende dieses Schiffes besitzt ein hängendes Gewölbe, das aus zwei ineinander geschobenen Rippensystemen besteht. Am Schlußstein der Salvator und unten das Wappen des Stifters, nach dem der Raum auch Holzhausenkapelle heißt. Heute dient er als Taufkapelle, mit Taufstein von 1477 und einem romantischen Marienbild, das der Nazarener Eduard v. Steinle 1854 gemalt und gestiftet hat, daher auch 'Steinlemadonna' genannt.

Die Halle des LANGHAUSES ist auf drei Seiten von den Maßwerkbrüstungen der Emporen umzogen. In den spätgotischen Netzgewölben Patrizierwappen auf den Schlußsteinen. Da die Kirche bei der Säkularisation 1802 fast das ganze Inventar einbüßte, mußte eine neue Ausstattung im Kunsthandel erworben werden. Das *Abendmahlsbild* (4) stammt aus der Predella von Holbeins berühmtem Helleraltar in der Dominikanerkirche; es ist eine gute Kopie des Originals im Städel. – Der große *Marienaltar* (5) wurde 1480 in Antwerpen geschnitzt und gemalt, kam aber erst 1890 hierher. Der geschnitzte Schrein enthält figurenreiche Gruppen aus dem Marienleben, die inneren Seitenflügel sind Kopien nach Rogier v. d. Weyden; oben St. Leonhard mit den Ketten als Attribut. – Über dem Chorbogen ein *Jüngstes Gericht* (6), vom Anfang des 16. Jh. – Der schöne gotische CHOR ist in ganzer Höhe in Fenster aufgelöst, deren z.T. erhaltene *Glasmalereien* (7) aus der 2. Hälfte des 15. Jh. stammen.

LEONHARDSKIRCHE

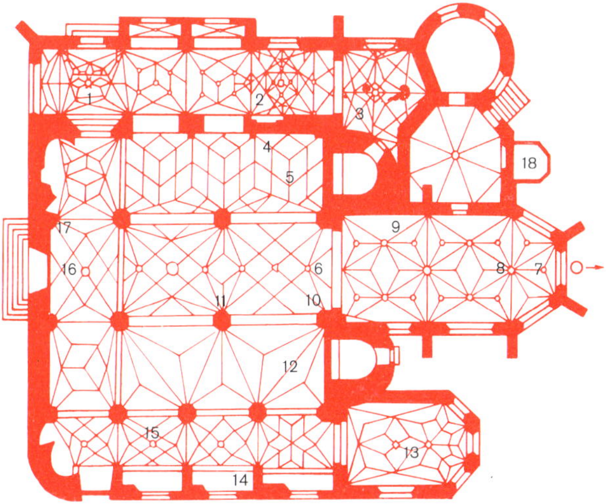

1. Roman. Hauptportal (1220)
2. Roman. Nebenportal (1220)
3. Salvatorchörlein (1510)
4. Abendmahlsbild (1501)
5. Marienaltar (1480)
6. Jüngstes Gericht (Anf. 16. Jh.)
7. Glasgemälde (um 1450)
8. Hochaltar (um 1500)
9. Lebensbaum (16. Jh.)
10. Madonna auf der Mondsichel (1420)
11. Kanzel (16. Jh.)
12. Kreuzaltar (um 1500)
13. Leonhardsaltar (1813)
14. Frühbarocke Pietà
15. Wappen Storch/Frosch (1520)
16. Orgel (1958)
17. Hochwassermarken
18. Ehem. Außenkanzel

Der *Hochaltar* (8) mit seinen Heiligenfiguren wurde um 1500 in Bayern geschnitzt. An der linken Chorwand, gemalt in Form eines Lebensbaumes, *Christus und die Apostel* (9), eine spätgotische Arbeit. Der *Kreuzaltar* (12) ist ein niedersächsisches Schnitzwerk von 1500 mit der Kreuzigung, flankiert von Heiligenfiguren. Unter seiner Mensa das hl. Grab mit dem lebensgroßen Leichnam Christi (um 1500), das 1927 in der Sakristei gefunden wurde.

Die LEONHARDSKAPELLE am Ostende des südlichsten Seitenschiffes enthält den *Leonhardsaltar* (13), 1813 gemalt vom späteren bayer. Hofmaler Karl Stieler. – Schicksalsträchtig die *Hochwassermarken* (17) von 1682, 1845, 1882.

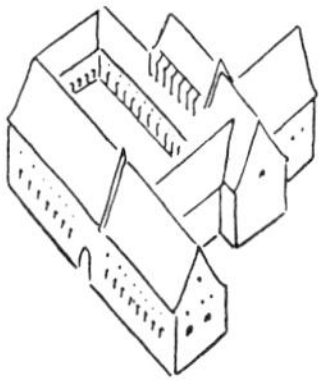

Das **Karmeliterkloster** (E 6), zwischen Münzgasse und Alter Mainzer Gasse, war eine reiche Klosteranlage, die um 1246 begonnen und bis 1520 weiter ausgebaut worden ist. Nach der Säkularisation von 1803 erlitten die Gebäude wechselvolle Schicksale als Kaserne, Zollamt, Werkstatt, Stallgebäude und standen 1913 sogar vor dem Abbruch. 1922 bis 1937 wurden die Bauten dann erneuert, eine Arbeit, die nach 1945 infolge der Kriegsschäden wiederholt werden mußte. Noch immer im Besitz der Stadt sind die einstigen Weinberge (13 ha) des Klosters in Hochheim bei Mainz.

Die Räume des Klosters werden jetzt zu zwei Dritteln vom **Stadtarchiv** eingenommen, das im ehem. Refektorium einen Ausstellungsraum eingerichtet hat und in den drei neuen Kellergeschossen über 10 lfde. km Akten magazinieren kann. Besondere Kostbarkeiten werden in der ‘Privilegienkammer’ aufbewahrt, darunter die ‘Goldene Bulle’, das Reichsgrundgesetz von 1356 in der für Frankfurt 1366 erfolgten Ausfertigung, so genannt nach der vergoldeten Kapsel des Majestätssiegels. Bibliothek und Lesesaal, Eintr. s. S. 21. – In Personalunion mit dem Archiv befinden sich hier die *Frankfurter Historische Kommission* und der *Verein für Geschichte und Landeskunde.* Im Hauptgebäude hat auch das *Museum für Kunsthandwerk* einen Ausstellungsraum.

Das STADTARCHIV zählt zu den drei größten der Bundesrepublik und ist das älteste. Es sammelt und ordnet alle Akten und Urkunden von dauerndem Wert, erwirbt Dokumente und Erinnerungsstücke zu Frankfurts Geschichte und erschließt dies alles zum Besten der Stadtgeschichtsforschung. Seine Bestände reichen bis ins 9. Jh. zurück, da es die Urkunden des Domes und der 1533, bzw. 1802 säkularisierten Klöster und Stifte besitzt. 1436 bis Mitte des 19. Jh. hatte es ein eigenes Gebäude am Römer. 1878 erhielt es einen neuen Archivbau am Dom, der 1943 mit vielen Urkunden zugrunde ging. Neben allen städtischen Urkunden bewahrt es auch die Archive der Frankfurter Kirchen und Klöster.

Im Südwestflügel an der Seckbäckergasse ist die *Abteilung Frankfurt des Bundesarchivs* untergebracht, die u.a. die Akten des Reichskammergerichts, des Deutschen Bundes (1815–66) und der Deutschen Nationalversammlung verwahrt. Ferner unterhält hier der *Berufsverband Bildender Künstler* seine Geschäftsstelle, zwei Ateliers und Räume für Ausstellungen und Vorträge. Im Keller spielt seit 1959 *Die Schmiere,* die sich ‘das schlechteste Theater der Welt’ nennt.

Die KIRCHE ist für Besucher noch nicht wieder zugänglich, doch sind Chor und Annakapelle inzwischen bereits restauriert.

Der KREUZGANG (1462–90), nach dem Kriege als Freilichtbühne verwendet, ist 1976 verglast worden. Die **Wandbilder zur christlichen*

Heilsgeschichte, mit denen der schwäbische Maler Jerg Ratgeb 1514–23 den Kreuzgang ausgemalt hat, und das Bild der *Geschichte des Karmeliterordens,* im Refektorium, sind in sehenswerten Resten und Fotodokumentationen erhalten.

Die **Ratgebfresken.** Der schwäbische Maler *Jerg Ratgeb,* um 1480 in Herrenberg geboren und 1526 wegen Teilnahme am Bauernkrieg in Pforzheim gevierteilt, hat 1514–18 den 107 m langen Kreuzgang mit einem 4½ m hohen Gemäldezyklus ausgemalt, der die christliche Heilsgeschichte von der Schöpfung bis zum Jüngsten Gericht mit den Parallelen des Alten Testamentes und den Prophezeiungen der Propheten darstellte. Außerdem hatte er im Refektorium eine 30 m breite, 4 m hohe Darstellung der Geschichte des Karmeliterordens gegeben, die von dessen Gründung im Heiligen Land durch den Propheten Elias bis zur Überführung ins Abendland durch den französischen König Ludwig den Kreuzfahrer im Jahre 1248 reicht. Diese Zyklen, in denen leidenschaftliche Heftigkeit und bohrende Intensität der Aussage hart neben mystischer Stille und Erhabenheit (Christus vor Kaiphas) stehen, war der größte und seinem geistigen und künstlerischen Gehalt nach der bedeutendste Zyklus von mittelalterlichen Wandmalereien nördlich der Alpen. Bis auf Reste an der Kreuzgangnordwand und im Refektorium (246 von einst 600 qm) sind sie durch die Ungunst der Zeiten dahingegangen. Die schon 1934–38 unternommene Wiederherstellung wurde 1959–68 fortgesetzt.

Von der Leonhardskirche nach Norden führt die Buchgasse, in der nach 1500 zweimal im Jahr eine Buchmesse abgehalten wurde. Christian Egenolff, der hervorragende Verleger der Reformationszeit, hatte hier seine Druckerei. An der Ecke zur Bethmannstraße steht der **Bethmannhof** (F 6), der wiederaufgebaute Sitz des *Bankhauses Gebrüder Bethmann,* das 1748 gegründet wurde und heute die größte Privatbank in Hessen ist. Den fünf Generationen dieser Bankiersfamilie hat die Stadt Frankfurt auf dem Gebiet der Diplomatie, der Kultur und der Wohlfahrtspflege sehr viel zu verdanken. Der 1762 von Bethmann bezogene Dreiflügelbau hieß früher 'Basler Hof', erhielt 1948 seinen jetzigen Namen und wurde 1972 gründlich erneuert. Der Vogel Strauß auf dem zugemauerten Tor neben dem Westflügel erinnert an das 'Haus zum Strauß', in dem Luther laut Gedenktafel 1521 bei seiner Reise zum Wormser Reichstag übernachtet hat; Bethmann hat es 1818 erworben. Das Tor Buchgasse 9 stammt noch von c. 1690. Das Bankhaus veranstaltet auch Ausstellungen. Seit 1975 ist die Bayerische Vereinsbank zu 50 % an Bethmann beteiligt.

Der große Bau im spitzen Winkel zwischen Bethmannhof und Berliner Straße ist der **Bundesrechnungshof** (1956), bezeichnenderweise in den Bundesfarben gehalten. Die Haushaltsführung aller Behörden und Organe der Bundesrepublik wird hier überprüft. Die Mitglieder besitzen die Unabhängigkeit von Richtern, der Präsident ist dem Bundestag verantwortlich. Vor der Nordwand steht auf einer Säule ein schmiedeeiserner *Bundesadler* (1951; Wissel), in der Eingangshalle ein Sgraffitorelief 'Erinnerung an Potsdam' (1951;

Schlotter). 1714 wurde eine Oberrechnungskammer in Potsdam begründet, die nach 1871 auch die Haushaltsführung der Reichsbehörden überprüfte. Ihre Vorschriften wurden von dem 1950 gegründeten Bundesrechnungshof in Frankfurt fast unverändert übernommen.

Von der Berliner Straße nach Norden zweigt der Große Hirschgraben ab. Ein Rest des Grabens der älteren Stadtbefestigung war zu einem Tiergehege umgestaltet worden, in dem vom Rat Hirsche gehalten wurden. Bis zum Ende des 16. Jh. blieb er bestehen, dann wurde er bebaut. Der Bankier J.Fr. Gontard hatte hier ein Haus, in dem Friedrich Hölderlin 1796–98 Hofmeister war und sich in Susette Gontard verliebte, die er in seiner Dichtung als Diotima verklärte. Heute steht neben dem Goethehaus seit 1953 das **Haus des Deutschen Buchhandels,** mit dem festlichen 'Cantate-Saal', Bibliothek und Archiv. Im Cantate-Saal (560 Plätze) spielt seit 1975 das *Volkstheater Frankfurt*, eine 1971 gegründete, beliebte Mundartbühne.

Der *Börsenverein des Deutschen Buchhandels,* der hier seinen Sitz hat, ist die Vertretung der Standes- und Berufsinteressen der im Buchhandel tätigen Firmen der Bundesrepublik und Westberlins. 1606 Verleger, 2707 Buchhändler, 60 Zwischenbuchhändler, 52 selbständige Verlagsvertreter waren 1980 Mitglied. Der 1825 in Leipzig gegründete Verein erhielt seinen Namen nach der 'Börse', d.h. der damals üblichen jährlichen Abrechnung in Leipzig in der Woche Cantate. Die Deutsche Buchhändlerschule (S. 184), die Deutsche Bibliothek (S. 152), die Internationale Frankfurter Buchmesse (S. 136), der Friedenspreis werden vom Börsenverein getragen bzw. gefördert.

Seit 1950 wird in der Paulskirche ein 'Friedenspreis des Deutschen Buchhandels'vergeben. Diesen erhielten:

1950 Max Tau
1951 Albert Schweitzer
1952 Romano Guardini
1953 Martin Buber
1954 Carl J. Burckhardt
1955 Hermann Hesse
1956 Reinhold Schneider
1957 Thornton Wilder
1958 Karl Jaspers
1959 Theodor Heuss
1960 Victor Gollancz
1961 S. Radhakrishnan
1962 Paul Tillich
1963 Carl Fr. v. Weizsäcker
1964 Gabriel Marcel
1965 Nelly Sachs
1966 Kardinal Bea
1967 W. Visser 't Hooft
1967 Ernst Bloch
1968 Lèopold Senghor
1969 Alexander Mitscherlich
1970 Alva und Gunnar Myrdal
1971 Marion Gräfin Dönhoff
1972 Janusz Korczak
1973 The Club of Rome
1974 Frère Roger, Prior von Taizé
1975 Alfred Grosser
1976 Max Frisch
1977 Leszek Kolakowski
1978 Astrid Lindgren
1979 Yehudi Menuhin
1980 Ernesto Cardenal

6. Goethe-Haus und Goethe-Museum

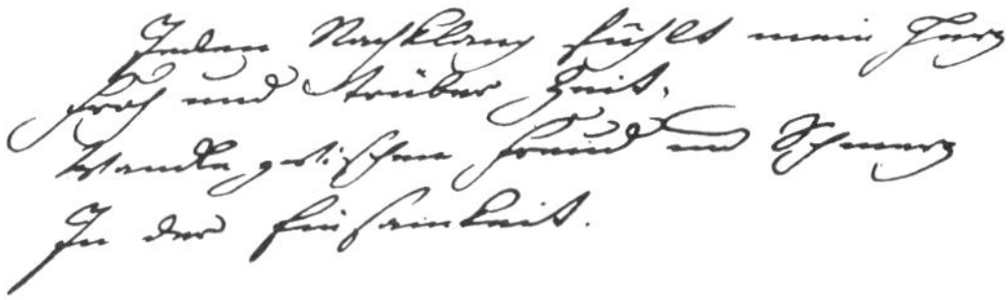
Jeden Nachklang fühlt mein Herz
Froh und trüber Zeit,
Wandle zwischen Freud und Schmerz
In der Einsamkeit.

Im **Goethe-Haus** am Großen Hirschgraben wurde *Johann Wolfgang Goethe* am 28. August 1749 geboren. Hier hat er seine Kinder- und Jugendjahre verlebt, bis ihn der Vater 1765 zum juristischen Studium nach Leipzig schickte. 1768 zurückgekehrt, lebte er, wenn auch als Student oft abwesend, noch bis 1775 im Hause, das in dieser Zeit viele Männer aus seinem Freundeskreis, wie Herder, Lavater, Klopstock, Jacobi, Jung-Stilling, Stolberg, Wieland und andere sah. 1775 verließ er Frankfurt, um in den Dienst des Herzogs Karl August von Weimar zu treten. Das Haus und das Leben darin sind in 'Dichtung und Wahrheit' höchst anschaulich geschildert.

Etwa um 1618 waren die beiden Häuser errichtet worden, die Goethes Großmutter 1730 erwarb und die sein Vater dann in eins umbaute. Als Goethes Vater 1782 gestorben, die Schwester Cornelia ebenfalls tot (1777) und Goethe selbst nach Weimar verzogen war, verkaufte die Mutter das Anwesen und zog 1795 in eine Wohnung am nahen Roßmarkt. Nachdem das Haus schon bald nach Goethes Tod viel besucht worden war, erwarb es 1863 das 'Freie Deutsche Hochstift' und versetzte es wieder in den Zustand des 18. Jahrhunderts.

In seiner heutigen Form ist das Haus ('Zu den drei Leiern') von Goethes Vater 1754, fünf Jahre nach des Dichters Geburt, aus zwei schmalen Häusern, die er von seiner Mutter geerbt hatte, umgebaut worden und wurde bis 1795 von der Familie bewohnt. Es ist am 22. März 1944 durch Bomben zerstört worden. Da jedoch die Einrichtung ausgelagert, die Maße, Formen und Farben genauestens bekannt und Architekturteile erhalten waren, konnte das Haus völlig getreu wiederaufgebaut werden. André Gide legte am 5. Mai 1947 den Grundstein, am 10. Mai 1951 war die Einweihung.

ERDGESCHOSS. Links vom ehemaligen Eingang das alte barocke Speisezimmer mit den steifen Stühlen, dem reich geschnitzten Barockspiegel, den Goethe altmodisch fand, und der Stofftapete in bleu-mourant ('blümerant'). – Im Raum gegenüber war ursprünglich das Besuchszimmer der Familie, die sogenannte Gelbe Stube, in der Frau Rat später den Stolz ihres Hauses, die Bilder und Büsten des Sohnes und des großherzoglichen Hauses in Weimar zur Schau aufgestellt hatte. – Die Küche, ganz so eingerichtet, wie Goethes Mutter sie benützte, ist ein schönes Beispiel bürgerlicher Haushaltung im 18. Jahrhundert. – Im Keller floß noch bis vor kurzem der Quellwasserbrunnen, am Boden sieht man den Grundstein (L. F. 1755) und im Gewölbe den Schlußstein (J. W. G. 1755). – Der Treppenaufgang ist von Goethes Vater, der die Pläne für den Umbau selbst entwarf, nach dem Muster italienischer Treppen gebaut worden, wie er sie als junger Mann 1740 auf seiner Italienreise gesehen und bestaunt hatte; in das schmiedeeiserne Geländer sind von den Erbauern die Buchstaben JCG und CEG eingefügt.

ERSTER STOCK. Hier liegen die drei im Rokokostil eingerichteten guten Zimmer, Repräsentationsräume der Familie. Die Feste, die kleinen Bälle für die Kinder und Cornelias Hochzeit fanden hier statt. Gewöhnlich waren sie verschlossen, oft auch vermietet. Der Herzog Karl August von Weimar hat sie 1779 bewohnt und 1759–61 der Graf Thoranc ('Thorane'), jener französische Offizier, der in Begleitung des Prinzen Soubise nach Frankfurt gekommen war. Über seinen Aufenthalt berichtet Goethe ausführlich in 'Dichtung und Wahrheit'. Graf Thoranc fand Gefallen an den Bildern der Frankfurter Maler, die Goethes Vater gesammelt hatte. Er ließ für diese Maler das Giebelzimmer als Werkstatt einrichten und gab ihnen den Auftrag, mehrere hundert Bilder für das Schloß seines Bruders in Grasse (Provence) zu malen. Über die Einrichtung der Räume sind wir durch das Ausgabenbuch des Vaters genau unterrichtet.

Das Mittelzimmer, von der Familie das 'Peking' genannt, hatte Wachstuchtapeten, nach chinesischen Mustern in Frankfurt gemalt, die Möbel waren von Röntgen in Neuwied, der Majolikaofen aus der Höchster Manufaktur. – Im Nordzimmer hängen die Ahnenbilder: Goethes Großvater Textor, gemalt von dem Schweizer J. A. Scheppelin, und die Gattin des Schultheißen, eine geborene Lindheimer, der Goethe in seinem Alter so sehr ähnelte. Die beiden Stilleben hat Justus Junker 1764 gemalt, und wir wissen aus 'Dichtung und Wahrheit', daß der Knabe Wolfgang in den Gärten der Familie vor dem Wall während des ganzen Sommers die Blumen dazu pflückte und die Tiere fing, die darauf zu sehen sind. – Im Südzimmer sind Familienbilder von Goethes Jugendfreundin Maximiliane Brentano, geb. Laroche, Mutter von Clemens Brentano und Bettina von Arnim, und ihres Gatten Peter Anton Brentano. Die beiden anderen Pastelle stellen den Senator Stock und seine Frau dar, die zu den besten Freunden von Goethes Mutter zählten. – Auf der anderen Seite des Flurs liegt das Musikzimmer, dessen Stuckdecke Flöte, Horn und Violine zeigt. Hier spielte der Vater Goethe die Laute, begleitete die Mutter den italienischen Sprachlehrer Giovinazzi zu seinen italienischen Melodien, und hier übten, wenn auch nicht gern, Wolfgang und Cornelia auf dem Clavichord und Cello. Der senkrecht stehende Flügel ist ein seltenes Instrument, 1769 aus Gera bezogen. Die Kinderszenen malte G. M. Kraus, der Goethe das Porträtzeichnen lehrte.

ZWEITER STOCK. Die Räume sind im strengen, farblich zarten Stil des Louis-Seize (1760–80) gehalten. – Der Flur, einst mit weitem Blick über Gärten und Stadtmauer nach dem Taunus hin, war im Sommer bevorzugter Wohnraum und des Knaben Lieblingsaufenthalt. Die prächtige astronomische Uhr stammt aus dem Hause eines Nachbarn, der den Jungen an ihr den Stand der Himmelskörper innerhalb des Tierkreises verstehen lehrte. – In der Bibliothek des Vaters stehen die Aufzeichnungen des Großvaters Textor über die Ratssitzungen im Römer, die 21 Foliobände der Frankfurter Ratsverordnungen von 1534–1779, die der Rat Goethe selbst zusammengetragen hat, die Niederschriften der 28 Prozesse, die Goethe 1771–75 als Anwalt in Frankfurt geführt hat, und alle jene Bücher, aus denen der junge Wolfgang Weite und Größe der Welt erfuhr. Vom Eckfenster aus pflegte der Vater gelegentlich die Ausgänge des Sohnes zu überwachen.

Im Gemäldezimmer des Vaters hängen in der alten symmetrischen Anordnung die 46 Bilder der Frankfurter Maler Schütz, Junker, Trautmann, Seekatz und Hirt, die des Dichters Kunstanschauung lange bestimmten. Goethes Vater war unter Frankfurts Patriziern der einzige, der Bilder von Künstlern seiner Zeit sammelte. – Im Zimmer der Frau Rat befinden sich z.T. noch ihre alten Möbel. Ihr Pastellbild malte 1776 G. O. May aus Offenbach, das des Herrn Rat ist erst 1880 nach alten Vorbildern gemalt worden. Die Ölbilder zeigen ihren Bruder, den Schöffen Johann Jost Textor und dessen Gemahlin. Das schöne Bild Goethes mit der Silhouette in der Rechten war ein Geschenk der Herzogin Anna Amalia aus Weimar. Neben der alten Uhr steht die Laterne, die sich die Mutter von der Magd voraustragen ließ, wenn sie abends ausging.

Im sog. Geburtszimmer Goethes steht jene Goethebüste, die der Weimarer Hofbildhauer Martin Gottlieb Klauer 1780 nach der ersten Aufführung der Iphigenie schuf. Die Leier und der Stern waren am 26. März 1832 über Goethes Sarg im Weimarer Haus angebracht. Als der Dichter 1782 vom Herzog geadelt wurde, wählte er den Morgenstern als Wappen. Goethes Vater hatte sich drei Leiern gewählt, die, vereint mit dem Textorschen Mann mit dem Schwert, als Wappen über dem Hauseingang angebracht sind. – Das Corneliazimmer im Seitenflügel enthält Dokumente aus der gemeinsamen Kinder- und Lehrzeit der Geschwister. Cornelia, am 7. Dez. 1751 geboren, heiratete am 1. Nov. 1773 den Hofrat Johann Georg Schlosser, Oberamtmann in Emmendingen, starb aber schon am 8. Mai 1777. Die Rötelzeichnung von J. L. E. Morgenstern zeigt sie im Alter von 21 Jahren.

DRITTER STOCK. Auf dem Vorplatz eine schöne Wäschepresse aus Nußbaumholz und eine eichene Brandkiste zum Bergen der Kostbarkeiten. – Das Dichterzimmer war Goethes eigenes Reich. Hier errichtete er als Knabe 'dem großen Gotte der Natur' den heimlichen Altar, hier schrieb er Werthers Leiden, Götz, Egmont, Clavigo, Stella und vor allem den Urfaust. Der berühmte Schattenriß von Werthers Lotte und einige als Porzellanschmuck gedachte Stiche erinnern an diesen berühmtesten Roman einer Generation. – Im Nebenraum das Stehpult, an dem Goethe viele Werke geschrieben hat, und das unscheinbare Puppentheater, der größte Schatz seiner Kinderjahre.

In dem Höfchen hinter dem Hause steht noch die Pumpe von 1590, an der die Königin Luise als Prinzessin spielte, als sie 1790 zur Kaiserkrönung bei Goethes Mutter gewohnt hat. Das eiserne Gittertor, das in den Rokokogarten führt, stammt aus dem Goethischen Weinberg vor dem Friedberger Tor. Die Initialen F G G 1725 erinnern an Goethes Großvater Friedrich Georg Goethe (1657–1730) aus Artern an der Unstrut, der als Damenschneider und (seit 1705) als Frankfurter Gastwirt und Weinhändler wohlhabend geworden war. Die Linde ist 1825 an Goethes Geburtstag gepflanzt worden. Das schmiedeeiserne Gitter (1735), welches jetzt in ein zweites, neu angelegtes Gärtchen führt, spielt (damals an anderer Stelle) eine Rolle in Goethes Jugenderinnerungen.

Das **Goethe-Museum,** das mit dem Goethe-Haus durch einen Bogengang verbunden ist, will als eine 'Biographie in Bildern' Goethes Leben vom Weggang aus dem Elternhaus bis zu seinem Tode veranschaulichen. Zeitgenössische Gemälde, Stiche, Aquarelle, Büsten, Autographen und Bücher spiegeln die Umgebung wider, in der Goethe und sein Kreis lebten; das Ganze ist eine anschauliche Einführung in die Geschichte seiner dichterischen Welt. Die 14 kleineren und größeren Räume, in feinen Farbtönen gehalten, wirken wie Teile eines vornehmen Wohnhauses. Das 1954 neu errichtete Gebäude ist um einen Arkadenhof herumgebaut, den eine Plastik 'Stehendes Mädchen' von G. Kolbe (1936) schmückt. Eine Plakette erinnert an *Otto Volger* (1822–97), Gründer des Hochstiftes und Retter des Goethehauses.

Der chronologische Ablauf beginnt in RAUM I mit dem Josephs-Zyklus von J. G. Trautmann, 1759/60 auf Anregung des jungen Wolfgang gemalt. Im RAUM II und III Gemälde und Büsten von Persönlichkeiten aus der Zeit des jüngeren Goethe (Gellert, Herder, Oeser, Sulzer, Winckelmann u.a.). die Bilder von Heinrich Füßli deuten an, in welchen Spannungen Goethe lebte (Gretchen, Mignon, Mephisto). RAUM IV zeigt den Weimarer Kreis. Die RÄUME V–VII bringen uns Goethes italienische Reise und die klassische Antike nahe; im Raum VII die berühmte Juno Ludovisi,

GOETHE-HAUS

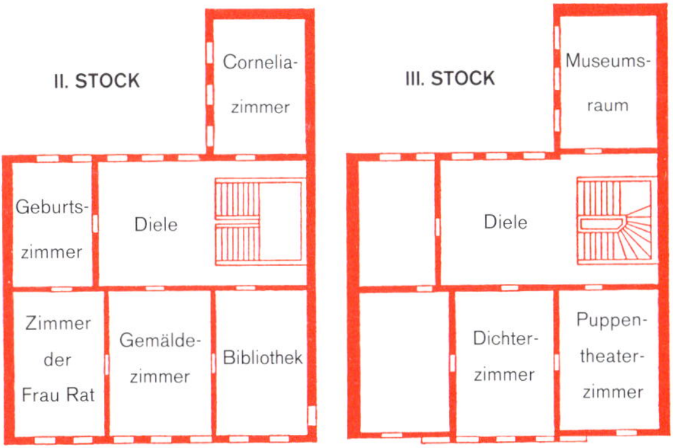

GOETHE-MUSEUM

1. OBERGESCHOSS

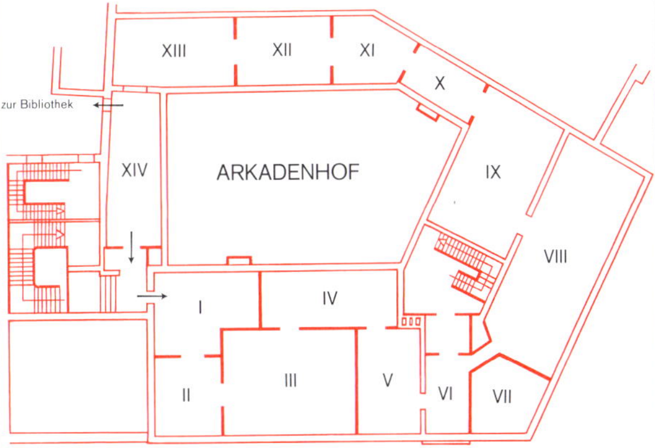

I. Josephs-Zyklus (1760; Trautmann)
II./III. Gemälde und Büsten von Zeitgenossen des jüngeren Goethe
IV. Der Weimarer Kreis
V.-VI. Goethes Italienische Reise
VII. Abguß der Juno Ludovisi
VIII. Ital. Reise. Klassische Antike
IX. Goethe-Bildnisse
X. Thüringer Ansichten aus Goethes Zeit
XI. Spätzeit Goethes
XII./XIII. Goethe und die Romantik: Armin, Brentano; Runge, Friedrich
XIV. Deutsche Landschaften zur Goethezeit

Kart. Inst. G. Schiffner, Lahr/Schwarzwald

der riesenhafte Abguß eines antiken Frauenkopfes ('meine erste Liebschaft in Rom') und Piranesis Ansichten von Rom. Im RAUM VIII italienische Landschaften von Philipp Hackert, der Goethe im Landschaftszeichnen unterrichtete. Im RAUM IX eine interessante Sammlung von Goethebildern, darunter ein Gemälde von J. J. Schmeller (1826), aus dem Goethes Skepsis und Einsamkeit spricht. RAUM X Thüringer Ansichten von G. M. Kraus. RAUM XI leitet in die Spätzeit Goethes über. Die RÄUME XII und XIII zeigen Goethes Begegnung mit der Romantik: Arnim, Brentano, C. D. Friedrich, Ph. O. Runge, C. G. Carus. Im RAUM XIV Deutschland in Landschafts- und Städtebildern, wie Goethe es sah.

Das **Bibliotheksgebäude,** 1895–96 vom Freien Deutschen Hochstift erbaut, wurde im Kriege schwer beschädigt und ist, wie das Goethe-Haus, wiederaufgebaut worden. Die wertvolle *Goethebibliothek* wurde gerettet und verfügt jetzt über 140 000 Bände. In dem Erdgeschoß-Saal sind die Wandbilder der Frankfurter Maler (Schütz, Trautmann, Juncker, Hirt, Seekatz) angebracht, die Graf Thoranc für das Schloß in Grasse malen ließ und die 1907 zurückerworben wurden.

Das **Freie Deutsche Hochstift** wurde im Jahre 1859 an Schillers 100. Geburtstag gegründet. Es war zunächst ein Vorläufer der heutigen Volkshochschulen und veranstaltete Vorträge aus allen Wissensgebieten. Im Jahre 1863 erwarb das Hochstift Goethes Geburtshaus und rettete es vor dem Untergang. Dadurch bekam das Institut eine neue Richtung. Es entwickelte sich zu einem Literatur-Museum und zu einem wissenschaftlichen Forschungsinstitut, dessen Arbeit insbesondere der Goethezeit, der Romantik und weiteren ausgewählten Epochen der neueren deutschen Literaturgeschichte gilt. Heute verwaltet das Hochstift Goethes Geburtshaus, das 1897 gegründete Frankfurter Goethe-Museum und eine Bibliothek, die 1896 errichtet wurde.

Im Laufe der Zeit entstanden umfangreiche Sammlungen. Heute zählt das Archiv etwa 30 000 Dichter-Handschriften; darunter befinden sich außer zahlreichen Manuskripten Goethes und seines Kreises Hauptteile der Nachlässe von Novalis, Clemens Brentano, seiner Schwester Bettina und Achim von Arnim.

Als literaturwissenschaftliches Forschungsinstitut gibt das Hochstift ein Jahrbuch heraus (Erste Folge 1902–1940; Neue Folge seit 1962). Ferner veranstaltet es eine historisch-kritische Ausgabe sämtlicher Werke und Briefe Clemens Brentanos und Hugo von Hofmannsthals.

Manches Herrliche der Welt
Ist in Krieg und Streit zerronnen.
Wer beschützet und erhält
Hat das schönste Los gewonnen.

Weimar 1826 *Goethe.*

II. DIE INNENSTADT (CITY)

7. Hauptwache. Roßmarkt. Börse

Die City nimmt das Gebiet um die Altstadt ein und sie reicht bis zu den Wallanlagen. Dies war einst die 'Neustadt', die Kaiser Ludwig der Bayer 1333 den Frankfurtern steuerfrei zugestanden hatte und um die sie 1343 bis 1515 eine neue Stadtmauer von 6–8 m Höhe und 3,5 km Länge zogen, von der allein das *Eschenheimer Tor* erhalten geblieben ist. Diese Neustadt war so umfangreich, daß der größere Teil von Gärten eingenommen wurde und Frankfurts Bevölkerung bis zum 19. Jh. darin Platz fand. Auf der Innenseite der einstigen Stadtmauer verlaufen: die Neue Mainzer Straße, die Hochstraße, die Bleichstraße, die Seilerstraße und die Lange Straße.

Die City hat als Einkaufszentrum drei wichtige Straßen, die vom Platz an der Hauptwache ausstrahlen. Nach Osten führt die breite Zeil, Standort von Warenhäusern und Möbelgeschäften, nach Westen läuft die Kaiserstraße mit den Agenturen internationaler Verkehrsämter und Fluggesellschaften, nach Nordwesten die Gr. Bockenheimer Straße, die wegen ihrer vielen Lebensmittelläden auch 'Freßgass' heißt. An Bauten aus alter Zeit stehen in der City noch: die *Hauptwache;* die *Katharinenkirche;* die Kirche im alten *Petersfriedhof;* die *Heiliggeistkirche*, einst zum Dominikanerkloster gehörig, und der *Alte Judenfriedhof.* Die *Post*, die *Justiz, Börse* und *Handelskammer, AOK* und *Stadtwerke* haben in der City ihren Sitz. Am stärksten entwickelt hat sich das Bankenviertel im Nordwestteil, in dem die Wolkenkratzer der *Dresdner Bank*, der *Deutschen Bank*, der *Commerzbank*, der *Hess. Landesbank*, der *Bank für Gemeinwirtschaft* und andere Frankfurt ein ganz neues Gesicht gegeben haben.

Der große dreieckige PLATZ AN DER HAUPTWACHE ist mit seinem unterirdischen S- und U-Bahnhof Knotenpunkt des öffentlichen Nahverkehrs.

Die kleine **Hauptwache** in der Platzmitte repräsentierte ein Jahrhundert lang Macht, Sicherheit und Ordnung der Reichsstadt Frankfurt. 1729–31 ist sie anstelle eines Holzbaues von Samheimer neu erbaut worden, mit hohem Mansarddach und kriegerischen Attributen in dem schönen Dreiecksgiebel. Beim U-Bahnbau wurde das Gebäude völlig abgetragen, dann 1968 originalgetreu wieder aufgebaut. Im Erdgeschoß, wo heute ein Café ist, hatte bis 1903 das städt. Militär ein Wachlokal, im 'Schanzerloch' genannten Keller, heute Restaurant, war ein Gefängnis für nicht honette Personen, die an den Schanzen arbeiten mußten. Das Dachgeschoß blieb honetten Gefangenen vorbehalten, zu denen der zänkische Ratsherr Joh. Erasmus v. Senckenberg – Bruder des berühmten Arztes – zählte, der ohne gerichtliches Urteil hier 1769–95 verwahrt wurde. Eine *Gedenktafel* erinnert an den Studentensturm vom 3. April 1833 auf dieses 'Symbol der Reaktion'. Vor der Hauptwache stehen Platanen, hinter ihr ein *Brunnen* mit Urne aus der Empirezeit (1800).

Nördlich der Hauptwache führen flache Treppen über eine von Läden umgebene Terrasse hinab zum S- und U-Bahnhof Hauptwache. Dort liegen untereinander: eine Fußgängerzone (B-Ebene), die bis zum Rathenauplatz reicht, mit zahlreichen Läden und Informationsstellen des Verkehrsvereins, des Verkehrsverbundes und des Hess. Rundfunks; die C-Ebene mit den Bahnsteigen für die S-Bahn und U-Bahn Ost/West, die D-Ebene für die U-Bahn Nord/Süd. Nach Fertigstellung des U-Bahnbaus auf der Zeil (1981/82) ist die Hauptwache Sternpunkt der Fußgängerzonen, die vom Opernplatz im Westen bis Konstablerwache im Osten, Eschenheimer Turm im Norden und Römerberg im Süden reichen.

Die stattliche **Katharinenkirche** (F 5), die den Platz an der Hauptwache von Süden her überragt, wurde 1678–81 von Melchior Heßler als ev. Saalkirche in Bruchsteinmauerwerk erbaut, wobei der Turm vor die Langseite gesetzt worden ist. Fenster, fünfseitiger Chor, Strebepfeiler und Steildach der Kirche zeigen trotz barocker Grundhaltung noch gotische Stilelemente. Der Turm trägt auf drei Geschossen eine Maßwerkbrüstung, darüber einen achteckigen Aufbau mit Helm und Laterne, bekrönt von Kreuz und goldenem Hahn. Der Wiederaufbau der 1944 bis auf die Grundmauern zerstörten Kirche erfolgte 1950–54.

An dieser Stelle standen von ca. 1350 an ein Katharinenkloster und ein Heiligkreuzspital mit Doppelkapelle, Gründungen des reichen Bürgers und Magisters Wicker Frosch. 1678 wurden die Gebäude abgebrochen, doch bestand das Kloster als ev. Stift noch bis 1810. In der alten Kirche verkündete am 9. März 1522 ein Schüler Luthers die Reformation in Frankfurt, sodaß die Kirche für die Protestanten die gleiche Bedeutung erlangte wie für die Katholiken der Dom. 1792 fand hier der Festgottesdienst zur Krönung Franz II. statt. Johann Philipp Telemann war 1712–21 Organist. Goethes Familie hatte in der Kirche ihren Stammplatz und ließ Wolfgang hier taufen und konfirmieren. Als man am 17. Januar 1777 vor der Kirche die 23jährige ledige Kindsmörderin Susanne Margaretha Brand enthauptete, beeindruckte dies den 22jährigen Goethe so tief, daß er sie noch im gleichen Jahr als Gretchen in seine Faustdichtung hineinnahm.

KATHARINEN-KIRCHE

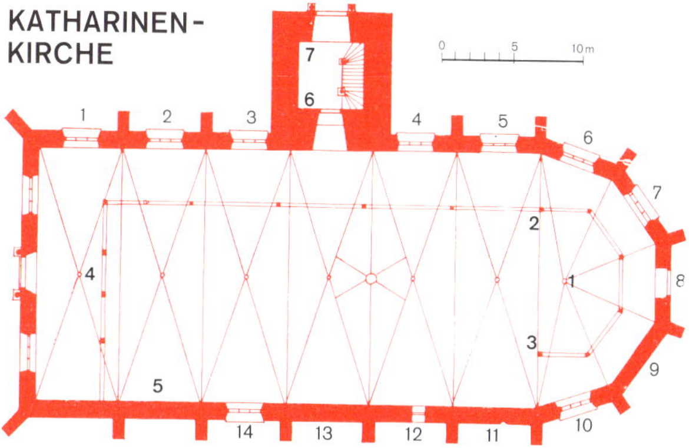

1. Altar, 2. Kanzel, 3. Taufe, 4. Orgel, 5. Gedenkstein Wicker Frosch (+1360), 6. Katharinenfigur (14. Jh.), 7. Gedenktafel 1937–45.

GLASFENSTER

1. Schöpfungsgeschichte
2. Sündenfall
3. Vertreibung aus dem Paradies
4. Adam gräbt, Eva spinnt
5. Kain erschlägt Abel
6. Zerstörung am 22. März 1944. Jakob und der Engel, Hiob
7. Verkündigung, Geburt, Flucht
8. Gefangennahme, Kreuzabnahme, Auferstehung
9. Christus als Heiland
10. Petri Verleugnung, Sauls Bekehrung
11. Der Hirte mit dem Hirtenhund
12. Die törichten Jungfrauen
13. Der Reiche und der Arme
14. Das Gleichnis vom Senfkorn

Das Hauptportal mit kupferbeschlagener Tür ist nicht mehr im Turm, sondern auf der Westseite, der Raum seit der Wiederherstellung weiß gehalten, die alte Decke durch ein ähnliches Holzgewölbe ersetzt. Der *Altar* trägt Bronzereliefs: Bergpredigt, Christus in Gethsemane, Abendmahl (Schwarzbeck), die Mensa ist aus belgischem Granit. Der kleine Kruzifixus stammt aus der alten Kirche. *Kanzel* und *Taufe* sind aus Stein. Die *Orgel* mit 4400 Pfeifen ist die zweitgrößte in Frankfurt. Rechts neben der Empore der *Gedenkstein für Wicker Frosch* (†1363), den Gründer des Katharinenspitals. Weitere Grabsteine im Chor und an den Außenwänden. In der TURMHALLE eine *Katharinenfigur* (14. Jh.) und eine *Gedenktafel* für 18 wegen ihres Glaubens 1937–45 umgebrachte Bürger Hessens.

Den Hauptschmuck der Kirche bilden die 14 vorzüglich gelungenen *GLASFENSTER, Werke des 1973 verstorbenen Carl Crodel. Die Fenster zeigen im Maßwerk oben lobpreisende Engel (150. Psalm) auf rotem Grund, die Länge ist durch Rautenfelder gegliedert, die von unten nach oben zu lesen sind.

Südwestlich an die Hauptwache schließt sich der Rossmarkt, der sich platzartig erweitert. Wie die Zeil als Rindermarkt, so diente das freie Feld hier später als Markt für Pferde, an denen die Thurn & Taxis-Post einen großen Bedarf hatte. Im 19. Jahrhundert wurde der Platz mit Palais, später mit vornehmen Ladengeschäften umbaut. Der einstige 'Englische Hof' an seiner Ostseite war das repräsentative Hotel der Stadt; der Philosoph Schopenhauer pflegte dort zu speisen. Dies alles ist 1943/44 zugrundegegangen und der Platz hat ein modernes Gesicht erhalten.

Wo im Mittelalter die Pferdeschwämme lag, steht seit 1858 das **Gutenbergdenkmal,** eine große Brunnenanlage von E. v. d. Launitz. Die drei lebensgroßen Figuren oben sind Gutenberg (1397–1468) mit dem gegossenen Buchstaben in der Hand, und seine beiden Straßburger Nachfolger Fust und Schöffer. Die vier am Sockel sitzenden Figuren sind: Theologie, Poesie, Naturforschung und Industrie. 14 Köpfe zeigen berühmte Buchdrucker, Verleger und Buchhändler. Die Wappenfiguren gelten den ältesten Buchdruckstädten: Mainz, Straßburg, Frankfurt, Venedig. Die Tierköpfe der Wasserausläufe weisen auf die vier Erdteile.

Der nördliche Teil des langen Platzes heißt Goetheplatz und Rathenauplatz. Das Goethedenkmal wurde 1947 in die Wallanlagen versetzt. 1782 bis 1902 stand an der Ecke der jetzigen Börsenstraße das Komödienhaus, das Goethes Mutter so gern besuchte.

Die Große Bockenheimer Straße und Kalbächer Gasse zwischen Opern- und Rathenauplatz heißen etwa seit 1923 volkstümlich *Freßgaß*, weil die aus dem vornehmen Westend Kommenden hier am Ziel ihrer Wünsche waren. 1975/76 ist sie als attraktiver Einkaufsboulevard neu ausgestaltet worden. Ecke Steinweg, wo sich das Kino *Metro im Schwan* befindet, lag bis zum Kriege das 'Hotel Schwan', in dem Bismarck und J. Favre am 10. Mai 1871 den Frieden zwischen Deutschland und Frankreich unterzeichneten.

Von der Hauptwache nach Norden gehend gelangt man auf der autofreien Schillerstraße zum Börsenplatz. Die **Börse** ist ein langgestreckter Bau in Neurenaissanceformen von Burnitz und Sommer 1874–79 erbaut, dessen Fassade reich ausgebildet ist: unten eine Kolonnade von dorischen Säulenpaaren, bekrönt von sechs Puttengruppen, oben korinthische Säulen und auf dem Dachsims allegorische Figuren und Gruppen: Krieg und Trauer; Frieden und Wohlstand; Post, Handel, Schiffahrt, Eisenbahn, Industrie und Telegraphie. Unter der langgestreckten Kuppel ('Kapitalisten-Dom') befindet sich der 1955–57 neu eingerichtete *Große Börsensaal* der Wertpapierbörse.

Die *Frankfurter Wertpapierbörse* ist die größte in der Bundesrepublik. An der Devisenbörse ist die Deutsche Bundesbank vertreten, die hier täglich den Ausgleich zwischen der D-Mark und den Weltwährungen vollzieht. Gegründet wurde die Börse 1585 auf Veranlassung eingewanderter Kaufleute aus Antwerpen. Schon Luther schrieb: 'Frankfurt ist das Silber- und Goldloch, dadurch aus deutschen Landen fließt, was nur quillt, wächst, gemünzt oder geschlagen wird bei uns'. Im 18. Jh. gewann Sie eine führende Stellung und trug z.B. während des amerikanischen Sezessionskrieges von 1860/65 zum Sieg der Nordstaaten bei, wohingegen die Börsen von London und Paris die Südstaaten finanziert hatten. Insgesamt wurden an der Frankfurter Börse 1860–65 für 800 Mio. Dollar US-Staatspapiere abgesetzt. 1843 hatte sie ein eigenes Börsengebäude an der Neuen Kräme bezogen, das bis zur Eröffnung des heutigen Baues bestand.

Das Börsengebäude enthält Säle für den Aktienhandel, den Rentenhandel und den Devisenhandel. Die Wertpapierbörse ist Mo. bis Fr. von 11.30 bis 13.30 Uhr geöffnet. Besucher können während dieser Zeit von den Galerien aus dem Börsengeschehen zuschauen. Um 10.45 Uhr und 11.45 Uhr werden Informationsfilme vorgeführt.

Im GROSSEN BÖRSENSAAL wurden 1980 222 deutsche und über 185 ausländische Aktien gehandelt, deren Nominalwert bei 96,1 Mrd. DM liegt. Im Gegensatz zu einst werden die Geschäfte ohne Übergabe der Aktien abgewickelt, die vielmehr fast alle in der Wertpapiersammelbank, der 'Frankfurter Kassenverein AG', verbleiben und dort nur umgebucht werden. Den 26 von der Landesregierung bestellten *Kursmaklern* obliegt die amtliche Kursfeststellung entsprechend Kauf- und Verkaufsinteressen der 97 hier vertretenen Kreditinstitute. Angebot wird mit B (= Brief), Nachfrage mit G (= Geld) gekennzeichnet; T steht für nur geschätzte Kurse. Die 33 *Freien Makler* vermitteln auch Geschäfte, setzen aber keine Kurse fest. Das amtliche *Kursblatt* der Maklerkammer erfaßt alle an der Frankfurter Börse zugelassenen Aktien und Rentenwerte in ihren Tageskursen.

Im RENTENSAAL werden etwa 4 700 Schuldverschreibungen gehandelt, davon über 480 ausländische. Das nominelle Gesamtvolumen übersteigt 280 Mrd. DM. – Im nicht öffentlich zugänglichen DEVISENSAAL befindet sich die Leitbörse des Bundesgebietes, an der die in Frankfurt ansässige Bundesbank durch ihr Eingreifen die Kurse der fremden Währungen für die gesamte Bundesrepublik reguliert.

Die **Industrie- und Handelskammer,** die im ihr gehörenden Börsengebäude ihren Sitz hat, wurde 1808 in der Rheinbundzeit als 'Fürstlich Primatische Handelskammer' gegründet, ist damit eine der ältesten und heute auch eine der größten Kammern im Bundesgebiet. Sie betreut rund 38 000 Gewerbebetriebe in Frankfurt, im Hochtaunus- und im Maintaunuskreis. Die Kammer ist Trägerin der Wertpapierbörse, der Getreide- und Produktenbörse, der Immobilienbörse und des Deutschen Instituts für Betriebswirtschaft. Ei-

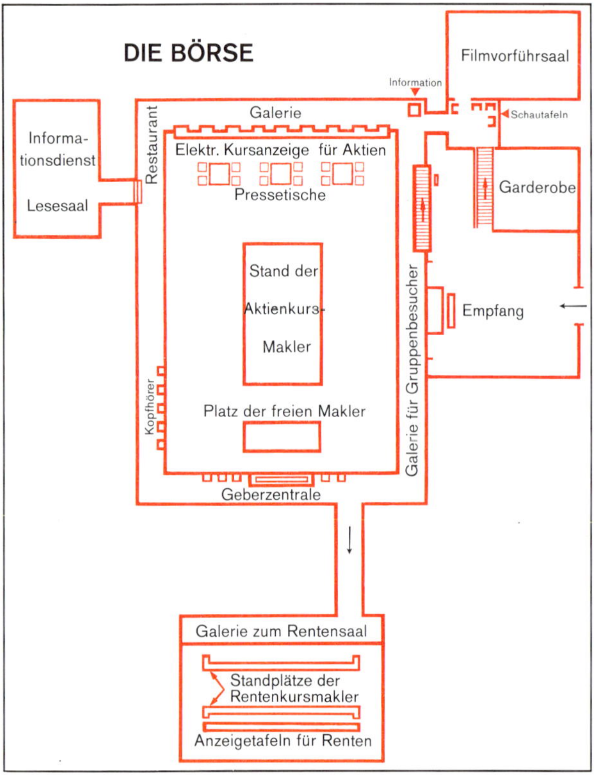

ne Tafel erinnert daran, daß in der Kammer 1945–63 das Theater spielte. Von 1947–49 tagte hier der Wirtschaftsrat der Bizone.

8. Zeil. Staufenmauer. Dominikanerplatz

Von der Hauptwache nach Osten führt die **Zeil,** eine 1 100 m lange, auf 38 m verbreiterte Straße, die 1973 in ihrem 500 m langen Hauptstück bis zur Konstablerwache zur Fußgängerzone erklärt worden ist. Mit 1 % vom gesamten Einzelhandelsumsatz der Bundesrepublik ist die Zeil eine Einkaufsstraße allerersten Ordnung. Ihre extrem große Breite und die sehr geraden Baufluchten sollen durch vorspringende Hausfronten, eine Platanenallee, Brunnen, Vitrinen, Sitzbänke usw. als Bummelzentrum noch ausgestaltet werden, sodaß sie auch abends belebt bleibt. Im Westteil wiegen die Kaufhäuser vor, im Ostteil die Möbelgeschäfte. Die Zeil entstand um 1330 als einseitige Häuserzeile an der Außenseite der Staufenmauer und war bis um 1550 Rindermarkt. Der Name 'Zeyl' findet sich bereits auf Merians Stadtplan von 1632. Im 18./19. Jh. entstanden an der Nordseite der immer sehr breiten Straße eine ganze Kette von Gasthöfen, denen nach 1866 Läden und später Warenhäuser folgten, sodaß die 'Frankfurter Zeil' zu den berühmtesten Straßen Europas zählte. Seit 1976 ist unter der Zeil der Bau des U- und S-Bahn-Tunnels im Gange.

Die Konstablerwache, ein großer freier Platz an der Südseite der Zeil, ist bis zur Eröffnung der *U-Bahn-Kreuzung Konstablerwache*, provisorisch ausgestaltet. Auf ihre Westseite das *Bienenkorb-Haus* der Frankfurter Sparkasse, ein graziler Kubus mit 12 Geschossen (1954; Krahn). Die 1866 abgetragene Konstablerwache war ursprünglich Zeughaus, danach Wache der 'Konstabler', wie die Geschützbedienungen hießen.

Von der Konstablerwache nach Süden zum Main führt die Fahrgasse (Fahr = Fähre), die durch Jahrhunderte die Verbindung zur einzigen Mainbrücke herstellte. Gasthalter und Hufschmiede hatten hier ihren Standort. Der große Maler Adam Elsheimer (1578–1610) ist in der Fahrgasse geboren.

Am Nordende der Fahrgasse hat sich ein Stück der im 12. Jh. erbauten ersten Stadtmauer erhalten, der **Staufenmauer,** deren Verlauf noch am Zuge der Grabenstraßen abzulesen ist. Das schon 1711 erneuerte Stück ist 70 m lang, 8 m hoch, besteht aus Sand- und Kalkstein und weist 15 Blendbögen auf, über denen ein schmaler Wehrgang verläuft. Den gemauerten Durchfluß für den vom Riederbruch herkommenden Braubach entdeckte man 1971.

Zwei der Bögen führen in die Straße An der Staufenmauer, die als Judengasse das 1460 angelegte Judenviertel durchzog. Von da an lebten die aus ihrem Quartier südlich des Domes vertriebenen Juden in einem Ghetto, das zur übrigen Stadt drei Tore hatte. In der engen Gasse stand noch bis zum Bombenkrieg das 'Haus zum Roten Schild', Stammhaus der weltberühmten Bankierfamilie Rothschild. Auch wurde der Schriftsteller Ludwig Börne in dieser Gasse geboren.

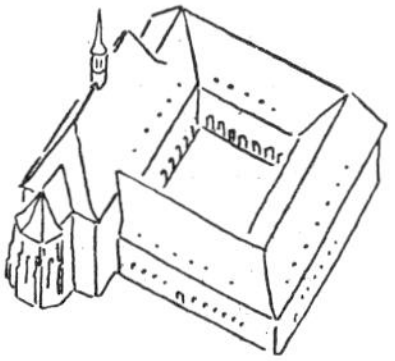

Das Zentrum des südöstlichen Viertels zwischen Zeil und Main ist der große Dominikanerplatz (G 5). An seiner Westseite ist das im Kriege zerstörte ehem. **Dominikanerkloster** als Verwaltungsgebäude des *Ev. Gemeindeverbandes* 1954–58 in modernen Formen wieder aufgebaut worden. Es dient mit seinem Festsaal auch als zentraler Tagungs- und Konferenzort für die Ev. Kirche in Deutschland. Im Austausch gegen dieses Gebäude erhielt die Stadt 1948 die Paulskirche. Der Dominikanerorden hatte sein Kloster 1239–59 hart an der Stadtmauer erbaut, wobei die Kirche mit hohem Schieferdach und Dachreiter weit nach Osten vortrat. Bei der Säkularisation wurden die berühmten, von Patriziern gestifteten Altäre auf andere Kirchen verteilt. Den Innenhof umschließt wieder eine Art Kreuzgang mit schweren Pfeilerreihen. In ihm Schlußsteine aus der Kirche und auch Grabsteine des 17./18. Jh. Im Hof finden Serenadenkonzerte und im Juni/Juli Aufführungen des Volkstheaters statt.

Die HEILIGGEISTKIRCHE (Schlüssel beim Pförtner), ist 1957–61 wieder aufgebaut, dabei nach der 1840 abgerissenen Spitalkirche umbenannt worden. Die dreischiffige Halle hat ein einfaches Holzdach, der 1470 neu aufgeführte Chor Rippengewölbe, liegt höher und weist alte Grabsteine auf. Altar, Kanzel, Taufe sind moderne Sandsteinarbeiten, die Orgel baute Walcker. Der einstige Hochaltar von Holbein d.Ä. und die Altartafeln von Baldung Grien befinden sich im Staedel, die Altartafeln von Dürers 'Helleraltar' und von Grünewald im Histor. Museum. – Ein schöner Schmuck sind die elf *Glasgemälde* von Adam: im Chor Weihnachten, Karfreitag, Ostern, Himmelfahrt, Pfingsten; im Schiff: Martyrium, Mission, Diakonie, Gebet, Kirche, Predigt. Kurze Andachten und Orgelkonzerte.

Auf der Nordseite des Dominikanerplatzes ein hoher hellbrauner Backsteinbau von 1960, in dem die *AOK/Landesverband Hessen* und die *sozialärztliche Dienststelle* ihren Sitz haben. Auf der Ostseite – vor dem Judenfriedhof –, entsteht ein Neubau der Stadtverwaltung. 1960–80 lag hier die Blumenmarkthalle.

Der **Alte Judenfriedhof,** 150 m lang, 70 m breit, ist von hohen Mauern umschlossen und meist unzugänglich (Anmeldung beim israel. Friedhof Ekkenheimer Landstraße). Nirgends sonst, auch nicht in Israel, gibt es ein jüdisches Gräberfeld von solcher Geschlossenheit und historischer Kontinuität. Der Friedhof wurde 1462 bei dem neuen Ghetto angelegt und bis zur Eröffnung des neuen israelitischen Friedhofes 1828 belegt. Man hat auf und unter der Erde 5 500 Grabsteine gezählt, einige ganz alte, z.B. von 1272, waren vom ersten Friedhof beim Dom hierher gebracht. Andere alte Judenfriedhöfe gibt es in Bockenheim, Heddernheim, Höchst, Nied, Niederursel und Rödelheim.

Die Juden sind in Frankfurt wahrscheinlich schon vor dem 11. Jh. eingewandert. Ihre erste Synagoge hatten sie nahe dem Dom am Weckmarkt und waren bis in das 14. Jh. Vollbürger. 1460 bezogen sie das Ghetto an der Staufenmauer. Dieses wurde 1808 durch den Fürstprimas von Dalberg aufgehoben, und 1811 erhielten die Juden wieder das volle Bürgerrecht. Ihre Zahl stieg von 200 (1241) über 1 800 (1590) auf 3 019 (1709). Judenpogrome hat es in Frankfurt 1241, 1349, 1614 gegeben. Von den 30 000 Juden vor 1938 gehörten 28 000 der israelitischen Gemeinde an. Heute ist die jüdische Gemeinde mit 5 000 Mitgliedern die zweitgrößte in Deutschland.

An der Südseite des Dominikanerplatzes liegen zwei große moderne Bauten. Die 1957 errichteten **Stadtwerke**, größter Versorgungsbetrieb in Hessen, umschließen im Quadrat einen begrünten Innenhof. Ihnen obliegt die Versorgung der Stadt mit Wasser und Strom sowie der öffentliche Nahverkehr. 5 600 Angestellte, 1 Mrd. DM Jahresertrag. Vor dem Ostflügel der schöne *Freiheitsbrunnen*, bekrönt von der Freiheitsgöttin mit zersprengten Fesseln, den 'freien Hut' in der Hand. Dieses Werk von Datzerath (1759) stand früher in der Altstadt. Das Frankfurter *Arbeitsamt* (1958) daneben liegt als Zweiflügelbau in einer Grünfläche. Hinter ihm die 1961/62 erbaute **St. Christopheruskirche**, im Grundriß ein parabelförmig zulaufender Bau mit Glockenstuhl über dem hochgezogenen Chor, der in einem Stahlbetonkreuz ausläuft. Die Fenster sind senkrechte Lichtschlitze, die Fußbodenplatten schwarz, die Decke aus Holz. Altar, Kanzel und Retabel sind aus weißem Stein. Sie gehört der 1845 gegründeten 'Unitarischen Freien Religionsgemeinschaft'.

Das Gebiet zwischen Fischerfeldstraße und Stromufer lag außerhalb der Stadtmauer und war einst Sitz der Mainfischer. Erst 1788–1832 ist es zur Bebauung aufgeschlossen worden, woran seit 1812 noch ein einfacher *Brunnenobelisk* erinnert.

Die das Mainufer säumende Straße Schöne Aussicht ist seit der Zerstörung nur noch von geringem Reiz. Zuvor war sie bebaut mit eleganten klassizistischen 'Herrschaftshäusern'. Nr. 17 hatte 1843–59 der berühmte Philosoph *Arthur Schopenhauer* bewohnt, Frauenfeind mit Haushälterin und Pudel, der sich nie um das Frankfurter Bürgerrecht bemüht hat. – In der Schützenstraße findet man den eleganten *Brückenkeller* und das Kellertheater *Die Katakombe.* – Am Ufer unten die Grünanlage *Fischerfeldwerft,* durchzogen von den Gleisen der Hafenbahn. Mainbrücken s. S. 117.

9. Fernmeldehochhaus. Petersfriedhof.

Von der Hauptwache nach Norden zum Eschenheimer Tor führt die verkehrsreiche Große Eschenheimer Straße, flankiert vom Kaufhof, Ladenpassagen und dem Sitz der 1945 gegründeten Zeitung *Frankfurter Rundschau* (Auflage 1980: 180 000).

Das **Fernmeldehochhaus** zählt zu den bedeutendsten Fernmeldezentren der Welt und ist Sitz der größten deutschen Vermittlungsstelle für nationalen und internationalen Fernmeldeverkehr. In dem weitläufigen Gebäude, das 1951–55 errichtet und 1968–70 erweitert wurde, werden täglich ca. 1,7 Mio Inlands- und ca. 400 000 Auslandsferngespräche über modernste Wähleinrichtungen vollautomatisch hergestellt, 19 000 Auskünfte über Rufnummern erteilt und Kundenwünsche durch Weckruf, Fernsprechauftragsdienst oder Sonderansagen erfüllt. Außerdem befinden sich hier auch die zentralen Schaltstellen der sternförmig auf Frankfurt ausgerichteten Sonderleitungsnetze für den nationalen und internationalen Programmaustausch für Hörfunk- und Fernsehübertragungen.

Das angrenzende *Fernmeldezentrum* an der Zeil beherbergt die Schaltzentrale für Telex-, Gentex- und Datexnetz, über die täglich ca. 400 000 Verbindungen hergestellt werden zur Übermittlung von Fernschreiben, Daten und Telegrammen.

Zu 150 Ländern in Europa und Übersee bestehen direkte Verbindungswege über ein leistungsfähiges Weitverkehrsnetz aus Koaxial- und Seekabeln, Richtfunkstrecken und Satelliten-Funklinien. Ca. 2.500 Menschen sind hier täglich rund um die Uhr mit der Übermittlung von Nachrichten oder der Wartung und Betreuung modernster Wähl- und elektron. Steuereinrichtungen beschäftigt.

Der barocke Portalbau ist der wiederhergestellte Überrest des 1944 zerstörten *Palais Thurn & Taxis,* das sich der Generalpostmeister, Fürst Anselm Franz von Thurn und Taxis, 1727–41 von Robert de Cotte erbauen ließ, nachdem er 1724 auf Wunsch des Kaisers seinen Sitz von Brüssel in das Zentrum des kaiserlichen Postverkehrs verlegt hatte. Wegen fortgesetzten Ärgers mit den zu bürgerstolzen Frankfurtern siedelte der Fürst jedoch schon 1748 nach Regensburg über. 1806–13 diente dieses einzige Barockpalais Frankfurts dem Großherzog von Frankfurt, Fürstprimas v. Dalberg, als Residenz, 1816–66 war es Bundespalais und 1908–44 Völkerkundemuseum.

Durch die Stiftstraße und die Stephanstraße gelangt man ostwärts zum Petersfriedhof. Letztere wurde 1904 durch den Petersfriedhof hindurchgezogen und an ihr steht noch eine 1911 aufgestellte, 1944 halb zerstörte Kopie der *Kreuzigungsgruppe* mit Maria und Johannes, die Backoffen 1509 geschaffen hat (Original im Histor. Museum).

Die ehemalige **Diamantbörse,** Stephanstraße 3 gegenüber dem Petersfriedhof, ist 1971–74 als neuer Diamantenmarktplatz im Zentrum Europas errichtet worden. Gegen die alten Zentren des Edelsteinhandels konnte sie sich jedoch nicht durchsetzen, da auch die die Steine bearbeitenden Schleifereien nicht in der Stadt ansässig sind. So mußte sie 1976 schließen. Idar-Oberstein ist nun der Sitz der einzigen deutschen Edelsteinbörse.

Der gut geformte Bau, nach Plänen von Richard Heil errichtet, hat zwölf Stockwerke mit metallverkleideter Fassade von 100 m Länge. Im Gebäude sind Läden und Touristik-Büros untergebracht. Außerdem residiert hier die 1971 gegründete *Ost-West-Handelsbank* AG der Sowjetunion. Ihr Kapital (65 Mill. DM) wird von sowjetischen Banken und Außenhandelsgesellschaften gehalten. Die Hauptaktivitäten liegen im Ost-Westhandel, der in den vergangenen Jahren stark zugenommen hat, wobei sich Ausfuhr und Einfuhr die Waage hielten. Dem entsprach auch der Anstieg des Geschäftsvolumens auf insgesamt über 2 Mrd. DM (1980). In den Handelsbeziehungen mit den Ländern des *Comecon* nimmt der Warenaustausch mit der UDSSR (1980 14,02 Mrd. DM) den ersten Rang ein; ihm folt der mit der DDR (1980 9,18 Mrd. DM).

Der stimmungsvolle **Petersfriedhof** (F 4) ist der älteste christliche Friedhof Frankfurts, der noch erhalten ist. 1452 ist er als Ersatz für den überfüllten Domkirchhof angelegt worden und wurde bis zur Eröffnung des Hauptfriedhofes 1828 belegt. Auf ihm befinden sich die Grabstätten von über 50 Patrizierfamilien, darunter die Holzhausen, Glauburg, Hynsperg, Knoblauch, Limpurg, Melem, Cronstetten, glanzvolle Namen in der Geschichte der Freien Reichsstadt. An der Südmauer das Grab des Kupferstechers *Matthäus Merian d. J.* (†1687). Auf einer Grabplatte von 1826 steht schlicht 'Hier ruhet S. M. v. Bethmann – Bürger von Frankfurt'. Vor der Westmauer im Boden die Grabplatte für *Goethes Vater* (†1782). *Goethes Mutter* (†1808) hat ihre letzte Ruhestätte im Familiengrab Textor, das sich durch Verkleinerung des Friedhofes seit 1911 auf dem Hof der Liebfrauenschule befindet, umschlossen von einer halbrunden Säulenhalle. Den Namen 'Frau Aja' erhielt sie von den Grafen Stolberg nach der hilfreichen Mutter der sagenhaften "Vier Haimonskinder". Der Dichter Wieland, ein Freund der Familie Goethe, nannte sie eine "Königin der Weiber", eine Königin Frankfurter Art, denn sie zog die Mundart ihrer Heimatstadt einem gekünstelten Hochdeutsch vor. Ihr Elternhaus, ein burgartiges Anwesen, lag in der Friedberger Gasse. Als 17jährige heiratete Elisabeth Textor, so ihr Mädchenname, ihr Vater war ein angesehener Jurist und Frankfurter Schultheiß, den 21 Jahre älteren Johann Caspar Goethe, Doktor beider Rechte und Kaiserlicher Rat, der es sich dank seines Vermögens erlauben konnte, im Hause Großer Hirschgraben ein recht ungebundenes Leben führen zu können.

GRAB VON GOETHES MUTTER

Die über der ehem. Stadtmauer auf einer Terrasse gelegene ev. **Peterskirche** wurde 1961–66 als dritter Kirchenbau auf dem Peterskirchhof errichtet. Die 1419 erbaute erste St. Peterskirche war 1889 abgebrochen worden. Das Mauerwerk des 1944 zerstörten großen Neurenaissancebaues mit Südturm wurde wieder verwendet, der Altar jedoch von der Südseite an die Ostseite verlegt und außerdem zwei kleinere Kirchenräume von der Festkirche abgetrennt. Die Ausstattung ist einfach, Altar und Bodenbelag bestehen aus Basaltlava, die Altarwand aus Kalksteinplatten. Der Hauptschmuck sind die Glasgemälde von Carl Crodel in den neugeschaffenen sechs Rundfenstern. Die Fenster der Altarseite zeigen Schöpfung, Auferstehung, Pfingsten, die der Eingangsseite die zehn Gebote, Christi Geburt, die Bergpredigt.

Ganz in der Nordostecke der Innenstadt liegen um die Gerichtsstraße die **Bauten der Justiz.** Der Block A mit Front zur Heiligkreuzgasse ist ein Bau in Neurenaissanceformen aus rotem Sandstein mit Backsteinfüllung, als Schmuck Masken und Wappen; er enthält *Amtsgericht, Grundbuchamt, Handelsregister.* Der Block B mit Säulenportal an der Seilerstraße ist ein neuerer Sandsteinbau für das *Amts-* und *Landgericht* (Zivilsenate). Der Block C für Amtsgericht, Landgericht, Staatsanwaltschaft ist ein Bau von 1966 mit grünen Mosaikwänden und angebautem *Schwurgerichtssaal,* daran eine Aluminiumplastik und die Inschrift: 'Die Würde des Menschen ist unantastbar'. Der Schriftzug "Würde" wurde 1980 gestohlen. Der Block D, Zeil 42, beherbergt das *Oberlandesgericht* und den *Generalstaatsanwalt.* Das Frankfurter Schöffengericht, karolingischen Ursprunges, ist 1194 zuerst erwähnt. Das Frankfurter Reichsgericht war Oberhof für viele Stadt-, Dorf- und Landgerichte. Das Stadtrecht wurde 1578 von J. Fichard neu gefaßt, die Folter in Frankfurt schon 1694 abgeschafft.

10. Das Bankenviertel

Vom Roßmarkt nach Westen führt mit Reihen eleganter Läden die Kaiserstraße. Auf dem Kaiserplatz steht seit 1876 der *Kaiserplatzbrunnen,* eine Stiftung des Bankiers Raphael von Erlanger zur Erinnerung an den glücklich geschlossenen Frieden. Die polierte Porphyrschale hat 4 m Dm und wiegt 260 Zentner. Der **Frankfurter Hof** an der Südseite des Platzes ist ein prunkvoller Hotelbau der damaligen Ritzklasse, 1872–76 von den Architekten Mylius und Bluntschli erbaut und nach dem Krieg vom Steigenberger-Konzern modernisiert, lärmgeschützt und erweitert. Die Fassade steht unter

Denkmalschutz. Der Ehrenhof, einst als Auffahrt für Kutschen angelegt, dient jetzt als Terrassenrestaurant. Das Hotel hat ein Jahrhundert lang Frankfurts Namen in alle Welt getragen.

Der westliche Teil der Innenstadt, die sog. CITY-WEST ist Frankfurts **Bankenviertel.** Von den rund 340 Banken, die in der Stadt vertreten sind, haben ein großer Teil – darunter viele von altersher – hier ihren Sitz. Für das internationale Geschäft ist es wesentlich, daß alle bedeutenden Banken Europas und der überseeischen Länder, insbesondere jedoch der USA, im Standort der Bundesbank und der bedeutendsten deutschen Börse durch eigene Niederlassungen oder Repräsentanten vertreten sind, sodaß hier auch jede Art von internationaler Zusammenarbeit möglich ist.

Das Bankenviertel greift auch über den Wallring hinweg in das Bahnhofsviertel und ein zweites ist im Westend um die Bockenheimer Landstraße herangewachsen.

Durch den begrenzten Raum bedingt sind hier im letzten Jahrzehnt mehrere, ca. 20 Stockwerke zählende Hochhäuser entstanden und sieben mittlere Wolkenkratzer von 36–48 Stockwerken zu verzeichnen, sodaß durch ausgesprochenen Wildwuchs eine Stadtlandschaft herangewachsen ist, die im Volksmund gern als 'Mainhattan' bezeichnet wird. Die Ausnützung der Erdgeschosse für die Schalterhallen erschwert das Aufkommen von Läden und Gaststätten, sodaß der Stadtteil im Wesentlichen von den etwa 25 000 Menschen belebt wird, die hier arbeiten, und sich streckenweise zu einem totalen Bürogebiet verdichtet hat. Die Entwicklung ist – trotz jahrelanger massiver Bürgerproteste – noch keineswegs abgeschlossen.

Die Neue Mainzer Straße (E 5, 6), die sich auf der Ostseite des Wallringes vom Theaterplatz bis zum Opernplatz hinzieht, ist die alte Nordsüdachse des Viertels, im Volksmund wegen ihres Schluchtcharakters 'Bankenklamm' genannt. Schon um die Jahrhundertwende gab es hier 28 Bankinstitute. Alte Frankfurter Familien wie die Bernus, Brentano, Grunelius, Guaita, Hauck, Metzeler, Passavant hatten hier ihre Häuser. Am Anfang der Straße – gegenüber dem Theater – entstand bis 1977 die *Bank für Gemeinwirtschaft (BfG)*, ein 147 m hoher Bau mit 39 Stockwerken, die Wände aus naturfarbenem Aluminium mit grünlich spiegelnden Fensterscheiben; in drei Geschossen Luxusläden und Gaststätten, in der Grünanlage ein Weiher mit hoher Fontäne. Der Neubau der *Hessischen Landesbank (Helaba)* weist zwei fünfeckige Türme von 14 und 23 Stockwerken auf, die ganz und gar mit spiegelndem Glas verkleidet sind. Die Straße beherrscht zur Zeit noch die *Commerzbank*, ein sandfarbener Turmbau in zwei Scheiben von 100 m Höhe mit weithin in Gold leuchtendem Firmenzeichen. Etwas von alter Behaglichkeit strahlt noch die um Frankfurt sehr verdiente *Frankfurter Sparkasse* von 1822 aus. Das Bankhaus *Merck, Finck u. Co.* bewohnt noch eines der alten Palais mit Gartenflügel. Die in die Wallanlagen hineinspringende Ecke nimmt die *Württembergische Hypothekenbank* ein, ein halbrunder Glasbau.

Die Gr. Gallusstraße beherrscht die *Deutsche Bank* (86 m), die oben eine weiße gezackte Plastikverschalung ('Krone von König Abs') trägt, die nachts erleuchtet ist. – In der Junghofstraße haben u.a. die *Hessische Landesbank* und die *Landesbausparkasse Hessen* derzeit ihren Sitz.

Zwischen der Weißfrauenstraße und dem Untermainkai liegt der große Gebäudekomplex der *Degussa*, wie die 1873 gegründete A. G. 'Deutsche Gold- und Silber-Scheideanstalt vormals Roessler' heute heißt. Sie gehört zu den großen Edelmetallfirmen der Welt, hat aber auch auf den Gebieten der Chemie und der pharmazeutischen Präparate internationale Bedeutung. Das Unternehmen besitzt 18 Produktionsstätten in der Bundesrepublik und beschäftigt in der Frankfurter Hauptverwaltung rund 1 800 der etwa 13 000 Mitarbeiter. Friedrich Ernst Roessler, der letzte städtische Münzwardein Frankfurts (von 1841 bis 1873), hatte 1843 den Scheidereibetrieb der städtischen Münze in eigene Regie übernommen und damit den Grundstock für das heutige Großunternehmen gelegt. Unter seinen Söhnen Hector und Dr. Heinrich wurden 1873–77 in der neugegründeten Degussa die "Reichsscheidungen", d.h. die Edelmetallrückgewinnung aus den nach der Reichsgründung außer Kurs gesetzten Landesmünzen vollzogen. – Am Untermainkai 4–5 steht das *Traditionshaus* der Degussa, ein 1823 von Stadtbaumeister Hess erbautes, 1955 von der Degussa erworbenes Patrizierhaus in klassizistischem Stil. Im Roessler-Zimmer Erinnerungen an die Gründerfamilie, ein weiterer Raum beherbergt das Münzkabinett der Degussa mit einer vollständigen Sammlung der deutschen Gold- und Silbermünzen seit der Reichsgründung 1871. Das Haus steht nur wichtigen Besuchern der Degussa offen.

An der Untermainbrücke das *Nationalhaus,* ein Bürohochhaus mit frei vor dem Hauskörper stehenden, ca. 60 m hohen Pfeilern und Vorhangfassade aus Bronze und Glas (1968).

III. DER ANLAGENRING

Die prächtigen ***Wallanlagen** (22,7 ha), welche die Innenstadt in einer Länge von 5,2 km umziehen, folgen im Zickzack dem Befestigungsring, den der Festungsingenieur J. W. Dilich 1627–57 vor der Stadtmauer des 14. Jh. angelegt hatte. Nachdem sich deren Nutzlosigkeit schon beim französischen Bombardement von 1796 erwiesen hatte, wurden sie 1805 abgebrochen und auf Befehl Napoleons unter dem Großherzog Karl von Dalberg 1806–12 Anlagen geschaffen, für deren Gestaltung der Aschaffenburger Hofgärtner Sebastian Rinz gewonnen wurde. Ein leider nicht immer streng gehandhabtes 'Wallservitut' hat die Grünflächen weitgehend vor privater Bebauung geschützt. Die Befreiung der Stadt aus dem Festungsring wurde von der Bürgerschaft begeistert begrüßt, Goethes Mutter nannte die Veränderung kurzweg eine 'Feerey'.

Von Tor zu Tor erhielten die Anlagen verschiedene Namen, doch sind alle acht Tore des 17. Jh. verschwunden, nur der mittelalterliche Eschenheimer Torturm blieb verschont. Der gute Brauch, im Anlagering verdiente Männer zu ehren, hat zur Aufstellung von 17 Denkmälern geführt. Ein Rundgang unter Einschluß des Mainufers dauert etwa 2 St., ist aber lohnend, bei Dunkelheit indessen ist Vorsicht geboten.

11. Vom Nizza zur Alten Oper.

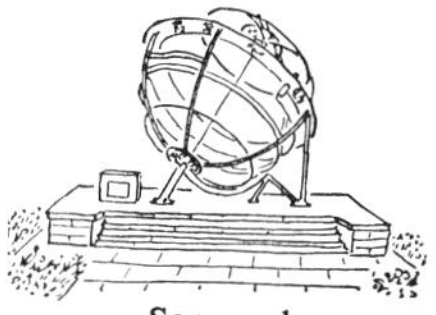
Sonnenuhr

Am Mainufer erstreckt sich zu beiden Seiten der Untermainbrücke die 800 m lange **Nizza-Anlage,** die durch ihren Reichtum an südländischen Bäumen und Sträuchern, wie Zeder, Lorbeer, Feige, Ginkgo, Zitrone, Geweih-, Amber- und Mandelbaum, überrascht. Sie ist 1866–75 anstelle des Winterhafens unterhalb der alten Kaimauer angelegt und 1932 wie 1952 erweitert worden. An der Kaimauer, östlich unterhalb der Gaststätte, erinnert ein *Portraitmedaillon* an den Stadtgärtner Andreas Weber (1950; Agricola), den Vollender des Nizza, auch eine 'Kaiser-Friedrich-Eiche' und eine 'Kaiser-Wilhelm-Eiche' (mit Gedenktafel) wurden einst gepflanzt. Die kunstvolle *Äquatorial-Sonnenuhr* (1951) ist ein Geschenk der Heddernheimer Kupferwerke; an ihrem drehbaren Kupferring läßt sich die Tageszeit vieler Weltstädte ablesen. Die Bronzegruppe *Kämpfende Eber* stammt von P. Kratz. – Am Westende die beliebte *Rollschuhbahn Mosler* und ein Minigolfplatz. – Am Café-Restaurant 'Am Nizza' oben steht in einer Nische der 'Grindbrunnen', der von 1283 bis 1953 schwefelhaltiges Wasser zur Heilung von Hautkrankheiten ('Grind') spendete, wegen Wasserverschmutzung geschlossen. Am Mainufer der letzte alte Hafenkran.

Am Untermainkai haben sich noch klassizistische Häuser aus der ersten Bebauung dieses Ufers erhalten, darunter das sog. **Rothschild-Palais** (Nr. 14/15), das 1848 von Mayer Carl Frhr. v. Rothschild erworben und 1895 von den Rothschilds als öffentliche Bibliothek eingerichtet worden war (Gedenktafel). Jetzt zeigt hier das *Historische Museum* seine wechselnden Ausstellungen. Erhalten ist auch das Zimmer aus dem 1944 abgebrannten 'Hotel Schwan', in dem am 10. Mai 1871 Bismarck und Jules Favre den Friedensvertrag unterzeichneten.

An der Untermainanlage, die nach Norden führt, steht als Eckhaus auf der Westseite der neue Verwaltungsbau der *Aachen-Münchner Versicherung*, ein Vierscheibenhochhaus aus rotem poliertem Stein nach dem Entwurf von Hentrich/Petschnigg, das 1974 arrogant an die Stelle eines anmutig-verspielten Baues der 80er Jahre gesetzt wurde. In den Anlagen seitlich des Theaters steht der *Märchenbrunnen*, ein Werk aus Kalkstein von F. Hausmann (1901–10). Wegen der sitzenden Wassernixe aus Marmor wird es das 'Mainweibchen' genannt; die bronzenen Kinder und Untiere sind leider zerstört und verschwunden.

Das in die Anlagen hineingebaute **Theater**, tritt wegen der umliegenden Hochhäuser als Baukörper nur wenig in Erscheinung. Blickfang in der Fassade über dem geduckten Eingang ist die 115 m lange, voll verglaste *Wandelhalle*, wo über den Besuchern lange Wolken von Messingelementen schweben, ein sehr ingeniöser nachträglicher Raumfüller von Zoltan Kemeny, der dem Bau den lustigen Namen 'Dosenpalast' eingetragen hat. Das Theater wurde 1951 und 1961/63 nach Plänen von Otto Apel errichtet, nachdem der Jugendstilbau von 1903 im Bombenkrieg untergegangen war. Er umschließt das *Große Haus* für die Oper, das 1450 Menschen Platz bietet, wobei die Bühne $4^1/_2$ mal so groß ist wie der 1974 neu gestaltete Zuschauerraum und damit zu den größten in Europa zählt. Das links danebenliegende *Kleine Haus* für das Schauspiel hat auf seiner ansteigenden Zuschauerterrasse 900 Plätze. Reizvoll als Raum sind die *Kammerspiele*, ein Sechseckraum für 200 Zuschauer aus nackten Ziegelmauern. Im Foyer ein großes Wandgemälde 'Die Welt als Commedia dell'arte' von Marc Chagall, eine Plastik 'Messers Schneide' von Henry Moore, eine Brecht-Büste (1968; Seitz) und 'Die Schauspielerin', eine Terrakotta-Halbfigur von Schmidt.

In der Gallusanlage stehen zwei Denkmäler. Das **Goethe-Denkmal,** von Frankfurter Verehrern 1844 gestiftet, ist ein Bronzestandbild von Ludwig Schwanthaler, der auch die Münchner Bavaria geschaffen hat. Der Dichter trägt eine Schriftrolle und einen Lorbeerkranz in Händen. Über den verkehrtherum geknöpften Gehrock soll sich der Künstler sehr gegrämt haben. Bis zum Kriege stand Goethe auf dem nun zu verkehrsreichen Goethe-Platz und wanderte dann 1952 hierher, um den eingeschmolzenen Bismarck (1908; Siemering) abzulösen.

Die Reliefs am Sockel zeigen vorn die Naturwissenschaft, die dramatische und die lyrische Dichtkunst; auf der Südseite Orest und Thoas (Iphigenie), Faust und Mephistopheles; auf der Ostseite Götz von Berlichingen, Egmont und Tasso, die Braut von Korinth, den Sargdeckel hebend, der Gott und die Bajadere, Prometheus, der Erlkönig; auf der Nordseite Mignon mit Wilhelm Meister und dem Harfner, Hermann und Dorothea.

Das *Opfer-Denkmal,* eine in Trauer kauernde Frau aus Bronze auf hohem Steinsockel, wurde 1920 von Benno Elkan für die Gefallenen des Krieges 1914/18 geschaffen. 1933–45 war es magaziniert und erst 1954 wieder aufgestellt. – Von 1362 bis 1809 erhob sich an dieser Stelle das 'Gallustor', das stattlichste Tor Frankfurts, durch das der Kaiser stets die Stadt betrat.

Die 600 m lange Taunusanlage verläuft in einem Winkel bis zum Opernplatz, an ihrer Außenseite stehen einige ältere Bankgebäude wie die *Deutsche Bau- und Bodenbank* und die *Frankfurter Hypothekenbank*. Die *Dresdener Bank* erbaute 1975–80 hier ihre neue Hauptverwaltung, ein Gebäude mit Aluminiumhaut, abgerundeten Kanten und außenliegenden Verkehrstürmen, 32 Geschosse und 166 m hoch (Beckert & Becker). Die Ecke zur Mainzer Landstraße hat die *Chase Bank AG* (1973) inne, ein konturloser Bau in dunklem Bronzeton (Meid & Romeick).

In den Grünanlagen stehen sechs Denkmäler: das *Schiller-Denkmal,* eine Bronzefigur von Dielmann (1864), zeigt den Dichter, der 1782 auf seiner Flucht von Stuttgart unter falschem Namen in Sachsenhausen lebte, mit Lorbeerkranz, Buch und Feder. Zunächst stand Schiller an der Hauptwache (Schillerplatz), bis 1956 dann auf dem Rathenauplatz. Dem Dichter *Heine* gilt eine liebenswerte kleine Bronzegruppe 'Ruhende und Schreitender' von Georg Kolbe (1913). Der lustige *Winzerbrunnen,* im Volksmund 'Lachhannes' genannt, zeigt den Kopf eines Weinbauern, von Reblaub umkränzt (1859; Zwerger).

Eindrucksvoll in seiner feierlichen Größe ist das **Beethoven-Denkmal** von Georg Kolbe, das 1951 auf einer Bastion anstelle des zerstörten, einst volkstümlichen 'Schweizerhäuschens' aufgestellt wurde. Die dreifigurige Bronzegruppe von 4,5 m Höhe ist dem 'Genius Beethovens' geweiht und zeigt eine heldische Gestalt mit den Zügen des Komponisten, begleitet von 2 Genien, der 'Sinnenden' und der 'Rufenden'. Es ist das Hauptwerk Kolbes (†1947), der es 1926 für einen Berliner Wettbewerb zum 100. Todestag Beethovens entwarf und 1938 im Auftrag der Stadt Frankfurt vollendete. 1948 wurde es in Berlin gegossen und 1951 enthüllt.

Das *Guiollett-Denkmal,* 1837 von Eduard Schmidt v.d. Launitz geschaffen, erinnert an Jacob Guiollet, der von Napoleons Gnaden

1811–15 Bürgermeister (Maire) von Frankfurt war. Die dankbaren Bürger haben ihm als dem Schöpfer der Wallanlagen ein liebenswürdiges Denkmal gesetzt, dessen Sockel ein allegorischer Figurenfries umzieht: Niederlegung der Wälle, Planung und Bepflanzung der Wallanlagen.

An der Einmündung der Gallus- in die Taunusanlage beherrschen die beiden, 1981 noch im Bau befindlichen Bürotürme der Deutschen Bank die Szenerie. Mit einer geplanten Höhe von 157 m stehen sie auf dem Gelände des ehemaligen *Löwensteinschen Palais.* In den vier Basisgeschossen sollen u.a. ein Café, Galerien und ein Vortragssaal untergebracht werden. Dieses Hochhausprojekt ist das vorläufig letzte, das im Innenstadtbereich genehmigt wurde. Es setzt damit einen architektonischen Schlußpunkt unter die Wohnraumzerstörung, für die das Frankfurter Westend über die Grenzen der Stadt hinaus berüchtigt wurde.

Unter der Anlage befindet sich der S-Bahnhof Taunusanlage.

Der verkehrsreiche Opernplatz, der die Wallanlagen unterbricht, ist das wichtigste Bindeglied zwischen Innenstadt und Westend. Vom einstigen Bockenheimer Tor des 17. Jh. standen die Torhäuschen noch bis zum Bau der Oper. Den Zugang zur Bockenheimer Landstraße flankiert das blau-silberne, 60 m hohe *Zürichhaus.* Der Platz soll in den nächsten Jahren mit einem Brunnen geschmückt werden. Von 1963 bis zu Beginn des U-Bahnbaus hatte hier der von Toni Stadler gestaltete und in seiner Form viel umstrittene *Marshall-Brunnen* zur Erinnerung an den 'Marshall-Plan' (Wiederaufbau Europas 1948–52) gestanden.

Die **Alte Oper,** deren Wiederaufbau als Konzert- und Kongreßhaus im Sommer 1981 abgeschlossen ist, war stärkster Ausdruck des Selbstbewußtseins des Frankfurter Großbürgertums nach 1870, ihre Erhaltung daher 1948–64 hart umstritten. Der mächtige Bau, 1872–80 in Formen der italienischen Hochrenaissance von dem Schinkel-Schüler Richard Lucae (†1877 in Berlin) entworfen, sollte die Opern in Paris und Dresden übertreffen. Bauten von Schinkel, Gilly, Stüler, das Nationalmuseum in Stockholm, die Akademie der Wissenschaften in Budapest hatten den Gewinner des Wettbewerbs angeregt, die Stadt einen Bauplatz in den sonst dem Grün vorbehaltenen Wallanlagen freigegeben, reiche Bürger große Summen gespendet, das Baumaterial – Kalkstein aus der Ile de France – stand als Reparationsleistung zur Verfügung. Durch 60 Jahre haben hier die berühmtesten Opernsänger- und Sängerinnen 'Dem Wahren, Schoenen, Guten' gedient, wie es die Giebelinschrift verlangt, ehe der Bau am 23. März 1944 ein Opfer der Bomben wurde.

Dem mächtig aufragenden Hauptbau ist ein Vorbau für die doppelläufige Treppe und das Foyer vorgesetzt. Das Erdgeschoß umziehen Rundbögen, das Obergeschoß eine Säulengalerie, die Dreiecksgiebel im Süden und Norden wurden von den Frankfurter Bildhauern Kaupert (Südseite) und Rumpf (Nordseite) mit figurenreichen Reliefs geschmückt. Weitere Figuren – Goethe und Mozart an der Vorhalle – schmücken den Bau und krönen die Giebel. Das Treppenhaus war mit gelbem Marmor verkleidet und mit Wand- und Deckenmalereien von Ed. v. Steinle geschmückt. Erhalten blieben nur die Außenmauern, Teile des Treppenhauses und die erst 1938 erstellte Dachkonstruktion des Bühnenhauses. Die geborgenen Bau- und Schmuckfragmente werden beim Wiederaufbau verwendet.

Der Wiederaufbau ist 1964 durch Gründung der "Aktionsgemeinschaft Opernhaus Frankfurt" in Gang gekommen, 1968 durch Sicherungsarbeiten begonnen worden, nachdem die Bürger Frankfurts durch Spenden von über 8 Mio DM ihren Willen eindeutig bekundet hatten. Die als "Konzert- und Kongreßzentrum" im Sommer 1981 wieder eröffnete Alte Oper bietet im *Großen Saal* des Hauptbaus 2 500 Gästen Platz. Von ihm kann ein *Kleiner Saal* mit 500 Plätzen, abgetrennt werden. Im Südteil das *Treppenhaus*, ein *Foyer* und zwei *Restaurants*. Anstelle des ursprünglich geplanten Jugendforums wurde ein *Kammermusiksaal* (340 Plätze) hinzugefügt. Im *Mozart-Saal* können bis zu 700 Gäste untergebracht werden. Die Loggia, die Eingangshalle und die Vorhalle wurden innen weitgehend in altem Glanz wiederhergestellt. Die 1977 noch auf 85 Mio veranschlagten Baukosten hatten Anfang 1981 bereits 180 Mio überstiegen.

12. Vom Opernplatz zum Friedberger Tor

Die Bockenheimer Anlage führt vom Opernplatz zum Eschenheimer Tor. Den größten Teil der Fläche nimmt ein langgezogener Weiher mit Springbrunnen ein (ehemaliger Feuerlöschteich). Auf dem kleinen Mozartplatz an der Außenseite der Anlage steht anstelle des kriegszerstörten ein neues *Mozart-Denkmal:* ein geflügeltes Haupt bekrönt einen Obelisken, Inschrift 'Dem Genius Wolfgang Amadeus Mozart' (1963; G. Marcks). Mozart spielte 1763, 1788, 1790 in Frankfurt. Weit in die Anlagen hinein ragt das großzügig angelegte *Stadtbad Mitte* (1960), mit 2 Becken und Tribüne für 1 000 Zuschauer.

Ein besonderes Schmuckstück ist das **Nebbiensche Gartenhäuschen,** das sich der Verleger und Drucker Johann Nebbien 1810 von Salins de Montfort hatte erbauen lassen. Dieses Stück alter Gartenkultur wurde 1954 erneuert und dient jetzt Kunstausstellungen. Der *Florentiner Marmorbrunnen* des 17. Jh. daneben gehörte früher der Familie v. Weinberg in Niederrad. – Vor der Anlagenmauer im Boden das *Börne-Denkmal* (1960; G. Mahr), eine eherne Gedenkplatte mit Porträt des Schriftstellers Ludwig Börne, der 1786 als Loeb Baruch in der Judengasse geboren wurde und Bedeutendes für die Emanzipation des Judentumes getan hat; dazu Worte von Heinrich Heine. Das 1878 aufgestellte alte Börnedenkmal war von den Nationalsozialisten zerstört worden. – Am Haus Nr. 3 erinnert seit 1967 eine Relieftafel an den Maler *Moritz von Schwind* (1804–71), der 1846–47 dort wohnte und das Haus auch selbst entworfen hat.

Der Platz Eschenheimer Tor ist die Ausfallpforte von der Innenstadt nach Norden. In der Platzmitte die selten funktionierenden *Wasserspiele*, mit vier Propellern aus Edelstahl in einem 50 m langen blauen Bekken, eingefaßt von Aluminiumplatten (1970; Geopfert).

Der **Eschenheimer Turm** (47 m), ein fünfspitziger roter runder Torturm von 1428, ist der letzte und war der stolzeste der 42 Türme der Stadtmauer des 14. Jahrhunderts. Der Dombaumeister Madern Gerthener, der ihn entwarf, hat den schönen Wappenstein des Frankfurter Wappenadlers (Innenseite) eigenhändig ausgehauen. 1807 entging der Turm dem Abbruch nur dank der Fürsprache des französischen Gesandten. 156 Holzstiegen führen hinauf, doch starb der letzte Bewohner, ein Sonderling, schon 1952. Über dem Tor ein Männerkopf, in der Windfahne eine hineingeschossene 9, mit welcher Leistung der Wildschütz Hans Winkelsee sein Leben freigekauft haben soll.

Eingefaßt wird der Platz von der *Landwirtschaftlichen Rentenbank* (1956), dem Eckgebäude der *Frankfurter Rundschau* (die Zeitung erscheint regional und überregional mit einer Auflagenhöhe von 180 000 Exemplaren), dem *Bayer-Hochhaus* (1952) mit Pultdach und dem 1956 wiederaufgebauten roten **Volksbildungsheim,** dem Sitz des 1890 gegründeten 'Frankfurter Bundes für Volksbildung', der 1953 gegründeten 'Volks- und Landesbühne Rhein-Main' und des 'Theaters am Turm'. In der Eingangshalle ein Bronzerelief (1963) mit den Köpfen von Else und Wilhelm Epstein, Leiter des Bundes von 1906 bis 1930, und eine Gruppe 'Das Gespräch' (Jude, Katholik, Protestant; 1956), beides Werke von Knudsen.

Gleich am Anfang der Eschenheimer Anlage, die nun beginnt, erinnert seit 1919 das unfreiwillig komische *Reis-Denkmal* an Philipp Reis (1834–74), der das von ihm erfundene Telefon zum ersten Male 1861 im 'Physikalischen Verein' am Eschenheimer Turm vorgeführt hat. Unter den hübschen alten Häusern auch eines im maurischen Stil. Das *Haus der Volksarbeit* (1960), ist die Zentrale der kath. Bildungsarbeit in Frankfurt. Am 'Scheffeleck' steht die Porträtbüste des Theologen und

Geschichtsforschers *Anton Kirchner* (1779–1835), der die erste umfassende Stadtgeschichte schrieb (1879; Petry). Von hier an läuft die U-Bahn in einem ansteigenden Betonschacht durch die Anlagen zum verkehrsreichen Friedberger Tor.

Bis 1973 stand dort das leider 200 m weiter stadtauswärts verbannte ***Hessendenkmal,** das Friedrich Wilhelm II. von Preußen zu Ehren "der edlen Hessen, die im Kampf ums Vaterland siegend fielen", errichten ließ. Am 2. Dez. 1792 hatte Prinz Carl von Hessen-Philippstal zusammen mit den Preußen Frankfurt am Friedberger Tor erstürmt und von den Franzosen nach 42 Tagen Besatzung befreit. Auf Felsen erhebt sich ein Basaltwürfel, darauf als Attribute mutiger Verteidigung Helm, Schild, Sturmbock mit Widderkopf und das Löwenfell des Herkules (1794; Ruhl).

13. Vom Bethmannpark zur Obermainbrücke

Der ***Bethmannpark** (2,25 ha) vor dem Friedberger Tor ist eine reizvolle Kombination von Grünanlagen und Schaugärten für Blumen- und Pflanzenliebhaber. Viele Blumenbeete, ein Rosarium, drei Gewächshäuser und eine kostenlose Beratungsstelle für Pflanzen sind vorhanden, dazu eine Vogelvolière, ein Terrarium, ein Entenweiher, ein Wäldchen mit Ulmen und Platanen, Kinderspielplätze und zwei Felder für Gartenschach. Die Stadt erwarb den Park 1941 und eröffnete ihn 1952 (keine Hunde).

Simon Moritz von Bethmann (1768–1826) hatte hier 1783 seinen 'Garten vor dem Tore' angelegt. Er war Bankier, Diplomat, Kulturförderer Frankfurts, wurde russischer Staatsrat und erhielt 1808 den österr. Adel. In seinem 1944 zerbombtem Landhaus logierte 1803 Friedr. Wilhelm III. von Preußen, 1813 Napoleon auf seinem Rückzug, 1815 Goethe, 1863 Kaiser Franz Joseph beim Fürstentag.

Die Friedberger Anlage, die nun beginnt, gehörte ursprünglich zu Bethmanns Landsitz. An ihn erinnern der *Bethmann-Weiher* und eine Bronzebüste mit der Inschrift 'Dem Patriotischen Bürger *Simon Moritz von Bethmann'* (1868; Launitz).

Das ehemalige *Café Odeon*, ein weißer klassizistischer Bau westlich über dem Weiher, hat der Bankier S. v. Bethmann 1812 für seine Sammlung von Gipsabgüssen nach antiken Plastiken erbaut. Hier stand bis 1855 auch die 1944 leider verglühte Marmorgruppe "Ariadne auf dem Panther", von Joh. Heinr. Dannecker (1814), das volkstümlichste Bildwerk des Klassizismus in Deutschland. Karl Baedeker schrieb darüber 1839: "Sie ruht auf dem Panther kühn hingeschmiegt, das Haupt stolz erhoben, das herrliche Bild göttlicher Befriedigung und Ruhe. Durch eine Vorrichtung mit rothen Vorhängen kann der Gruppe ein röthlicher, der Fleischfarbe ähnlicher Schimmer verliehen werden". Das Gebäude wurde Anfang 1981 instandgesetzt, über eine zukünftige Nutzung ist noch nicht entschieden.

Zu den Gebäuden, die in die Anlage hineingebaut sind, gehört u.a. das *Bethmann-Schulhaus* (1956), ein heller Backsteinbau für kaufmännische Berufsschulen. – Ein weiteres Denkmal gilt dem Aschaffenburger Stadtgärtner *Sebastian Rinz* (1892; Petry), der 1806–12 die Wallanlagen schuf. – Unweit davon liegt seit 1959 eine Bronzeplatte an der Stelle, wo *Karl Fellner,* der letzte regierende Bürgermeister der Freien Reichsstadt Frankfurt, 1866 aus dem Leben schied. Jenseits der Zeil findet man an der Außenseite der Anlagen, vor einem ehem. Hochbunker, im Erdboden eine schwarze *Marmorplatte,* denn dort stand die 1905–07 erbaute große Synagoge, die 1938 zerstört wurde.

Allerheiligentor. Der Name geht auf eine 1366 'Allen Heiligen' geweihte private Kapelle zurück, die um 1730 abgerissen wurde. Bemerkenswert hier das *Kolpinghaus* (1956). – Allerheiligentor und Mainufer verbindet die Obermainanlage. Neu aufgestellt wurde hier die überlebensgroße Marmorbüste des Dichters *G. E. Lessing* (1882; Kaupert), die früher vor der Stadtbibliothek (s. unten) stand. Der tiefgelegene **Rechneigraben** mit Insel ist mit der angrenzenden Mauer ein Rest der Stadtbefestigung. Enten und Möwen beleben ihn, im Winter die Eisläufer. Nahebei das *Schopenhauer-Denkmal,* eine Bronzebüste von Schierholz (1895). Der Philosoph hatte 15 Jahre lang nahebei in der Schönen Aussicht am Mainufer gewohnt.

Das **Heiliggeistspital** in der Langestraße, das weit in die Anlagen vortritt, wurde 1833–39 von Friedr. Rumpf in klassizistischen Formen erbaut, nach der Kriegszerstörung jedoch vereinfacht und modernisiert. Zu Seiten des alten Säulenportals r. der hilfesuchende Kranke, l. der Gott preisende Genesende (1842; Launitz). In der Parkanlage steht seit 1975 das 20stöckige *Personalgebäude* des Hospitals. Das Heiliggeistspital wurde im 12. Jh. als erstes Spital nördlich der Alpen und drittes in Europa nach Rom und Madrid gegründet und befand sich dann von 1278 an am Mainufer in Nähe des Domes. Heute gehören der Stiftung das große Nordwestkrankenhaus in Praunheim und Altersheime.

Den östlichen Abschluß des Anlageringes bildet der **Säulenportikus** der 1944 zerstörten Stadtbibliothek. Stadtbaumeister Hess d.J. hatte sie 1820–25 in klassizistischen Formen erbaut, 1891 war ihr ein Magazinbau angegliedert worden. In der Eingangshalle stand ein berühmtes Sitzbild Goethes, das Marchesi 1838 in Mailand aus carrarischem Marmor angefertigt hatte. Die Bomben zerschlugen es, doch rettete es den Menschen im Luftschutzkeller darunter das Leben. Auf den sechs korinthischen Säulen im Architrav die Inschrift 'Litteris recuperata libertate civitas' ('Den Studien gewidmet von der der Freiheit wiedergeschenkten Stadt'). Die Figuren im Dreiecksgiebel schufen Schierholz und Klimsch 1891–93: Pallas Athene zwischen den Figuren von Kunst und Wissenschaft, ihr zu Füßen liegend Handel und Industrie. Verschwunden sind die Knaben mit dem Stadtwappen auf dem Giebel, von den beiden Sphinxen an den Ecken ist nur die linke übriggeblieben.

IV. DER MAIN. ALT-SACHSENHAUSEN. SCHAUMAINKAI

14. Der Main und seine Brücken

Der **Main** fließt auf einer Strecke von 27 km durch Frankfurter Gemarkung, ist dabei 100–200 m breit und 1981 von 15 Brücken überspannt. Staustufen befinden sich stromaufwärts bei Oberrad, stromabwärts bei Griesheim. Der einstige Ankerplatz der Schiffe am Fuß des Römerberges ist seit dem 19. Jh. durch den kleinen *Westhafen* und den großen *Osthafen* ersetzt worden. Diese beiden, 4 km von einander entfernten Häfen verbindet eine am Ufer dahinfahrende, läutende *Hafenbahn,* die aber fast nur um 6.30 und um 14.30 Uhr verkehrt. Die Frachtschiffahrt auf dem seit 1886 kanalisierten Main ist sehr rege, etwa 50 000 Frachter bis 3 000 t fahren im Jahr vorbei, von denen etwa 8 000 in den Frankfurter Häfen anlegen. Knapp 7 Mio Tonnen Güter werden hier jährlich umgeschlagen. Seit der 1921 begonnene Großschiffahrtsweg vom Rhein zur Donau bis Nürnberg vollendet ist, hat der Frachtverkehr stark zugenommen und wird 1985 bei vollem Ausbau bis Regensburg weiter zunehmen.

Die zu Rundfahrten (S. 12) auf Main und Rhein beliebten Schiffe der *Weißen Mainflotte* legen am Eisernen Steg an (vgl. S. 118).

Durch die Verschmutzung des Mainwassers ist z.Zt. Schwimmen im Main unmöglich geworden. Die Fischerei ist fast zum Erliegen gekommen, sehr zugenommen haben die Grünalgen. Das Verhältnis der Frankfurter zu ihrem Fluß ist sehr getrübt worden.

Im Bereich der Innenstadt gibt es sechs Brücken, die am 25./26. März 1945 – wenn auch ‘schonend’ – gesprengt wurden und dann wieder aufgebaut werden mußten.

Die FLÖSSERBRÜCKE ist 1963/64 als Behelfsbrücke erbaut worden und dient seitdem zur Entlastung der Obermainbrücke. die OBERMAIN-

BRÜCKE wurde 1876–78 erbaut, um am Ende des verkehrswichtig gewordenen Anlagenringes einen Flußübergang zu schaffen.

Die sogenannte **Alte Brücke** war bis ins 19. Jahrhundert die einzige Mainbrücke Frankfurts, hat aber durch Neubauten und Umbauten für die Durchfahrt moderner Schiffe anstelle der schönen Bögen seit 1965 eine moderne Stahlkonstruktion. Sie ist 238 m lang, hat 5 Fahrspuren und zwei Fußsteige. Am Nordaufgang die getreue Nachbildung des schmiedeeisernen Rosenkreuzes mit dem *'Brickegickel',* einem vergoldeten Hahn, darauf, der seit ca. 1342 als Mahnzeichen auf dem Scheitel der Brücke stand, von der Verbrecher in den Main gestürzt wurden; den Sockel schuf Datzerath 1748. Die 300 m lange *Maininsel,* auf welche die Alte Brücke sich stützt, ist die einzige Strominsel in Frankfurt. Der 'Frankfurter Ruderverein von 1865', ältester binnenländischer Ruderverein, hat hier sein Bootshaus und Clublokal. Die Insel soll allgemein zugänglich werden. Viele Wasservögel.

Die berühmte Vorgängerin der heutigen Brücke, die eigentliche Alte Brücke, war 1342 errichtet worden und hatte 600 Jahre lang den Verkehr über den Strom allein getragen. Die älteste Holzbrücke an dieser Stelle wird schon 1222 urkundlich erwähnt, entstand aber vermutlich schon Ende des 12. Jahrhunderts. Pfahlroste, die im Strom zutage traten, lassen vermuten, daß schon die Römer hier eine Brücke oder einen Steg angelegt hatten. Mit ihren zwei Tortürmen an den Brückenköpfen, die noch im 18. Jh. standen, muß die Alte Brücke einen großartigen Anblick geboten haben. Eisgang und Hochwasser haben sie 1235, 1276, 1306, 1342, 1682 und 1739 zerstört. 1913–26 wurde sie durch einen Neubau ersetzt, der 1945 gesprengt, 1947 provisorisch wiederhergestellt und 1965 in neuer Form wieder dem Verkehr übergeben wurde.

Der grüngestrichene **Eiserne Steg,** ein Wahrzeichen der Stromlandschaft, ist eine 173 m lange, elegante Fußgängerbrücke zwischen Altstadt und Sachsenhausen, erbaut von der Firma J. S. Fries Sohn (gegr. 1748), gestiftet von Frankfurter Bürgern 1868/69, wie eine Tafel sagt. Bis 1885, wo sie städtisch wurde, zahlte man 1 Kreuzer Brückengeld. 1945 wurde sie 'befehlsgemäß' in die Luft gesprengt, war 1946 aber wiederhergestellt und wurde dann 1968 wegen der Schiffahrt um weitere 40 cm angehoben. 11 000 Menschen überschreiten den Steg täglich. Am Treppenaufgang *Hochwassermarken,* die höchste für die Flut vom 19./20. Juni 1342. Bei Nacht von einer Lichterkette geschmückt.

Die **Untermainbrücke** dient hauptsächlich dem innerstädtischen Verkehr mit Sachsenhausen. 1874 ist sie kurz vor der Obermainbrücke als Verkehrsanschluß für die innere Ringstraße errichtet worden. Nach der Sprengung von 1945 wurden die Pfeiler der 240 m langen

Brücke, die fünf Durchfahrten hat, erhöht. Am Nordufer überspannt sie die Nizza-Anlage.

Die **Friedensbrücke,** 1950–51 neu erbaut und 300 m lang, ruht auf vier Strompfeilern. Sie bewältigt vor allem den großen Verkehrsstrom zwischen Autobahn, Flughafen, Hauptbahnhof und Messegelände. An ihrer Südseite steht 'Der Hafenarbeiter', eine Bronzefigur von Meunier (1893). Die erste Brücke hier wurde 1848 für die neueröffnete Main-Neckar-Bahn erbaut, 1891, nach Eröffnung des Hauptbahnhofs diente sie unter dem Namen 'Wilhelmsbrücke' dem Straßenverkehr. 1945 wurde sie als einzige nicht völlig gesprengt, sodaß am 26. März 1945 die Amerikaner über sie in die Stadt einrücken konnten.

Die **Deutschherrenbrücke** im Osten, die **Main-Neckar-Brücke** und die **Niederräder Brücke** im Westen als Eisenbahnbrücken (mit Fußsteig) leiten den Eisenbahnverkehr Frankfurts über das südliche Mainufer, eine Maßnahme, durch welche sich Frankfurt die Entstellung seines Stadtbildes erspart hat. Längs des nördlichen Mainufers läuft lediglich die kleine Hafenbahn, die West- und Osthafen verbindet. Nahe der Deutschherrenbrücke liegen Großmarkthalle, Osthafen und Schlachthof, nahe der Main-Neckar-Brücke der Westhafen und das Elektrizitätswerk mit Fernheizwerk, deren Dampfrohre unter der Brücke zu den Krankenhäusern am Südufer hinüberführen. 1978 wurde parallel zur Niederräder Brücke eine zweite Eisenbahnbrücke errichtet, über die der S-Bahnverkehr zum Flughafen führt.

15. Alt-Sachsenhausen

Die Obermainbrücke mündet auf den Frankensteiner Platz. Die *Bergius-Schule* dort, ein stattlicher Altbau von 1881, der 1960 erweitert wurde, ist Berufsschule für Nahrung, Bekleidung und Chemie. Außerdem befindet sich in ihr die *Bundespelzfachschule,* die auch über eine Schausammlung von 4 000 Fellen verfügt. – Nach Westen hin wird der Main von der *Deutschherrenwerft,* mit Parkplatz, Bootsverleih und Gaststätte, und dem Deutschherrenufer eingesäumt.

Das 1954 eröffnete **Haus der Jugend** (G 6) enthält Versammlungsräume für die Frankfurter Jugendorganisationen und die *Jugendherberge* mit 500 Betten, die den stärksten Besuch aller deutschen Herbergen aufweist, mit 90 000 Übernachtungen im Jahr, davon 60 % Ausländer. Außer den Schlafräumen mit je 8 Betten (DM 7,60, bzw. 10,–), gibt es für Erwachsene ein Gästehaus, für Tagungen und Konferenzen einen Festsaal (jeden Fr. Kino) und 14 Tagungsräume. Im großen Hof der *Jugendherbergsbrunnen,* 1954 von Winter geschaffen, dessen Brunnensäule Wassertiere schmücken.

Am Südende der Alten Brücke steht das große, wiederaufgebaute **Deutschordenshaus,** das der Deutsche Orden 1958 zurückerworben und zum Priorat der Ballei (Ordensbezirk) Deutschland gemacht hat. Das barocke Komturgebäude, das jetzt drei Höfe umschließt, wurde 1709–15 über gotischen Grundmauern neu errichtet, doch sind die alten Arkadengänge, das einst berühmte Treppenhaus und die Stuckdecken den Bomben zum Opfer gefallen. Gut erneuert wurde an der Hausecke die *Madonna* aus dem 17. Jh., eine Halbfigur mit Kind, Szepter und hoher Krone über dem Ordenswappen. In dem Gebäude befinden sich die Diensträume des Ordens mit dem Rittersaal, ein Studentenwohnheim, das Amt für *Wissenschaft und Kunst* sowie außerdem die *Kommunale Galerie,* die es sich zur Aufgabe gemacht hat, in Ausstellungen die Werke der etwa 600 in Frankfurt arbeitenden Künstler vorzustellen. In der mittelalterlichen Vorgängerin des heutigen Baues schrieb im 14. Jh. ein Priester das berühmte Büchlein 'Vom vollkommenen Leben', das Luther als 'Eyn Deutsch Theologia' begeistert hat und das er 1516 herausgab. Im ehem. Rittersaal eine schöne Lindenholzfigur des hl. Clemens Romanus, Bischof von Rom im 1. Jh. (1760).

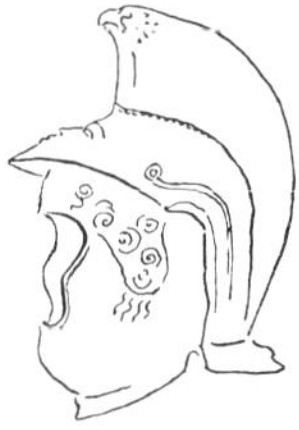

Die RÖMISCHE AUSSTELLUNG NIDA-HEDDERNHEIM, die 1976 vom Museum für Vor- und Frühgeschichte in einem Ausstellungssaal des Deutschordenshauses eingerichtet wurde, gibt eine Übersicht über die Römerstadt Nida bei Heddernheim (S. 178), die von 75 bis 260 bestand und so groß war wie die Frankfurter Altstadt. Architekturfragmente, Töpfereien, Gläser, Reste von Wandmalereien werden gezeigt und über das Leben in Nida umfassend informiert. Glanzstück ist ein römischer Reiterhelm.

Die **Deutschordenskirche** *(St. Maria)* erscheint durch den Dachreiter und ihre Fassade von 1751 an der Brückenstraße als ein Teil des barocken Deutschordenshauses. Der einschiffige rippengewölbte Bau mit nach innen gezogenen Strebepfeilern und fünfseitigem Chor ist aber spätgotisch und schon 1309 einem bestehenden Hospital angegliedert worden; 1520 wurde eine Kapelle für Maria, die Patronin des Ordens angebaut. Sehr schön sind die vier spätgotischen *Nebenaltäre* mit geschnitzten Schreinen und gemalten Flügeln sowie die Wandmalereien. Der Hochaltar ist neugotisch. Die Kirche ist nur zum Gottesdienst und zu Kirchenkonzerten geöffnet.

Von der Alten Brücke zum Eisernen Steg erstreckt sich das Sachsenhäuser Ufer. Die neugotische **Dreikönigskirche** dort ist mit ihrem 80 m hohen Turm das Wahrzeichen des Stadtteils. Der Vollender des Domes, F. J. v. Denzinger, erbaute sie 1875–81 anstelle einer Siechenkapelle von 1338, die seit 1452 den Sachsenhäusern als Pfarrkirche gedient hatte, aber 1872 abgerissen worden war. Die Pfarrgemeinde lag oft im Streit mit dem Domstift, von dem sie abhängig blieb, ging deshalb schon 1533 zur Reformation über und war dann bis 1876 die einzige protestantische Kirche in ganz Sachsenhausen. Das bronzene Altarkreuz schuf Hans Mettel, die Glasgemälde Carl Crodel. Wegen der guten Akustik und der Orgel, ist sie auch durch Kirchenkonzerte bekannt geworden. – Südlich der Kirche steht seit 1957 der liebenswerte *Dreikönigsbrunnen* von 1781, dessen Figuren schon älter sind. – Unter den Platanen des Ufers findet seit 1972 am Sa 8–16 Uhr der *Frankfurter Flohmarkt* statt, ein Trödelmarkt, auf dem man noch Funde machen kann.

Alt-Sachsenhausen. Das älteste Sachsenhausen liegt in einem Dreieck, das begrenzt wird von der Dreieichstraße, der Schifferstraße und dem Mainufer zwischen Obermainbrücke und Eisernem Steg. Der Name Sachsenhausen, 1193 zuerst urkundlich erwähnt, geht der Sage nach auf Karl d. Gr. zurück, der Familien der von ihm besiegten Sachsen hier angesiedelt haben soll. Als Mainbrückenkopf war der Ort für Frankfurts Sicherheit einst von großer Bedeutung, und von der Stadtmauer, die Alt-Sachsenhausen umspannte, standen die Türme noch vor 90 Jahren. Der Ort selbst blieb lange ein Dorf, das von Bäckern, Fischern, Gerbern, Töpfern und vor allem Weingärtnern bewohnt war und in seinem Kern noch heute dieses Gepräge trägt.

In den kleinen, mitunter schieferverkleideten Häusern, haben sich mit der Zeit zahlreiche Apfelweinschenken, aber auch viele modische Touristenlokale angesiedelt, sodaß Alt-Sachsenhausen nun Frankfurts *Ebbelwoi-Viertel* (vgl. S. 41) geworden und als reiner Fußgängerbereich mit Bäumen, Pflanzenkübeln, Sitzplätzen und vor allem Brunnen ausgestaltet worden ist. Die Lokale tragen z. T. originelle Namen wie: Bobbestübche, Böckchen, Schawelche, Drohdstifde, Stobbezieher, Feuerrädchen, Hinnerkopp, Lorsbacher Tal. Der blaugraue Westerwälder Bembel, das gerippte Glas für den Apfelwein, 'Handkäs mit Musik', Sachsenhäuser Brezeln, Rippchen mit Kraut, Haspel beherrschen hier noch die Tafelrunden. Der Heckenwirt Werner soll 1754 als erster Apfelwein in Sachsenhausen verzapft haben. In den letzten Jahren hat das Stadtviertel durch die übermäßige Ansiedlung von Discotheken, Bierkneipen und Pizzalokalen seinen ursprünglichen Charakter stark eingebüßt und ist zu einem Amüsierviertel für Touristen geworden.

Man zählt heute wieder 17 Brunnen, davon zwölf in Betrieb, die z. T. wiederhergestellt, z.T. auch neu geschaffen wurden. Die charakteristische Form der Brunnen – Figuren auf vierkantigem Pfeiler – war erst nach 1781 in Mode gekommen. Schon seit dem 14. Jh. wird an vier Tagen im August das *Sachsenhäuser Brunnenfest* gefeiert.

Kuhhirtenturm

In der Großen Rittergasse steht hinter dem Haus der Jugend der **Kuhhirtenturm,** einst 'Elefant' mit Namen und 1957 wieder aufgebaut. Er ist der letzte der neun Stadtmauertürme um Sachsenhausen, von denen noch fünf (Elefant, Rehkalb, Weißes Roß, Pulverturm, Tiergarten) um 1870 am Mainufer standen. Eine Tafel erinnert an den Komponisten Paul Hindemith (1895–1963), der 1923–27 als Konzertmeister an der Frankfurter Oper den Turm bewohnte und darin die Oper 'Cardillac' und das 'Marienleben' komponierte. Sein Flügel mußte außen hochgezogen und unter dem Turmhelm eingeschwenkt werden. Daneben der *Fleischerbrunnen* aus der Altstadt, mit einem Knaben darauf, 1968 erneuert und hierher versetzt. Im Hof der Jugendherberge dahinter der *Bäckerbrunnen* von 1794, mit vergoldeter Vase. In der Großen Rittergasse der 1954 erneuerte *Hirschbrunnen* (1796, 1954; Krämer), der eine Hirschkuh ehrt, die Karl d. Gr. eine rettende Furt im Main gezeigt haben soll.

An der Kleinen Rittergasse hat sich um den neuen *Ritterbrunnen* (1953; Krämer) ein Apfelweinschenkenidyll erhalten. – Die Klappergasse ist besonders stark besucht. Hier stehen noch einige alte Häuschen (Nr. 16, 28, 30, 32, 34), der *Klapperbunnen* von 1798 und als neue Attraktion der *Frau Rauscher-Brunnen* (1963; Krämer), der mitunter auf die Gasse spritzt. Frau Rauscher mit Bembel und Brezelkorb erinnert an ein Sachsenhäuser Original der jüngsten Zeit, auf die auch ein vielgesungenes Lied gedichtet wurde.

Am Paradies-Platz hinter dem großen, rostbraunen Gasthaus 'Paradieshof' stehen Ruhebänke und der *Paradiesbrunnen* mit Adam und Eva (1786). Adolf Stoltze dichtete einmal: "Äppel esse war verbotte, Äppel trinke war erlaubt". – In der Dreikönigstraße stand unter anderen einst der Gasthof 'Zu den drei Rindern', in dem Schiller 1782 auf der Flucht unter falschem Namen abgestiegen war.

Das Südende von Alt-Sachsenhausen bezeichnet der Affentorplatz. Die beiden gut wiederhergestellten **Affentorhäuser** (1811) sind zwei schlichte klassizistische Wach- und Zollgebäude aus Frankfurts Franzosenzeit. Jetzt enthalten sie Jugend- und Versammlungsräume, der östliche auch eine Gaststätte. In den Grünanlagen der *Affenbrunnen* (1957) mit Pavian auf alter Säule und der *Zunftbrunnen,* mit einer Bronzegruppe von sieben Zunftvertretern (1972; Sund). Das einst namengebende Eckhaus 'Zum Affen' ist längst verschwunden. – An der Schifferstraße liegt der alte Sachsenhäuser Friedhof, der jetzt ein Park ist. Nahebei steht vom Kriege her der *Schifferbunker,* in dessen 5 Stockwerken ein Krammarkt viele Kunden findet (zu Sachsenhausen s.a. S. 188–193).

16. Der Schaumainkai und seine Museen

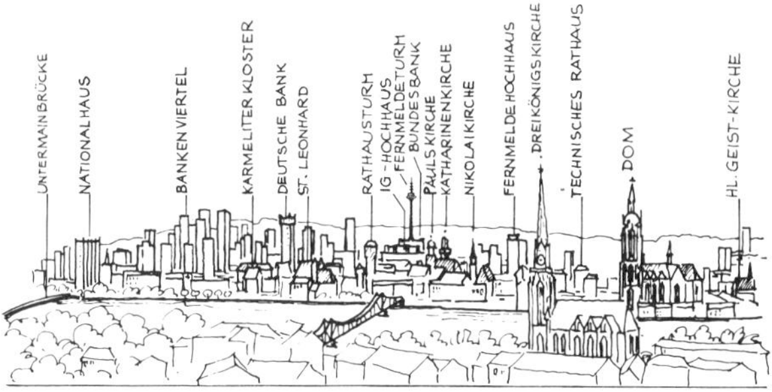

Der Schaumainkai zwischen Eisernem Steg und Friedensbrücke ist eine 1400 m lange, z. T. seit 1863 mit gestutzten Platanen bepflanzte, breite Straße, neben der noch am Fluß unten eine Uferpromenade dahinläuft. Von hier hat man einen eindrucksvollen Blick auf die **Silhouette der Frankfurter Innenstadt.* Man sieht von links nach rechts: den Chor der Karmeliterkirche, die Rathaustürme von 1900, den Turm der Paulskirche mit goldenem Kreuz, die Dächer des Römers, die Leonhardskirche, die Nicolaikirche, Rententurm und Saalhof, das Technische Rathaus und den Dom, im Hintergrund die Hochhäuser des Bankenviertels und den neuen Fernmeldeturm.

An der Südseite des Schaumainkais stehen große Villen, vornehmlich solche aus der Gründerzeit, die in ausgedehnten Gärten liegen, heute aber z. T. von Instituten, Versicherungen und Firmen bezogen sind. Auch Neubauten in glatten Formen liegen dazwischen und die Rudergesellschaft Germania mit ihrem Bootshaus. Der Kai ist aber auch Frankfurts Museumsufer, denn von den acht großen Museen haben 5 hier ihren Standort: das *Museum für Kunsthandwerk,* das *Museum für Völkerkunde,* das *Bundespostmuseum,* das *Städelsche Kunstinstitut* (Gemälde) und das *Liebieghaus* (Skulpturen). Geplant sind weiterhin ein *Museum für Musikinstrumente* (Nr. 35), das *Deutsche Filmmuseum* (Nr. 41), das *Deutsche Architekturmuseum* (Nr. 43) sowie ein *Museum für zeitgenössische Kunst* .

Das **Museum für Kunsthandwerk** (F 7), Schaumainkai 15, verfügt seit 1967 über ein anmutiges Bürgerhaus von 1805, das in einem kleinen Park liegt und zeigt darin seit 1974 in 14 Räumen "Europäische Möbel von der Gotik bis zum Jugendstil". Dies ist aber nur ein Fünftel des Bestandes von etwa 28 000 ausstellungswerten Stücken des europäischen und asiatischen Kunstgewerbes aller Zeiten, der seit der Zerstörung (1943) des Museumsbaues in der Neuen Mainzer Straße magaziniert bleiben mußte und nur in Ausstellungen ans Licht kommt. Frankfurt gehört zu den vier reinen Kunstgewerbemuseen, die im 19. Jh. gegründet wurden: Berlin 1867, Hamburg 1869, Frankfurt 1877, Köln 1888. Es wurde bis 1921 vom 'Mitteldeutschen Kunstgewerbeverein' getragen und ging dann in den Besitz der Stadt über. Es ist geplant, im Park einen Erweiterungsbau (R. Meier, New York) für das Museum zu errichten. Das heutige dreistöckige weiße Haus mit seinen grünen Fensterläden wurde für einen Apotheker errichtet und befand sich dann lange Jahre im Besitz der Bankiersfamilie Metzler.

Im gleichen Haus, Schaumainkai 15 werden in zweimonatigem Wechsel Sonderausstellungen durchgeführt mit speziell begrenzten Themen anhand von sonst deponierten Museumsobjekten. In dem Ausstellungsraum des Museums im Karmeliterkloster werden jährlich vier bis fünf große Wechselausstellungen mit eigenen Beständen und Leihgaben durchgeführt, die dem überregionalen und internationalen Anspruch des Museums gerecht werden sollen. Eintr. s. S. 22.

Der geplante Erweiterungsbau, der die Ausstellungsfläche von bislang 600 auf 7 000 qm erweitern soll, stößt auf heftigen Widerstand der Denkmalschützer. Der dreistöckige Neubau soll tief in den großen, historischen Park der Villa hineinreichen, Kritiker befürchten eine Zerstörung der bislang einheitlichen Uferbebauung.

GOLDSCHMIEDEKUNST: **Reliquiar aus Kloster Gruol* in Schwaben, 12. Jh.; **Emailscheibe des Godefroi de Claire* vom Remaklusschrein in Stavelot um 1160; *Patente* mit translucidem Email aus Konstanz um 1300; *Limousiner Schmelzarbeiten* des 13. Jh.; **Baldinger Pokal,* Ulm, Mitte 16. Jh.

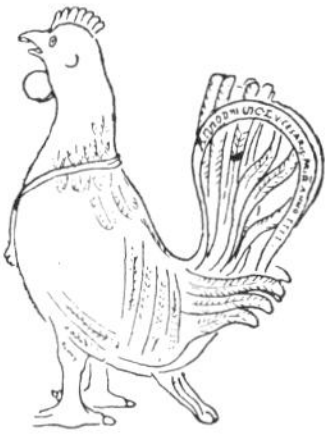

Aquamanile

BRONZEN: **Hahnenaquamanile,* 12. Jh.; Bronzegeräte und Bronzefiguren der Renaissance; Medaillen und Plaketten; Mörser und Kessel; Kannen und Leuchter.

MOBILIAR UND HOLZARBEITEN: Möbel der Gotik und Renaissance, des 17., 18. und 19. Jh.; **Verwandlungsschreibtisch* von Abraham Röntgen; **Intarsienbild* von David Röntgen aus dem Erzbischöfl. Palast in Trier; Hausaltäre, Uhren, Lackmöbel, Spiegel, Wappen, Minnekästchen; **Erstürmung einer Minneburg,* Oberrhein um 1330.

TEXTILIEN: Gotische Wandteppiche und Rücklaken; **Szenen aus dem Leben des Wilhelm von Orlens,* deutsch, Anfang 15. Jh.; **Wildemannsteppich,* Oberrhein um 1440; **Marienteppich* um 1450 und *Hlg. Sippe,* Elsaß um 1500; **Leinengestickte Sarkophagdecke* mit Heiligen in Arkaden aus Kloster Altenberg, um 1300; Hungertücher, Kaselkreuze und Kaseln.

KERAMIK: Fayencen und Mezzomajoliken. **Spanisch-Maurische Lüsterplatte* des 15. Jh.; Ital. Majoliken; Alpenländische Irdenware; **Großer Preuningkrug,* Nürnberg, Mitte 16. Jh.; Fayenceöfen; Steinzeug und Irdenware aus Köln, Frechen, Siegburg, Westerwald, Nassau, Sachsen, Kreußen und Bunzlau; Palissyarbeiten.

PORZELLANE aller deutschen und einiger europäischer Manufakturen: **Meißener Ehrentempel* (Tafelaufsatz) von Kändler; Höchster Porzellane mit Figurengruppen.

GLAS: Deutsche Formgläser der Frühzeit; geschliffene, gerissene und geschnittene Gläser; Zwischengoldglas; Emailgläser aus Deutschland; Venetian. Glas des 16. Jh.; **Achatglaskanne,* Venedig um 1500; Fadengläser.

ISLAMISCHE KUNST: Keramiken aus Persien und Mesopotamien; Kacheln; Syrisches Glas; Orientalische Teppiche. **Knüpfteppich,* Kairo, 16. Jh.; Luristan-Bronzen.

OSTASIATISCHE KUNST: Chinesische Bronzen und Frühkeramik; Steinzeug und Keramik der T'ang- bis Ming-Zeit; Porzellane der Ming- und Ch'ing-Zeit; *Stehender Buddha* (Kalkstein, Ende 6. Jh.); *Buddha auf Löwenthron* (518 n. Chr.); *Buddhatorso,* Bronze (von 1000 n. Chr.); Chines. Rollbilder und Holzschnitte; Lack- und Jade-Arbeiten; Schwertstichblätter, Netsuke.

ÄGYPTISCHE UND GRIECHISCHE KLEINKUNST: **Griech. Goldkranz* (4. Jh. v. Chr.); *Ohrgehänge* (3. Jh. v. Chr.).

PRÄHISTORIE: Urnen; **Große Lausitzer Urne* mit Bautzener Zinnfassung um 1540.

FRÄNKISCHE KUNST: Fibeln, Schnallen und Urnen.

LINEL-SAMMLUNG FÜR BUCH- UND SCHRIFTKUNST: Entwicklung der Schrift vom 11. Jh. an in Handschriften, Urkunden und Druckwerken.

Das **Museum für Völkerkunde** (F 7), Schaumainkai 29, verfügt seit 1973 über eine großbürgerliche Villa der Jahrhundertwende, in der von seinen großen Beständen etwa jährlich wechselnde Ausstellungen über außereuropäische Gebiete veranstaltet werden. 1979 war das Thema 'Handwerk der Sheffenville-Naskape' (Kanada), 1980 'Arm durch Reichtum: Sumatra, eine Insel am Aequator'. Das Frankfurter Museum ist nach denen in Berlin, Hamburg, Bremen und Stuttgart das bedeutendste in der Bundesrepublik, doch sind die Bestände seit der Zerstörung des Thurn & Taxis-Palais 1944 magaziniert und aus dem Blickfeld der Öffentlichkeit verschwunden. Das Museum wurde 1904 durch den Arzt Dr. Bernhard Hagen begründet und entwickelte sich durch die 22 Expeditionen von Prof. Leo Frobenius (†1938), der 1934 die Leitung übernommen hatte und die sog. 'Frankfurter Schule' der Völkerkunde international bekannt machte. Eintr. s. S. 22.

Das **Bundespostmuseum,** (E 7), z.Zt. Schaumainkai 53 in drei Stockwerken einer Villa untergebracht, gibt in 24 Räumen einen höchst reizvollen Überblick über die Entwicklung des Postwesens von den Anfängen bis in die heutige Zeit. Bestände des 1872 von Generalpostdirektor Heinrich Stephan gegründeten Reichspostmuseums in Berlin wurden, um viele Neuerwerbungen bereichert, 1958 hier in reizvoller Verbindung von Romantik und Faszination der Technik neu aufgestellt. Das Postwesen in

Deutschland lag von 1520 bis 1866 vorwiegend in Händen der Fürsten Thurn & Taxis, die ihre Residenz 1724 von Brüssel nach Frankfurt verlegten und ihre Generaldirektion bis 1867 hier hatten (Modell des zerstörten Thurn & Taxis-Palais).

Die Entwicklung der Postuniformen, der Briefkästen, der europäischen Postkutschen (viele Modelle), der Posthörner, Postlandkarten und Postschilder kann man hier kennenlernen. – Das Fernsprech und Fernmeldewesen ist z. B. durch das erste Telefon des Philipp Reis (1861), ein Modell des optischen Telegraphen Berlin–Koblenz (1833–49) vertreten. – Von frühen Radioapparaten (Braun'sche Röhre), Fernsehern (Nipkow-Scheibe), Fernsehkameras gelangt man bis zu den modernsten technischen Geräten. Die Briefmarkensammlung wird in alle 2 Monate wechselnden Ausstellungen von jeweils 4 000 Marken gezeigt. Filme über technisch oder historisch interessante Postthemen werden in ständigem Wechsel vorgeführt. Eintr. s. S. 21.

Das **Städelsche Kunstinstitut** (E 7), Schaumainkai 63, ist eine der schönsten und reichsten Gemäldegalerien Europas und kann mit denen in München, Köln und Berlin konkurrieren. In der sehr ausgewogenen Sammlung erhält man einen Überblick über die europäische Malerei vom 14. Jahrhundert bis in die Moderne des 20. Jh. In 17 großen Sälen und 37 Kabinetten sind rund 600 Bilder zu sehen, davon etwa 367 alte meister und über 220 neue Meister. Das Museum ist eine Stiftung des Frankfurter Bankiers *Joh. Friedr. Städel* (1728–1816), der seine Kunstsammlung und sein Vermögen zur Gründung eines Kunstinstitutes bestimmte. Zur Stiftung gehörte ursprünglich eine 1829 eröffnete 'Städelschule' (vgl. S. 188), an der bedeutende Maler wie Veit, Passavant, Courbet und Beckmann lehrten. Von dieser ersten, aus bürgerlicher Initiative entstandenen Gemäldegalerie, die 1817 mit 495 Werken eröffnet wurde, sind heute nur noch 28 ausgestellt. Ankäufe, Austausch, Vermächtnisse von Frankfurter Bürgern haben die Sammlung ständig bereichert. Unter den letzten Direktoren, Georg Swarzenski und Ernst Holzinger, sind über 1 000 Bilder neu hinzugekommen. Seit 1906 wird die Sammeltätigkeit durch die STÄDTISCHE GALERIE ergänzt, die vor allem Werke aus dem 19. und 20. Jh. beigesteuert hat. Der 1899 gegründete 'Museumsverein' wurde 1959 erneuert. Eintr. s. S. 22.

Das umzäunte GEBÄUDE, nachts angestrahlt, wurde 1878 von Sommer errichtet, die Seitenflügel 1959 von Krahn neu gestaltet; der rückwärtige Erweiterungsbau ist 1915–20 angefügt worden. Über dem Portal die Figuren von Dürer und Holbein. In der Eingangshalle eine Marmorbüste von Joh. Fr. Städel.

Die Hauptakzente der Sammlung bilden Werke der Altniederländer und Altdeutschen (Jan van Eyck, Dürer, Holbein, Cranach), der Italiener vom 14.–18. Jahrhundert (Botticelli, Moretto, Fra Angelico, Raffael, Tiepolo), der großen Meister des 17. Jahrhunderts (Elsheimer, Rubens, Rembrandt, Vermeer, Poussin, Claude Lorrain), der Romantiker und Nazarener (Fohr, Friedrich, Richter, Spitzweg), der Impressionisten (Renoir, Monet, Courbet, Liebermann, Corinth). Die Sammlung von Expressionisten war 1937 als 'Entartete Kunst' beschlagnahmt worden, ist aber mit Werken von Klee, Picasso, Beckmann, Kirchner, u.a. wieder aufgebaut worden, was fortgesetzt wird. Die fast gänzlich fehlende Moderne nach 1945 bildet nun den Schwerpunkt der Ankaufspolitik.

ITALIENER: *Bartolomeo da Venezia*, *Lucrezia Borgia (?); *Bellini*, Madonna mit Heiligen; *Botticelli*, *Simonetta Vespucci; *Canaletto*, Venezianische Ansicht; *Carpaccio*, Madonna; *Cima da Conegliano*, Madonna; *Crivelli*, Verkündigung; *Fra Angelico*, *Madonna im Kreise der Engel; *Maestro del Bambino vispo*, Verkündigung und Salvator mundi; *Moretto*, *Madonna mit Kirchenvätern; *Palma Vecchio*, Jupiter und Kallisto; *Perugino*, Madonna; *Pontormo*, *Damenbildnis; *Tiepolo*, *Die Heiligen der Familie Grotta; *Tintoretto*, *Quellwunder Mosis; "Ugolino Lorenzetti"*, Blendung des hl. Leodegar; *Verrocchio*, Maria mit dem Kinde.

DEUTSCHE, 14.–17. JAHRHUNDERT: *Altdorfer*, *Anbetung der Könige; *Baldung Grien*, *Die Wetterhexen; *Bruyn d.Ä.*, Heilige Nacht; *Cranach d.Ä.*, *Torgauer Fürstenaltar, *Venus; *Dürer*, Katharina Fürlegerin, Hiob; *Elsheimer*, *Kreuzaltar (6 Tafeln); *Flegel*, Stilleben; *Grünewald*, *die Hll. Cyriacus und Laurentius; *Hausbuchmeister*, *Auferstehung Christi; *Holbein d.Ä.*, Dominikaneraltar; *Holbein d.J.*, *Sir George of Cornwall; *Lochner*, Apostelmartyrien; *Mittelrhein.*, um 1340, Altenberger Altar, um 1420, Passionsaltar; *Oberrhein.*, um 1410, **Paradiesgärtlein; *Kreis Schongauer*, Geburt Christi.

Jan v. Eyck Madonna v. Lucca

NIEDERLÄNDER, 15.–17. JAHRHUNDERT: *Aertsen*, Christus und die Ehebrecherin; *Bosch*, Verspottung Christi; *Bouts*, Maria mit dem Kinde; *Brouwer*, Bitterer Trank; *J. v. Cleve*, Flügelaltar; *A. Cuyp*, Schafherde; *David*, Verkündigung; *Jan van Eyck*, **Lucca-Madonna; *v. d. Goes*, *Flügelaltärchen; *v. Goyen*, *Haarlemer Meer; *Dirk Hals*, Fröhliche Gesellschaft; *F. Hals*, Männl. u. weibl. Bildnis; *Kalf*, Stilleben; *Koninck*, Holl. Landschaft; *Massys*, *Männl. Bildnis; *Meister* von Flémalle, *Maria mit dem Kinde, *Hl. Veronika, **Der böse Schächer; *Memling*, Männliches Bildnis; *Ostade*, Geschlachtetes Schwein; *Rembrandt*, **Blendung Simsons, David und Saul; *Rubens*, Dido und Aeneas, *Madonna mit Heiligen; *J. v. Ruisdael*, Winterlandschaft; *S. v. Ruysdael*, Holländischer Kanal; *Steen*, Wirtshausszene; *Teniers d.J.*, Raucher im Wirtshaus; *Terborch*, Weintrinkerin; *Vermeer*, **Der Geograph; *Rogier v. d. Weyden*, *Die hl. Jungfrau mit Heiligen.

FRANZOSEN UND SPANIER, 17.–18. JHDT.: *Chardin*, Stilleben; *Goya*, Zwei Szenen aus dem Bürgerkrieg; *Lorrain*, *Noli me tangere; *Murillo*, Der gute Hirte; *Pater*, Ländliches Fest; *Poussin*, **Gewitterlandschaft mit Pyramus und Thisbe; *Robert*, Atelier des Künstlers; *Velasquez*, Kardinal Borja.

STAEDELSCHES KUNSTINSTITUT

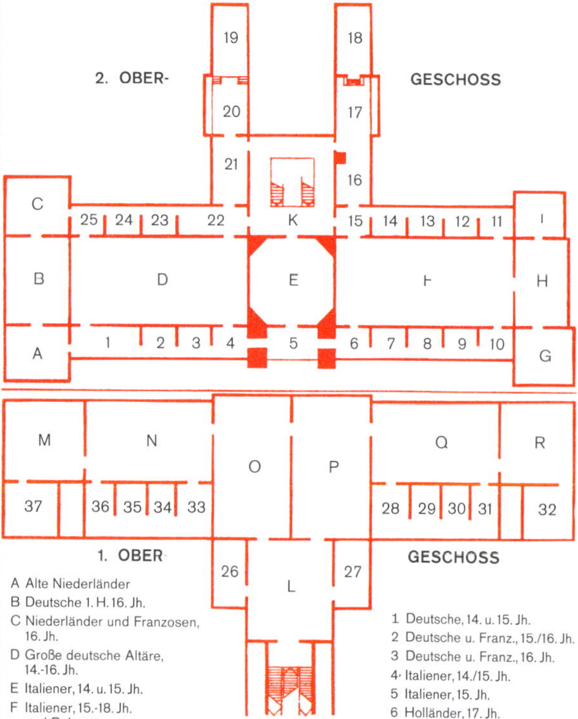

A Alte Niederländer
B Deutsche 1. H. 16. Jh.
C Niederländer und Franzosen, 16. Jh.
D Große deutsche Altäre, 14.-16. Jh.
E Italiener, 14. u. 15. Jh.
F Italiener, 15.-18. Jh. und Rubens
G Europ. Barockmalerei
H Italiener, 15.-18. Jh.
I Holländer, 17. Jh.
K Treppenhaus Gemälde + Plastiken 20. Jh.
L Deutsche, spätes 18. u. frühes 19. Jahrhundert
M Europ. Kunst um 1900
N Franzosen, 19. u. 20. Jh.
O Deutsche, 19. Jahrhundert
P Deutsche, Belgier, 19. u. 20. Jahrhundert
Q Deutsche, 20. Jahrhundert
R Deutsche u. a., 20. Jh.

1 Deutsche, 14. u. 15. Jh.
2 Deutsche u. Franz., 15./16. Jh.
3 Deutsche u. Franz., 16. Jh.
4 Italiener, 14./15. Jh.
5 Italiener, 15. Jh.
6 Holländer, 17. Jh.
7 Flamen, 17. Jh.
8–15 Holländer, 17. Jh.
16–17 Deutsche, 18. Jh.
18 Europ. Maler, 18. Jh.
19 Elsheimer u. s. Kreis
20 Lingelbach
21 Holzhausenbildnisse
22–25 Deutsche, 16.-18. Jh.
26 Deutsche, frühes 19. Jh.
27 Deutsche, 19. Jh.
28–32 Europ. Maler, 20. Jh.
33–35 Frankf. Maler, 19. Jh.
36 Europ. Maler, 19. Jh.
37 Schweizer Maler, 19/20. Jh.

Kart. Inst. G. Schiffner, Lahr/Schwarzwald

DEUTSCHE DES 19. JAHRHUNDERTS: *Blechen*, Park von Terni; *Böcklin*, *Fanny Janauschek; *Feuerbach*, Lucrezia Borgia; *Fohr*, *Wasserfälle von Tivoli; *Friedrich*, Gebirgslandschaft; *Fries*, Italien. Gebirge; *Hackert*, Blick auf Rom; *Kobell*, Morgen am Tegernsee; *Koch*, Dankopfer Noahs; *Leibl*, *Das ungleiche Paar; *Marées*, Zwei sitzende Kinder; *Menzel*, Alter Park; *Overbeck*, Triumph der Religion; *Pforr*, Der Graf von Habsburg; *Richter*, Gewitter am Monte Serone; *Spitzweg*, Der Witwer; *Schwind*, Donaubrücke; *Thoma*, Die "Oed" (2 Fassungen); *Tischbein*, *Goethe in der Campagna; *Trübner*, Dame in Violett; *Veit*, *Freifrau von Bernus, Einführung der Künste (Fresko); *Waldmüller*, Österr. Landschaft; Frankfurter Malerei des 19. Jahrhunderts (u.a. Eysen, V. Müller, Scholderer, Thoma).

DEUTSCHER IMPRESSIONISMUS UND EXPRESSIONISTEN: *Beckmann* (1917–33 Lehrer an der Städelschule), *Synagoge, Saxophone, Zirkuswagen; *Corinth*, Carmencita, Walchenseelandschaft; *Dix*, Familienbild; *Feininger*, Dorfteich von Gelmeroda; *Kirchner*, *Nackte Frau im Hut, Frauen am Waschbecken, *Handorgler in Mondnacht, Das Leben (Wandteppich); *Klee*, Blick ins Fruchtland; *Liebermann*, *Waisenhaushof in Amsterdam; *Macke*, Zwei Mädchen; *Marc*, Weißer Hund; *O. Müller*, Adam und Eva; *Nay*, Rotklang; *Nolde*, Christus in der Vorhölle; *Uhde*, Christus in Emmaus.

FRANZOSEN, 19.–20. JAHRHUNDERT: *Cézanne*, Landschaft; *Corot*, Italienerin; *Courbet*, Die Woge; *Daubigny*, Obstgarten; *Degas*, *Orchestermusiker; *Delacroix*, Arabisches Reiterspiel; *Léger*, Die Fischer; *Manet*, *Croquetpartie; *Matisse*, Stilleben; *Monet*, *Das Frühstück; *Picasso*, Fernande Olivier; *Redon*, Christus und die Samariterin; *Renoir*, *Nach dem Frühstück; *Rousseau*, Die Allee.

BILDWERKE, 20. JAHRHUNDERT: *Calder*, "Rote Lilie" (Mobile); *Chillida*, Traumamboß Nr. 7; *Despiau*, Eva; *E. L. Kirchner*, Weibl. Akt; *Laurens*, Frauenkopf; *Lehmbruck*, *Sitzender Jüngling; *Maillol*, Frau des Künstlers; *Picasso*, Frauenkopf; *Rodin*, Eva; *Stadler*, Stehende; Kleinplastiken von Daumier, Degas, Maillol und Renoir.

Das **Graphische Kabinett** enthält etwa 25 000 Zeichnungen und 65 000 graphische Arbeiten. Unter den Zeichnungen sind hervorzuheben: die altdeutschen Meister, besonders *Dürer;* Zeichnungen von *Elsheimer;* die niederländischen Meister vom 15.–17. Jh. *(van Eyck, Breughel, Rembrandt, Rubens* u. a.) sowie französische Zeichnungen des 18. Jahrhunderts *(Watteau, Boucher, Fragonard);* die großen italienischen Meister sind vom 15.–18. Jh. mit wertvollen Blättern zu finden. Unter den Deutschen, des 17.–19. Jh. sind besonders gut vertreten: *Maria Sibylla Merian, Johann Heinrich Roos, Daniel Chodowiecki, Georg Melchior Kraus* und die *Romantiker.* – Bei der DRUCKGRAPHIK seien die Arbeiten von Schongauer, Dürer und Rembrandt hervorgehoben. Eine umfangreiche Sammlung *expressionistischer Graphik* bildet den Grundstock zu einer Sammlung moderner Graphik.

Das ***Liebieghaus** (D 8), Schaumainkai 71, ist ein Museum alter Plastik, das die Entwicklung der Bildhauerkunst bei den Kulturvölkern an hervorragenden und charakteristischen Werken zeigt. Mehr als 2 000 Werke besitzt das Museum, die meisten von hoher und höchster Qualität, von denen etwa 1 500 ausgestellt sind. Die 1896 erbaute, turmgekrönte Villa des Industriel-

Bärbele von Ottenheim

len Baron von Liebieg wurde 1907 von der Stadt erworben, 1909 durch einen einfacheren Anbau ergänzt und für die Skulpturen der STÄDTISCHEN GALERIE hergerichtet, die auf 25 Räume in drei Stockwerken verteilt sind. Es bleibt zu hoffen, daß die Bildwerke eines Tages durch einen Anbau geeignetere Räume erhalten, als sie das Liebieghaus bei allem Geschick in der Aufstellung heute bieten kann. Wir nennen einige Hauptwerke. Eintr. s. S. 22.

GARTENSKULPTUREN: *Justitia,* Bronze, um 1600; *Hl. Antonius,* Kalkstein, 17. Jh.; *Herkules erschlägt die Hydra,* bronzene Brunnengruppe, um 1725; *Herakles,* Mainsandstein, 18. Jh.; *Weibliche Gewandstatue* und *Weibliche Figur,* beide gelber Mainsandstein, 19. Jahrhundert; *Ariadne* (Dannecker, 1814, Kopie).

ÄGYPTEN. *Reliefs vom Grabmal des Königs Sahure,* um 2500 v. Chr.; *Hoher Beamter,* Sumer, um 2500 v. Chr.; *Kopf eines Mannes,* um 1800 v. Chr.; *Granitstatue der Göttin Sachmed,* um 1400 v. Chr.

OSTASIEN. *Kopf des Ti-Tsang,* China, 7. Jh.; *Gesatteltes Pferd,* China, 8. Jh.; *Kopf eines Buddha,* Kambodscha, 11./12. Jh.; *Kopf eines Buddha,* Thailand, 16. Jh.

ANTIKE. ***Athena des Myron,* 1. Jh. n. Chr., Marmor nach griech. Bronze des 5. Jh. v. Chr.; **Löwe mit Stierkopf,* 4. Jh. v. Chr.; *Kopf einer Aphrodite,* 2. Jh. v. Chr.; *Grabbüste,* Palmyra, 3. Jh. n. Chr.; *Kopf Marc Aurels,* n. 161 v. Chr.

DEUTSCHES MITTELALTER. *Thronende Muttergottes,* Koblenz, M. 11. Jh.; *Christus-Johannes-Gruppe,* Oberrhein, um 1330; *Maria Verkündigung,* Steiermark, um 1400; *Vesperbild,* aus Steinberg, gegen 1430; ***Bärbele von Ottenheim,* Kopf, Nic. Gerhaert, 1463; *Prophetenbüste,* Ulm, um 1490; *Heiliger Abt,* Mainfranken, um 1520; *Maria mit Kind,* Riemenschneider, Anf. 16. Jh.

FRANZ. MITTELALTER. *Bischofstorso,* Cluny, Anf. 12. Jh.; **Königskopf,* Isle de France, Ende 12. Jh.; *Maria mit Kind,* Burgund, Mitte 15. Jh.; *Kreuzigungsaltar,* aus Rimini, südl. Niederlande um 1430.

ITALIEN. *Verehrender Engel,* um 1390; *Männliche Büste,* Florenz, 2. H. 15. Jh.; **Mariä Himmelfahrt,* Majolikaaltar, Andr. della Robbia, 15. Jh.; *Maria mit Kind,* Venezien, Ende 15. Jh.

BAROCK / ROKOKO: *Mademoiselle Servat,* I. A. Houdon; *Ölbergfiguren,* Terrakotta, Chr. Wenzinger; *Beweinung Christi,* Relief, P. Egell; *Anbetender Engel,* Ignaz Günther.

V. IM UMKREIS DER CITY

Im Umkreis der City liegen die Stadtteile Bahnhofsviertel, Westend, Nordend und Ostend. Die innere Grenze bilden die Wallanlagen, die äußere Grenze der große, etwa 8 km lange Alleenring (auch Buslinie), der seit ca. 1890 den Hauptbahnhof mit dem Ostbahnhof verbindet.

Besucherziele im *Bahnhofsviertel* sind die brisanten Vergnügungsstätten und das Messegelände. Im *Westend* findet man die vielumkämpften großbürgerlichen *Villen*, das *Senckenbergmuseum*, die *Universität*, den *Palmengarten* und den *Grüneburgpark*. Im Zentrum des *Nordend* liegt das reizvolle *Holzhausenschlößchen* mit dem Vorgeschichtsmuseum und – schon jenseits des Alleenringes – der *Hessische Rundfunk* und der *Hauptfriedhof* mit den Grabstätten berühmter Leute. Im Herzen vom *Ostend* findet man den *Zoologischen Garten*, an seinem Rand den *Ostpark* und am Main die *Großmarkthalle* und den gewaltigen *Osthafen*.

17. Bahnhofsviertel. Friedrich-Ebert-Anlage. Messegelände

Das **Bahnhofs-Viertel** liegt zwischen Anlagenring und Hauptbahnhof, im Süden vom Untermainkai, im Norden von der Mainzer Landstraße begrenzt. Es entstand 1888–98 auf den Gleisfeldern der drei alten Bahnhöfe (Taunus-, Main-Neckar-, Main/Weser-Bhf.) als der neue Hauptbahnhof 500 m weiter nach Westen herausgerückt war. Charakteristisch sind die rechtwinklig verlaufenden Straßen, die dichte Bebauung, die große Ausnutzung der Gebäude. Knapp 20% der Häuser enthalten Wohnungen und nur etwa 3 800 Menschen wohnen hier in meist unzulänglichen Wohnungen, davon rund 75 % Ausländer, während über 30 000 Menschen hier arbeiten. Es herrscht ein intensives Geschäfts- und Vergnügungsleben.

Im Bahnhofsviertel haben die meisten Reisebüros und Luftfahrtgesellschaften ihren Sitz, viele interessante Läden; die Kinos haben sich alle halten können, die Zahl der Nachtlokale ist Legion. Zwei Drittel aller Frankfurter 'Schönen der Nacht' arbeiten hier, die Aushängefotos der Vergnügungsstätten passen mitunter besser in anatomische Lehrbücher. Über 1 500 weibliche und ca. 30 männliche Prostituierte sind in Frankfurt registriert. Sie arbeiten zumeist in einem der 26 Eros-Center, in Absteigen und Saunen; der malerische Straßenstrich aus 'Nitribitt's Zeiten' ist verschwunden. Zum Reichstag von 1394 kamen laut Chronik auch schon 800 leichte Mädchen angereist.

Als historisch-kulturell wertvolles Baudetail Frankfurts soll das Bahnhofsviertel, das nur zu 30% zerstört war, nicht durch neue Bürohäuser in seiner 'funktionalen Durchmischung' gestört werden, sonden bleiben, was es ist.

Die Kaiserstraße, die 30 m breite Ostwestachse des Viertels, ist zwischen Moselstraße und Bahnhof Fußgängerboulevard. Sie gilt baulich heute für das Beste, was Frankfurt in seiner preußischen Zeit geschaffen hat. Die Skulpturen und Plastiken im historischen Pathos der Gründerzeit werden heute wieder hoch geschätzt, während man vor 50 Jahren noch glatte Fassaden im Bauhausstil an ihre Stelle setzen wollte. Auch den alten Namen haben die Frankfurter 1955 wieder durchgesetzt, sodaß der 1949 eingeführte Name 'Friedrich-Ebert-Straße' wieder verschwunden ist. Bei näherer Betrachtung erweist sich der Schmuck als stark preußisch, Kaiser Wilhelm, Moltke, Bismarck, die Germania, Adler, Wappen beherrschen die Fassaden, Zeugen eines einheitlichen Denkens. Die Eckbauten sind abgestumpft und tragen Türmchen. Die nur 24 m breiten Parallel- und Querstraßen des Nordteiles heißen nach den Flüssen Mosel, Elbe, Weser, Neckar, Nidda. In ihnen tobt das Vergnügungsleben. Kontrastierend zu den Gründerzeitfassaden der Neubau der Dresdner Bank (s. S. 111) am Jürgen-Ponto-Platz, der von einem Mosaikbrunnen geziert wird. Die schmale Nidda-Straße ist Sitz des Rauchwarenhandels, so wie es in Leipzig der 'Brühl' war, die Hälfte aller pelzverarbeitenden Betriebe konzentriert sich hier. Ecke Taunusanlage das Geschäftshaus der 1849 gegründeten *Philipp Holzmann AG*, einem der größten Bauunternehmen in Europa.

Die Münchener Straße ist noch wesentlich Wohnstraße, aber auch seit gut 50 Jahren Standort von *Maier Gustl's Bayrisch Zell*, Frankfurts größtem Bierausschank.

In der Gutleutstraße, die einst zum Spital 'Gutleuthof' führte, ist 1956 die **Weißfrauenkirche** wiedererstanden. Das Kloster der Weißfrauen oder Reuerinnen stand vom 13. Jh. an in der Weißfrauenstraße der Innenstadt, wo die Kirche 1944 zerstört wurde. Die gewölbte Front besteht aus Schichten hellen und dunklen Steins, daran ein kupferner Engel, davor der hohe, freistehende Glockenträger. Seitlich vier Grabsteine aus der alten Kirche. Der Kirchenraum, der über dem Gemeindesaal liegt, hat einen parabelförmigen Grundriß. Unter den farbigen Rundfenstern zu den Altarseiten 'Aufsteigender Christus' und 'Niederfahrender Engel' (H. Lander).

Am Westende der parallelen Wilhelm-Leuschner-Straße eine Gruppe von Hochhäusern: *IBM-Deutschland/Niederlassung Frankfurt* mit Brunnenhof und Metallplastik, das 1970 erbaute *Hotel Intercontinental* mit 1500 Betten in 17 Geschossen, dem Nobelrestaurant, Rotisserie und Dachgarten. Daneben, Ecke Wiesenhüttenstraße, der Sitz der *DG Bank*, des Spitzeninstituts der Volksbanken, Raiffeisenbanken. Etwa 800 Menschen arbeiten in dem 90 m hohen, gut gestalteten Büroturm (1974–78), im Foyer, die Glasfassade nach außen durchstoßend, eine Stahlbaum-Plastik von Bernd Rosenheim. Das 1925 von Max Taut erbaute *Gewerkschaftshaus* war Frankfurts erstes Hochhaus. 1953 kamen hinzu eine Gewerkschaftsschule, ein Saalbau, ein Bürotrakt.

Der halbrunde Platz Am Hauptbahnhof ist 1972–75 neu gestaltet und mit Bäumen bepflanzt worden, die Arbeiten am neuen S- und U-Bahnhof unter ihm dauerten bis 1978. Von den architektonisch guten alten Bauten an ihm stehen nur noch der Englische Hof (Nr. 10) und der Merkurbau (Nr. 12). Bis 1808 lag auf diesem Gelände das Galgenfeld.

Der **Hauptbahnhof** (C 7), 1883–88 erbaut, hat ein 220 m breites Hauptgebäude, gebildet aus fünf überdeckten Tonnengewölben. Die vorgeschobene Mittelhalle trägt oben eine große kupferne *Weltkugel,* die Atlas und die Figuren Dampf und Elektrizität zeigen (Herold). Architekt dieses imponierenden Baues, der seitdem an Größe nur vom Leipziger Hauptbahnhof (1902–13) übertroffen worden ist, war Heinrich Eggert, der bildnerische Schmuck stammt von Calandrelli, Hundrieser, Kaupert u. anderen. 1924 ist er vergrößert, 1970–74 erneuert worden und steht jetzt auch unter Denkmalschutz. Der Hauptbahnhof ersetzte s. Zt. vier Kopfbahnhöfe, von denen drei am Anlagenring lagen, während der Ostbahnhof mittels zweier Mainbrücken angeschlossen war. Unter dem Nordflügel wurde ein 50 m breiter *Tiefbahnhof* für die Kreuzung von U- und S-Bahn angelegt sowie eine großzügige Einkaufspassage, deren Geschäfte auch abends und an Sonn- u. Feiertagen geöffnet sind. Die Fassade hat jetzt ein Stahlbetonskelett, aber der 64 Zentner schwere steinerne Frankfurter Wappenadler krönt wieder den First.

An den 24 Gleisen verkehren täglich mehr als 1 000 Züge, viele davon mit klangvollen Namen wie Donaukurier, Rheinpfeil, Komet, Konsul, Schauinsland, Münchner Kindl, Gambrinus, Hispania, Italia usw. Das Gleisbildstellwerk ist eines der modernsten und steuert 600 Weichen. 200 000 Reisende passieren täglich die Hallen, davon morgens und abends 80 000.

Die Friedrich-Ebert-Anlage (B 5) verbindet das Bahnhofsviertel mit dem Messegelände und dem Universitätsviertel. Sie beginnt mit dem Verkehrskreisel Platz der Republik (C 6). An ihm steht das 1971–75 aufgeführte, dunkel gefärbte *City-Hochhaus,* ein 140 m hoher Bürobau von 41 Geschossen mit einem Kernbau und zwei Flügeln, entworfen von Krahn und Heil. Ali Selmi, ein persischer Bankier und Unternehmer, war der Bauherr dieses drittgrößten Stahlbetonbaues in Europa. Südlich gegenüber liegt das 1911–14 erbaute *Polizeipräsidium,* das mehrere Antennen trägt und ein 'Kriminalmuseum' (Lehrschau) besitzt.

An der Ecke zur Hohenstaufenstraße die *Matthäuskirche* (1953–56), ein roter Bau mit hohem Turm, der mit 1 200 Plätzen Frankfurts größte protestantische Kirche ist. Ihren nach dem Wiederaufbau höher gelegten Kirchenraum beherrscht ein riesiges Christusrelief von Mettel, die Glasgemälde stammen von Meistermann. Abends zeitweise geöffnet. – Nördlich gegenüber, mit weißen glatten Wänden, das *Goethe-Gymnasium,* ein Neubau von 1962. Es setzt die Tradition des 'Gymnasium Francofortanum' fort, dessen Schüler Goethe war.

Die Anlage wird nun zunehmend breiter. Die Südseite beherrschen Hochhäuser der Deutschen Bundesbahn: die *Bundesbahndirektion* (1952), die *Bundesbahn-Hauptverwaltung* mit Hochhaus von 1953, in dem auch der Vorstand der Bundesbahn und ihr 1. Präsident arbeiten. Die DB unterhält 10 regionale Direktionen im Bundesgebiet.

Die Grünanlage endet an einem *Weiher.* Auf seiner Ostseite die *Oberpostdirektion,* ein stattlicher Sandsteinbau von 1905, auf dessen geschwungener Fassade zwei Adler in Ruheposition sitzen. – Am Westende der Anlage erhebt sich Deutschlands zweithöchster Bau, das Hotel- und Bürohaus **Frankfurt Towers,** das aus drei parallelen Scheiben besteht, von denen die mittlere mit ihren 46 Geschossen 162 m hoch ist. In den Basisgeschossen liegen die Hotelhalle, zwei Speiserestaurants ("Bäckerei"; "Geheimratsstuben"), Konferenzräume, Läden, darüber 21 Bürogeschosse und oben 21 Hotelgeschosse. Die Außenwände sind aus getöntem Glas und Aluminium, mit Schmuckblöcken aus Bronze und Aluminium darin. Architekt Siegfried Hoyer, Hotelier die Canadian Pacific in Toronto, Bauherr war die 'Neue Heimat' in Hamburg.

Am Weiher steht seit 1954 der **Merkurbrunnen** von Hugo Lederer (1916): Merkur über einen Sockel von Schafsköpfen hinwegschreitend, in der Hand einen Geldbeutel. Stifter waren die Söhne des Bankiers Ludwig Arnold Hahn, Standort war ursprünglich der Theaterplatz.

Das **Messe- und Ausstellungsgelände** (A 5). – Frankfurt am Main gehört dank seiner verkehrsgünstigen Lage zu den ältesten europäischen Handelsplätzen nördlich der Alpen und heute zu den bedeutendsten Messeplätzen der Welt. Jährlich kommen 1–2 Mio Menschen zu den verschiedenen Frankfurter Messen. Im Jahresdurchschnitt sind es 14 Messen, die zusammen 60–70 Tage dauern, sodaß jeder siebente Tag in Frankfurt ein Messetag ist. Ein Drittel aller Übernachtungen in Frankfurt entfallen auf Aussteller und Besucher der Messen.

GESCHICHTE. Die alten *Frankfurter Reichsmessen* gehen schon auf das 11. Jh. zurück und sind aus einem Fruchtmarkt entstanden. Seitdem Kaiser Ludwig der Bayer 1330 das bisherige Privileg zur jährlich zweimaligen Messeveranstaltung erweitert hatte, war Frankfurt durch Jahrhunderte die Messestadt des Deutschen Reiches. Ulrich von Hutten schrieb über Frankfurt 1510: "Weither suchen die Völker sie auf und wandern die Menschen, denn für die Waren der Welt ist

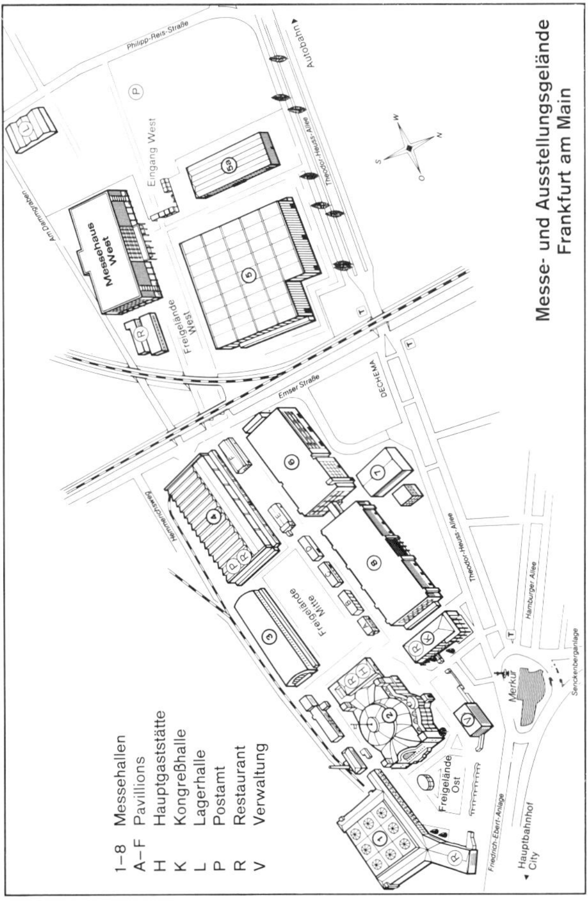

sie der wimmelnde Markt." Erst Ende des 18. Jh. wurde es von seinem führenden Platz durch Leipzig verdrängt, das mit dem Aufstreben Preußens und Sachsens geistige und materielle Kräfte an sich zu ziehen vermochte, wogegen Frankfurt, in Nähe Frankreichs und des Kulturzentrums Paris gelegen, von Kleinstaaten umringt war. Die

Tradition der allgemeinen Mustermessen ist in Frankfurt seit 1919 wieder aufgelebt und wurde 1948 neu aufgenommen. In früheren Jahrhunderten waren der Römerberg und namentlich die beiden Römerhallen das Zentrum der Messen.

Jedes Jahr finden statt:

JANUAR:	Heimtextil – Internationale Fachmesse für Heim- und Haustextilien.
FEBRUAR:	Musikmesse Frankfurt – Internationale Fachmesse Musikinstrumente, Zubehör, Musikverlage.
FEBR./MÄRZ:	Internationale Frankfurter Messe – Fachmesse für Konsumgüter.
APRIL:	Internationale Pelzmesse – Pelzfelle und Pelzbekleidung.
MAI:	Interstoff – Fachmesse für modische Bekleidungsstoffe
SEPTEMBER:	Internationale Frankfurter Messe – Fachmesse für Konsumgüter.
OKTOBER:	Frankfurter Buchmesse – Fachmesse der Verlage aus aller Welt.
NOVEMBER:	Interstoff.

alle zwei Jahre finden statt:

IAA	Internationale Automobil-Ausstellung
automechanika	
	Fachmesse für Ausrüstung von Auto-Werkstätten und Tankstellen, Auto-Ersatzteile und -Zubehör.
ISH	Internationale Fachmesse Sanitär Heizung Klima.

Alle drei Jahre finden statt:

IFFA	Internationale Fleischwirtschaftliche Fachmesse – Ausrüstungen und Bedarf für die Fleischverarbeitung.
ACHEMA	Ausstellungstagung für chemisches Apparatewesen.

Alle vier Jahre oder in größeren Abständen finden statt:

Internationale Landwirtschaftsausstellung der DLG
IWC Internationale Fachmesse Wäscherei Chemischreinigung
IKA Internationale Kochkunstausstellung.

Die **Frankfurter Buchmesse.** Nachdem Gutenberg 1440 im nahegelegenen Mainz die Buchdruckerkunst erfunden hatte, nahmen die ersten Bibeldrucke, Voraussetzung für die spätere Verbreitung des Lesens, vom rhein-mainischen Raum aus ihren Weg durch Europa. Der vom Papst geförderte Türkenkalender wurde 1455 von Gutenberg in Frankfurt gedruckt. Bereits um 1470 begründeten die Drucker Peter Schöffer und Konrad Henkis die Frankfurter Buchmesse, zunächst als einen Teil der alljährlichen Oster- und Herbstmesse. Schon achtzig Jahre später galt Frankfurt als der zentrale Büchermarkt ganz Europas. Die ab 1564 regelmäßig erschienenen Messekataloge zur Herbst- und Ostermesse geben ein beinahe lückenloses Bild der gesamten damaligen Buchproduktion. Von 1610–30 hatten die Frankfurter Verlage den ausgedehntesten Kundenkreis. Während des 17. Jh. blieb Frankfurt trotz aller politischen Wirren als Gelehrtenmesse Treffpunkt für das geistige Europa. Mit der Gründung der Leipziger Buchhändlerbörse im Jahre 1792 war der Kampf für Leipzig entschieden. Immerhin blieb Frankfurt nach Leipzig der wichtigste Kommissions- und Großsortimentsplatz Deutschlands bis 1870 und hat nach dem zweiten Weltkrieg nun den alten Rang zurückgewonnen.

Das Messegelände – insgesamt knapp 400.000 qm groß – wurde in den Nachkriegsjahren großzügig ausgebaut. An überdachter Ausstellungsfläche in 10 ein- und mehrgeschossigen Hallen (1–9 und Messehaus West) sowie 7 Pavillons (A–F) stehen rund 185 000 qm zur Verfügung, darüber hinaus etwa 25 000 qm an Freiflächen. Traditionsreichste Halle ist der große Kuppelbau der *Festhalle* (2), der 1907–08 von Thiersch erbaut wurde und der sowohl für Messen und Ausstellungen als auch für andere Veranstaltungen – bis zu 18 000 Personen – dienen kann. Für Veranstaltungen bis 2 000 Menschen gibt es außerdem die *Kongreßhalle* (K). Alle anderen Bauten sind erst nach 1948 entstanden, die modernsten sind die seit 1967 erbauten Hallen 5, 6, 8 und das *Messehaus West*, auf die rd. zwei Drittel der verfügbaren Hallenfläche entfallen. Alle Hallen sind universell, d.h. für alle Arten von Ausstellungsgütern verwendbar, sodaß die Voraussetzungen für die Vielfalt der Frankfurter Messe- und Ausstellungs-Programme von vornherein gegeben ist. Weitere Bauten werden bis 1985 errichtet.

Die *Messe- und Ausstellungs-Gesellschaft mbH* ist Eigentümerin des Geländes. Sie beschäftigt ständig fast 200 Menschen; während der Messen sind zusätzlich mehrere hundert Hilfskräfte tätig. Auf dem Messegelände sind bis zu 3 Sonderpostämter, ein Zollamt, mehrere Bankfilialen, Polizei-, Feuer- und Sanitätswachen, ein Kindergarten eingerichtet; in Restaurants stehen mehr als 5000 Plätze zur Verfügung. Pendelbusse verkehren zwischen den Hallen und zu den Parkplätzen in Messenähe.

18. Westend, Grüneburgpark. Palmengarten

Das **Westend** ist ein großbürgerliches Wohngebiet mit heute 24 000 Einwohnern, das in der 2. Hälfte des 19. Jh. nordwestlich der Innenstadt entstand. Die vielfach in schönen Gärten gelegenen Villen und Mietshäuser hatten sich bis zum 2. Weltkrieg als citynahes Wohngebiet erhalten, sind im letzten Jahrzehnt aber zunehmend von gewinnbringenderen Bürohochhäusern und Appartementhäusern in Anspruch genommen worden, die von den Rändern her die Struktur zu zerstören begannen. Bürgerwiderstand hat diese Entwicklung nun beschränkt, fast 200 Häuser sind bereits unter Denkmalschutz gestellt, der gezielte Verfall gebremst, alte Bauten gewinnen durch farbige Behandlung wieder Lebensfrische. Von 340 begutachteten Häusern erielten schon 30 Ehrenplaketten für gute Wiederherstellung. Im Westend gibt es fünf Schulen und sechs Kirchen; zwei Altenwohnheime und der "Historische Pferdestall" wurde zum Bürgertreff eingerichtet.

Die leicht geschwungene Bockenheimer Landstraße, die das Westend I im Süden vom Westend II im Norden scheidet, ist die alte Verbindung zwischen Frankfurt und dem einstigen Dorf Bockenheim und war bis ins 20. Jh. die Straße der Millionäre. Die 1,6 km lange Kastanienallee war bis zum Beginn der U-Bahnbauarbeiten eine der schönsten Straßen der Stadt. Die vielen Hochhäuser in- und ausländischer Banken, Versicherungen und Industriefirmen haben die alten Landhäuser der Rothschild, Gerson, Gontard, Adlerflycht usw. verdrängt. Läden gibt es nur wenige, hingegen ein Hotel und das 'Café Laumer'. Gegenüber an der Einmündung Wiesenau eine altfrankfurter Brunnensäule von 1800.

An der Südseite seien erwähnt: die *Handwerkskammer* (Nr. 21), die etwa 22 000 Betriebe betreut; die *Villa May* (Nr. 31), ein Beispiel des Frankfurter Spätklassizismus (1870), heute Postamt; das 1979 erneuerte *Café Laumer,* ein altes Eckhaus; das neue *Rhein-Main-Center* (Nr. 51/53), ein Hochhaus für ausländische Banken; das klassizistische Haus der *BN-Bank* (Burgard + Nottebohm AG), davor ein Floriansbrunnen (1925); die *Industriegewerkschaft Bau, Steine, Erden* in einem langen Baublock (Nr. 73).

Auf der Nordseite macht den Anfang eine imponierende Gruppe von fünf Hochhäusern, die in den Rothschildpark hineingebaut wurden, nachdem die Villa Rothschild selbst von Bomben zerstört war. An der Ecke steht das blau-weiße *Zürichhaus,* Sitz der gleichnamigen Versicherung, daneben die *BHF-Bank* (Berliner Handels- und Frankfurter Bank; Nr. 16), dann in einem Glas- und Stahlbau von 20 Geschossen die *Hochtief AG* (Nr. 24), entworfen von Egon Eiermann. Weiterhin folgt die *Lurgi Kohle und Mineralölgesellschaft* (Nr. 38/40). Im Park des Hauses der Lurgie GmbH (Nr. 42) erinnert die Bronzefigur eines stehenden Jünglings an Hölderlin; ihre Haltung soll 'Annahme des Schicksals' bekunden (Mettel, 1957). Jenes Palais Gontard, in dem Hölderlin als Hauslehrer sich in Susette Gontard verliebte, lag aber am Gr. Hirschgraben. Nach der Kreuzung mit dem Alleenring endet die Straße an der kleinen, leuchtend rot gestrichenen *Bockenheimer Warte,* Vorposten Frankfurts seit 1435 (vgl. S. 180, 191).

Das WESTEND I wird im Südosten begrenzt von der Mainzer Landstraße, Standort zahlreicher Banken, darunter der zweitürmige Verwaltungsbau der Deutschen Bank (157 m) der 1983 fertiggestellt sein wird (s. S. 112), im Westen von der Friedr.-Ebert- und der Senckenberg-Anlage, von der aus die Universitätsinstitute in das Viertel vorgedrungen sind. Eine wichtige Ostwestachse ist der Kettenhofweg. An der Kreuzung mit der Niedenau bilden drei farbig behandelte Villen ein gutes Beispiel für den neuen Trend in diesem Viertel. An der Ulmenstraße wurde das *Livingston'sche Stallgebäude* (1880) als Café und Bürgertreff hergerichtet. Von den vier

Plätzen Guiollett-, Westend-, Bettina- und Beethovenplatz ist dieser noch am ursprünglichsten. In seiner Mitte steht die *Christuskirche* (ökumenisches Zentrum), in der Savignystraße die große neugotische *St. Antoniuskirche* mit hohem Turm, nunmehr in Gesellschaft der 'Bank of America' und eines großen Parkhauses. In der Schubertstr. 20 das *Heinrich-Hoffmann-Museum*, das dem Arzt und Schöpfer des "Struwwelpeter" gewidmet ist.

Das WESTEND II reicht im Osten bis zur Eschersheimer Landstraße, im Norden bilden Fürstenberger Straße und Grüneburgweg die Grenze, im Westen der Palmengarten. Die alte Struktur ist noch recht gut erhalten. Die Amerikaner sind hier stark vertreten durch das Generalkonsulat, das Amerikahaus und ihr Hauptquartier im IG-Hochhaus (s. S. 142). Eine Verkehrsachse nach Norden bildet der Reuterweg. Seinen Anfang beherrscht als riesiger schwarz-weißer Pfeiler mit 25 Stockwerken die *Genossenschaftliche Zentralbank*. In dem nun kleingewordenen **Rothschildpark** dahinter steht eines der schönsten Kunstwerke Frankfurts, der **Ring der Statuen* von Georg Kolbe. Zwischen 14 steinernen Pfeilern sind im Kreis sieben Bronzefiguren angeordnet: Junges Weib, Hüterin, Auserwählte, Amazone (ausgeführt 1939–41); Stehender Jüngling, Sinnender, Herabschreitender (ausgeführt 1945–48). – Im *Haus der Metallgesellschaft*, östlich gegenüber vom Rothschildpark, hatte sich im März 1945 die amerikanische Militärregierung für Deutschland etabliert.

Am Nordende des Rothschildparkes, Staufenstraße 1, steht das 1957 erbaute, 1975 modernisierte **Amerika-Haus** mit Auditorium für Seminare, Vorträge, Konzerte und Filme. Seine Bibliothek, eine der sieben in der Bundesrepublik, umfaßt ca. 30 000 Sachbücher zu fünf Themenkreisen und 400 Zeitschriften. Kostenlose Entleihung. – Am Gärtnerweg, östlich etwa gegenüber, die kath. *St. Ignatiuskirche*, ein guter Rundbau in Beton, mit angebautem Glockenturm (1964).

Im Zentrum des Viertels liegt der kleine Altkönigplatz und nahebei an der Freiherr-vom-Stein-Straße steht seit 1911 die große *Westendsynagoge* (vgl. S. 103), ein Kuppelbau in maurischen Formen, mit einem Löwenbrunnen im Hof und Löwenmedaillons in den Giebeln. Das 1938 demolierte Innere dieser jetzt größten Synagoge der Bundesrepublik wurde 1950 neu gestaltet. Die jüdische Gemeinde Frankfurts, einst 30 000, hat jetzt etwa 5 000 Mitglieder.

Von der Bockenheimer Landstraße zum Grüneburgpark führt die Siesmayer-Straße, an der noch einige schöne Villen der 90er

Jahre stehen. Nr. 12, mit Säulenportikus und Vasenbekrönung, war einst die Villa Born (1896) und ist heute Sitz der 1919 gegründeten, einflußreichen *Frankfurter Gesellschaft für Handel, Industrie und Wissenschaft;* in ihr wurde die erste Autobahn (Hafraba) geplant und die erste Fernsehübertragung vom Feldberg empfangen. Ihr gegenüber steht das **Amerikanische Generalkonsulat,** das mit Abstand das größte in der Welt ist. Der langgestreckte niedrige Glas- und Stahlbau wurde 1947 errichtet; die Stahlplastik 'Hextopus' im Garten schuf Alexander Calder (1955). Schon seit 1829 gab es einen amerikanischen Konsul in Frankfurt.

Am Grüneburgweg Nr. 95 erinnern Portraitmedaillons daran, daß 1890–94 Heinrich Hoffmann ('Struwwelpeter') und 1894–97 der Opern-Komponist Engelbert Humperdinck ('Hänsel und Gretel') hier gewohnt haben. Diesem Haus gegenüber erhebt sich, Fürstenberger Str. 235, seit 1973 als abschreckendes Beispiel drohender Bauweise und Grundstücksspekulation das leerstehende *Westend-Center,* ein 95 m hoher Büro- und Appartementsilo mit zwei Türmen von 27 und 23 Geschossen und Tiefgaragen für 200 Fahrzeuge.

Der leicht ansteigende ***Grüneburgpark** (29 ha), seit 1937 vollständig im Besitz der Stadt, ist bei Spaziergängern, Hunden und Sportlern gleichermaßen beliebt. Weite Wiesenflächen, Spielplätze für Kinder, ein kleines Café, Gartenschach, ein Trimm-Dich-Pfad sorgen für Abwechslung. Ursprünglich stand hier die 'Grüneburg', ein im 14. Jh. angelegter befestigter Gutshof. 1789–1837 war er im Besitz des Bankiers P. H. v. Bethmann-Metzler, der ihn ausbaute. Auf dem aussichtsreichen, höchsten Punkt erinnert eine schwarze *Holzstele* von Steinbrenner (1971) an den Standort des 1845 erbauten, 1944 zerbombten 'Neuen Palais', das sein Erbauer Amschel Mayer Frhr. v. Rothschild zu einem Treffpunkt der Gesellschaft seiner Zeit gemacht hatte. Von 1880 bis 1903 gewann der Park unter den Händen von Vater und Sohn Siesmayer und J. Veit seine heutige Gestalt als englischer Garten. Der klassizistische *Gartenpavillon* (Café) ist ein Werk von Friedrich Rumpf, das 1964 hierher versetzt wurde. Am Nordende drei Kirchen: die *St. Christophoruskirche* der Episcopal Church (USA), die altkatholische *St. Willibrord-Kirche* und die griechisch-orthodoxe *St. Andreaskirche.*

Den westlichen Teil des Grüneburgparkes nimmt der **Botanische Garten** ein. 1907 angelegt, in den 50ger Jahren an die heutige Stelle verlegt, zeigt er die Pflanzengemeinschaften nach ihren Standortbedingungen. Dünen, Steppenheide, Teichlandschaft, Buchenwald, Heide, Mischwald, Hochmoor und Alpengebiet sind vertreten. Der Garten dient den Forschungsaufgaben der Universität, deren *Biologische Institute* ihre Neubauten am Südrand haben. Eingänge von der Siesmayerstraße und vom Grüneburgpark aus.

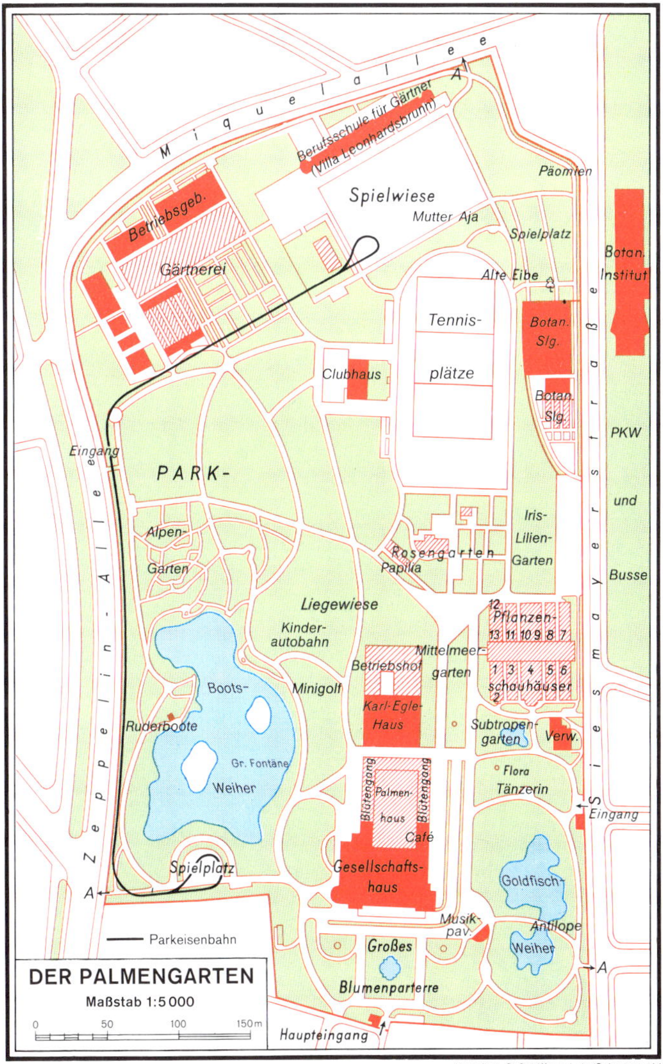

Kart. Inst. G. Schiffner, Lahr/Schwarzwald

Das ***IG-Farben-Hochhaus,** auf dem südöstlichen Parkgebiet, ist eines der edelsten Verwaltungsgebäude unseres Jahrhunderts, 1928–30 von Hans Poelzig für den IG-Farben-Konzern erbaut, aus dem später die Hoechst AG, Bayer-Leverkusen, die BASF, Casella und auch die Leunawerke in der DDR geworden sind. Der leicht geschwungene, 240 m lange Bau, Stahlskelett mit goldbrauner Travertinverkleidung, strahlt sechs Querflügel aus und hat in seinen neun Stockwerken etwa 500 Räume. Wie ein Reif aus Gold ruht das Bauwerk, das im Krieg verschont wurde, im Grün der Landschaft vor den blaugrauen Taunushöhen.

Eisenhower machte es 1945 zum US-Hauptquartier in Deutschland, was es bis 1954 blieb. Seit 1955 ist es Bundesbesitz und Hauptquartier des V. Corps der US-Army und Sitz verschiedener US-Dienststellen. 1975 tauften die Amerikaner es *Creighton W. Abrams Building* nach dem 1974 verstorbenen Oberkommandierenden ihrer Landstreitkräfte, der 1963 hier Befehlshaber des V. Corps war.

Vom IG-Haus bis zur Miquelallee erstreckt sich das Zentrum der Amerikaner in Frankfurt mit Dienststellen militärischer Stäbe, Wohnungen, Kirchen, Schulen und Sportanlagen.

Von der Bockenheimer Landstraße führt die kurze Palmengartenstraße zum Palmengarten. An ihr rechts hat in Nr. 10 das *Deutsche Archäologische Institut,* den Sitz seiner 'Römisch-Germanischen Kommission', die Vor- und Frühgeschichtsforschung betreibt und die Zeitschrift 'Germania' herausgibt. Die Zentrale des Instituts befindet sich in Berlin, weitere Abteilungen sind in Athen, Madrid, Rom, Istanbul, Teheran, Bagdad und Kairo.

Der ***Palmengarten** (B 3; Eintritt s. S. 22), eine Schöpfung des Kunstgärtners Heinrich Siesmayer, ist ein Botanischer Schaugarten mit Blumenbeeten, Rasen- und Wasserflächen, die von Strauch- und Baumgruppen gegliedert und umrahmt sind. Unter den Bäumen sind viele, die durch Alter, Schönheit und als botanische Seltenheiten auffallen. Eingebettet in den Park befinden sich Themengärten und Anlagen für Spiel- und Freizeitbeschäftigung. Hervorzuheben sind: das Blumenparterre am Haupteingang, der Musikgarten mit Sommerblumenrabatten, der Mittelmeer- und Subtropengarten, der Rosengarten und der an diesen anschließende Iris- und Liliengarten. Ein Alpengarten mit vielen immergrünen Gehölzen liegt am großen Weiher. Einjahresblumen sind auf vielen Beeten längs der Wege das ganze Jahr über zu sehen.

Das Freiland weist einige schöne Rhododendron- und Azaleen-Gruppen auf. Schon seit der Gründung sind die tropischen und subtropischen Blatt-, Blüten- und Holzpflanzen die eigentliche Sehenswürdigkeit. Im letzten Jahrzehnt wurde dieser Charakter durch die Aufstellung von großen Palmen im Sommer unterstrichen. Die Tausende verschiedener Pflanzenarten sind im großen Palmenhaus, in den Schaugewächshäusern und in der Botanischen Sammlung (nicht für Besucher) untergebracht. In der Zierpflanzengärtnerei sind gärtnerische Sortimente von Zierpflanzen zu sehen, dort werden auch alle Beet- und Gewächshauspflanzen für Dekorationen und Ausstellungen gezogen, und die Baumschule und Staudengärtnerei befinden sich dort. Besonders erwähnenswert sind die Erica- und Calluna-Sortimente und die Nachzuchten seltener Gehölze.

Der Frankfurter Palmengarten gehört in die Reihe der berühmten Botanischen Gärten Deutschlands (Berlin, Hamburg, Hannover, Köln, München), Europas (Brüssel, Edinburg, Kopenhagen, London, Moskau, Paris) und Amerikas (St. Louis, Miami, New York).

GESCHICHTE: Der Palmengarten verdankt seine Entstehung der Initiative Frankfurter Bürger. Eine von ihnen gegründete Aktiengesellschaft übernahm 1869 die wertvollen Pflanzensammlungen des abgedankten Herzogs Adolf von Nassau aus den Biebricher Wintergärten. Im gleichen Jahr wurde das Gesellschaftshaus mit dem daran anschließenden Palmenhaus und der Blütengalerie errichtet. Der anfänglich 6,5 ha große Park wurde 1884 und 1896/1908 in gleich großen Flächen erweitert, und erreichte dann 1960 nach Angliederung des alten Botanischen Garten seine heutige Größe von 22 ha. 1901/1903 wurde die Gärtnerei, 1905/06 wurden die Pflanzenschauhäuser erstellt. 1929 wurden der Wintergarten und anschließende Räume mit einer neuen Hauptfassade des Gesellschaftshauses erbaut. 1930 ging der Palmengarten in städtischen Besitz über. Die AG wird als ‘Gesellschaft der Freunde des Palmengartens’ fortgeführt. 1953/65 Bau des Westflügels am Gesellschaftshaus und Neubau der Blütengalerie. 1978–81 entstanden Betriebsgebäude, der Eingang Zeppelinallee sowie neue Gewächshäuser für die Botanische Schausammlung. Bis 1985/86 sollen an die Stelle der alten Schauhäuser (Nr. 1–13) zwei zeltförmige Neubauten (Entwurf Blomeier) treten. Erhalten bleibt die denkmalsgeschützte Mittelhalle als neuer Osteingang. Ein Amphitheater und neue Gartenanlagen entstehen auf dem Gelände der Tennisplätze.

GESELLSCHAFTSHAUS. In diesem befinden sich der neu eingerichtete *Festsaal* für Konzerte, Konferenzen, Bälle (1 000 Plätze), der Wintergarten (160 Pl.), der Hochzeitssaal (80 Pl.), das Rosenzimmer (50 Pl.), die Gärtnerstube (180 Pl.) und der Irissaal (180), ein Terrassenrestaurant und Café.

PALMENHAUS. Die *Blütengalerie,* Umgang um das Haus, dient als Ausstellungshalle bei den Wechselausstellungen, die der Palmengarten selbst oder in Verbindung mit Pflanzenliebhaber-Gesellschaften und gärtnerischen Betrieben und Verbänden ausrichtet.

Im *Karl-Egle-Haus* (Nr. 14) neben dem Palmenhaus stellt sich eine subtropische Pflanzengesellschaft dar, die früher oft als “Neuholländer” bezeichnet worden ist. Es sind Pflanzen aus wintergrünen Regengebieten (Mittelmeerraum, Japan, Australien, Südafrika).

PFLANZENSCHAUHÄUSER. In einem einzigen Rundgang wird man durch alle Vegetationsgebiete der Tropen und Subtropen geführt. Mehr als 8 000 Pflanzenarten sind hier vereinigt:

Kakteenhaus

MITTELHALLE. *Tropische Palmen* (Dattelpalme, Fächerpalme), Baumfarne, Bambusarten, Kaffeesträucher, Palmfarne.

HAUS 1: Blütenpflanzen der Tropen.

HAUS 2: Tropische Blattpflanzen, Kannenpflanzen, Moosfarne, Bärlappgewächse.

HAUS 3: *Orchideen der Tropen (Sammlung mit rund 4 500 Arten und Sorten). Die blühenden Pflanzen werden in Vitrinen ausgestellt, die Sammlung ist nicht zugänglich.

HAUS 4: Tropische Wasserpflanzen (Victoria, Nymphaea, Euryale), Mangrovepflanzen, Cocospalmen, Zukkerrohr, Reis, Aquarienpflanzen mit Zierfischen.

HAUS 5: Sukkulente Pflanzen aus Afrika, Madagaskar und den Kanaren.

HAUS 6: Kakteen und Sukkulente Amerikas: Kakteen, darunter Kugel- und Säulenkakteen, Schlangenkakteen (Königin und Prinzessin der Nacht mit Blüten im Juli/August) 1 600 Arten.

HAUS 7: Urwaldhaus.

HAUS 8: Begonien

HAUS 9: Bromelien (Ananasgewächse).

HAUS 10: *vorne* Blütenpflanzen des Warmhauses; *hinten* insektenfangende Pflanzen temperierter Zonen: Sonnentau, Venusfliegenfalle, Schlauchpflanzen, Kobralilie, außerdem Teufelskopf.

HAUS 11: Tropische Nutzpflanzen: u.a. Kakao, Banane, Ingwer, Pfeffer, Avocado, Vanille, Kaffee, Süßkartoffel und Marantengewächse.

HAUS 12: Sukkulente Pflanzen aus Trockengebieten, wie "Lebende Steine".

HAUS 13: Blütenpflanzen des Kalthauses (Alpenveilchen, Primeln, Cinerarien, Pantoffelblumen, Fuchsien, Edelpelargonien usw.

HAUS 14: (siehe Karl-Egle-Haus).

ZIERPFLANZENGÄRTNEREI: Diese ist während der Arbeitszeit jederzeit zu besichtigen und beherbergt das gesamte gärtnerische Sortiment an Blatt- und Blütenpflanzen, wie es heute kaum mehr in einer Handelsgärtnerei zu sehen ist. Samenaussaat, Stecklingsvermehrung, Zwiebel- und Gehölztreiberei sind sehenswerte Arbeiten.

Die VILLA LEONHARDSBRUNN (1981 restauriert), in der sich heute die 'Berufsschule für Gärtner und Floristen' befindet, ist um 1840 von dem verdienten Gartenbauunternehmer Friedrich Grüneberg (1813–93) erbaut worden. Die Gewächshäuser zeigen Gebirgspflanzen.

GARTENPLASTIKEN: 1. *Antilope,* Bronze, C. Wagner, 1930. – 2. *Flora,* Bronze, R. Petraschke, 1930. – 3. *Frau Aja,* Goethes Mutter, Kalkstein, Kowaldschek, 1930. Goethes Vater hatte an dieser Stelle eine Baumwiese mit Obstbäumen. – 4. *Junge mit Fischen,* A. Haag, 1933. – 5. *Panther,* Stein, P. Kratz, 1930. – 6. *Papilia,* Bronze, H. Saalig, 1969. – 7. *Perseus und Andromeda,* Marmor, G. Kaupert, 1890. – 8. *Spielende Panther,* Schiefer, Prack, 1930. – 9. *Tänzerin,* Bronze, Funke, 1900. – 10. *Zwei Löwen,* früher vor dem Ariadneum, um 1812.

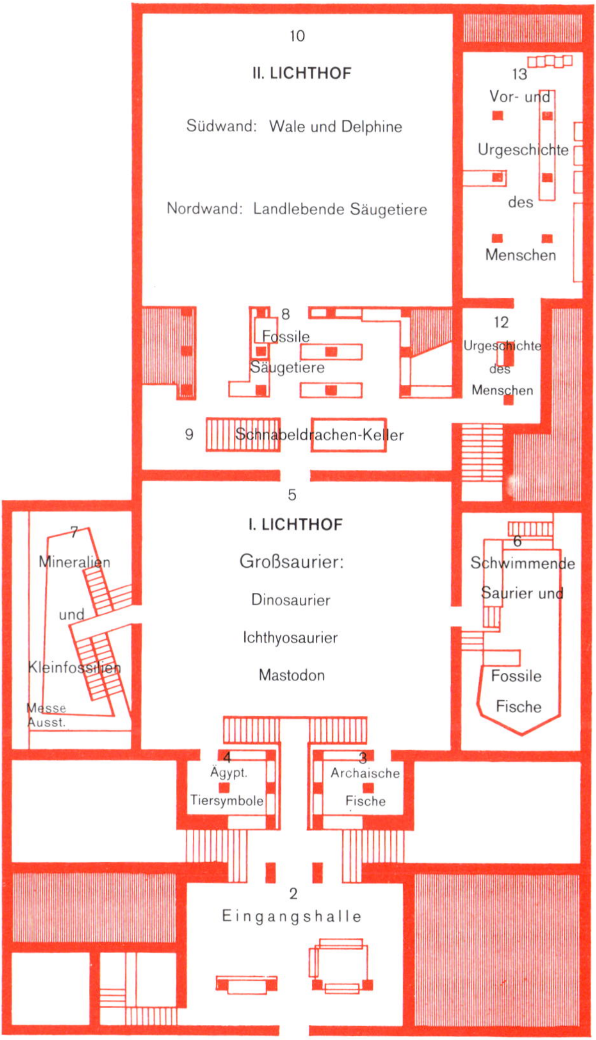
10
II. LICHTHOF
Südwand: Wale und Delphine
Nordwand: Landlebende Säugetiere
13
Vor- und Urgeschichte des Menschen
8
Fossile Säugetiere
12
Urgeschichte des Menschen
9
Schnabeldrachen-Keller
5
I. LICHTHOF
Großsaurier:
Dinosaurier
Ichthyosaurier
Mastodon
7
Mineralien und Kleinfossilien
Messe Ausst.
6
Schwimmende Saurier und Fossile Fische
4
Ägypt. Tiersymbole
3
Archaische Fische
2
Eingangshalle

19. Senckenbergmuseum. Universität. Deutsche Bibliothek

Das ***Natur-Museum Senckenberg** (A 4), Senckenberganlage 25, ist das modernste naturhistorische Schaumuseum in Europa, berühmt vor allem durch seine reiche Sammlung an Tieren der Vorzeit in faszinierender Aufstellung. Die Schausammlungen geben in drei Stockwerken einen Überblick über die Geschichte der belebten Natur, angefangen bei den ältesten, im Gestein bewahrten und daraus freigelegten Zeugen des Lebens auf der Erde bis zur Mannigfaltigkeit der heutigen Tierwelt. Die für die Allgemeinheit bestimmten Sammlungen werden ergänzt durch die nur dem Wissenschaftler zugänglichen Forschungssammlungen des Instituts, die von Gelehrten aus aller Welt zusammengetragen und bearbeitet wurden. – Die *Senckenbergische Naturforschende Gesellschaft* hat heute über 3 000 Mitglieder und dient durch Vorträge und Veröffentlichungen der Forschung und Fortbildung.

Das Museum geht indirekt auf eine Stiftung des Frankfurter Arztes *Joh. Chr. Senckenberg* aus dem Jahre 1763 zurück, die ein Spital und einen 'Tempel der Wissenschaft' umfaßte. Das Bürgerhospital entwickelte sich sogleich sehr gut und die Stiftung besteht noch heute. Nach einem 1815 erfolgten Aufruf Goethes kam es unabhängig davon 1817 zur Gründung der 'Senckenbergischen Naturforschenden Gesellschaft' durch 32 Frankfurter Bürger, unter denen der Bankier Simon Moritz von Bethmann das Grundkapital beisteuerte. 1821 erbaute man am Eschenheimer Turm das erste Museum, das durch Stiftungen, namentlich die des Afrikaforschers *Eduard Rüppell,* bald Weltruf erlangte und 1907 einen Neubau erhielt. Die 1939–44 ausgelagerten Bestände konnten 1952 in das wiederhergestellte Gebäude zurückkehren und wurden dort seit 1962 in neuartiger Weise wiederaufgebaut.

Das Museumsgebäude ist 1904–7 von Neher in neubarocken Formen aus rotem Mainsandstein erbaut worden, den Giebel schmükken grün patinierte *Bronzegruppen* von Knodt: Frau mit Leier auf Stier, Mann auf Wasserroß, in der Mitte Chronos mit Sanduhr und Sense. Arkaden verbinden den Museumsbau mit dem (l.) Bau des Physikalischen Vereins, bekrönt von einer Sternwarte (l.) und der (r.) ehem. 'Bibliotheca Senckenbergi', heute Hauptbau der Universität. Die einstige Grundkonzeption mit den hintereinanderliegenden Lichthöfen ist weitgehend vollendet.

ERDGESCHOSS. Hier wird in einem sehr anschaulichen Zusammenwirken von Wissenschaft, graphischer Gebrauchskunst und Innenarchitektur das ***Leben in der Vorzeit* dargestellt; dazu die Urgeschichte des Menschen.

I. STOCK. In noch nicht neu gestalteter Anordnung findet man auf der Südseite zwei *Säugetier-Säle* mit Kostbarkeiten wie Bambusbär, Gürteltier, Schnabeltier. Im Zwischengang und verteilt *Kriechtiere, Reptilien und Fische* (provisorische Aufstellung), darunter Lederschildkröte, Riesenwaran, Brückenechse. Auf der Nordseite die *Vogel-Säle,* wo auch ausgestorbene Arten wie Moa, Riesenalk und Dronte zu finden sind.

II. STOCK (im Umbau). Auf der Südseite ein zweistöckiges *Restaurant* für 110 Personen, ferner eine Ausstellung von *Muscheln und Schnecken,* der *Insekten-Saal,* der *Saal der Wirbellosen* (ohne Insekten und Mollusken) und die *Lebensgruppen* (Dioramen) europäischer Tiere. Auf der Nordseite weist eine 3 m hohe Eisenplastik *Ökoplage* auf die reichhaltige Dokumentation zur Umweltverschmutzung hin.

1/AUSSENANLAGE. *Erdkugel;* versteinerte *Baumstämme* (aus Chemnitz); *Basaltsäulen* als Brunnen (aus Beilstein); *Riesen-Ammonit* (aus Westfalen; Kopie). Bronzene *Senckenbergbüste* (1863; v. Nordheim).

2/EINGANGSHALLE. *Platten aus Schwarzjuraschiefer* von Holzmaden mit eingelagerten Meerestieren wie Seelilie, Meereskrokodil, Schnauzenechse, Fischechse.

3/TREPPENRAUM. Archaische Fische.

4/TREPPENRAUM. Tiersymbole im alten Ägypten: Falke, Uräusschlange, Skarabäus, Stier, Krokodil, Ibis, Katze.

5/I. LICHTHOF. Anschaulich ergänzte Skelette von Großsauriern. ***Donnerechse* (Diplodocus), 20 m lang, 20 to schwer, einziges Skelett in Europa, Fundort USA; *Eidechszähner* (Iguanodon), Nachguß eines in Belgien gefundenen Skeletts; *Tyrannen-Echse* (Tyrannosaurus), größtes Land-Raubtier, 5 m hoch, in USA gefunden; Vorderbeinknochen der *Goliath-Echse* (Brachiosaurus), mit 12 m Höhe das größte Landtier aller Zeiten, gefunden in Ostafrika; Schädel des **Dreihorn* (Triceratops), Pflanzenfresser aus Nordamerika; *Dinosaurier* (Plateosaurus), Teile des Skeletts ergänzt, aus dem Harz; *Fischsaurier* (Ophtalmosaurus), als Eisenplastik montiert (aus Südengland); *Mastodon,* eiszeitlicher Elefant aus USA; *Rhein-Elefant* (Dinotherium) mit Stoßzähnen im Unterkiefer.

6/SEITENHALLE. Schwimmende Saurier und fossile Fische: *Schwanen-Echse* (Peloneustes) aus England; *Kammrücken-Echse* (Dimetrodon) aus USA; *Fischechsen* (Jchthyosaurier), darunter ein Muttertier mit ungeborenem Jungen; *Pflasterzahn-Echse; Maas-Echse,* riesiger Schädel, Fundort USA; *Urpanzerfische,* älteste Fischart; *Quastenflosser-Fische* mit Kiemen und Lungen.

7/SEITENHALLE. *Mineralien und Klein-Fossilien* in drei Etagen: Meteore, Erze, Gesteine, wirbellose Tiere wie Gliederfüßler, Muschelwürmer, Ammoniten, Kopffüßler, Muschelkrebse. Sonderschau *Messel-Fossilien.*

8/QUERHALLE. Fossile Säugetiere und Nachprägung des *Urvogels* (Archäopteryx), der 1861 im Solnhofer Schiefer gefunden wurde (Originale in Ost-Berlin und London).

9/KELLER DER QUERHALLE. **Schnabeldrache,* 6 m langer Riesensaurier aus USA, einziges Stück in Europa, hat 2 300 Zähne in der schnabelartigen Schnauze; **Kugelzahn-Fisch*

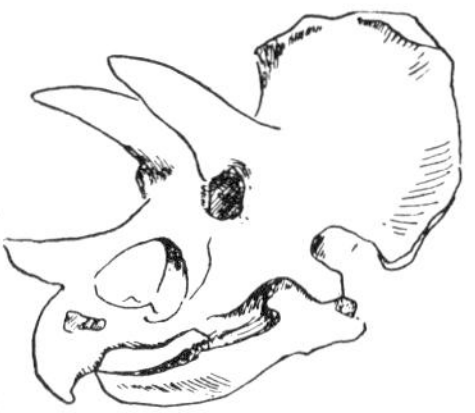

Dreihornschädel

(Lepidotes), besterhaltenes Exemplar überhaupt.

10/II. LICHTHOF. Heutige Großtiere: an der Südwand großartig montierte Skelette von *Finwal,* 22 m lang und *Schwertwal;* Delphine, Walroß. – Gegenüber Landsäugetiere wie Riesenhirsch, Giraffe, Okapi, Wisent, Panzernashorn usw.

11/ZUKÜNFTIGE FREIANLAGE. Im Aufbau.

12/13 *URGESCHICHTE DES MENSCHEN. In der Vorhalle 'Stammbaum' und Altersbestimmung des Menschen. In der Haupthalle afrikanische, javanische, chinesische, europäische Urmenschenfunde, dazu die Begleitfauna und die Werkzeuge bis zu heute noch existierenden Volksstämmen.

Die **Universität,** 1914 gegründet und 1932 *Johann-Wolfgang-Goethe-Universität* benannt, hat ihr Zentrum an der Senckenberganlage. Als einzige unter den deutschen Universitäten war sie eine städtische Gründung, die Stiftungsuniversität des freien Bürgertumes, ist aber seit 1967 eine hessische Landesuniversität. Anstelle der fünf ursprünglichen Fakultäten sind 21 Fachbereiche getreten, die Zahl der Studenten übersteigt 25 000, der vorgesehene Universitätsbereich ist längst zu klein geworden. Zentrale Einrichtungen wie Verwaltung, Hörsaalgebäude, Bibliothek, Studentenhaus, Mensa haben hier ihren Standort, dazu die Fachbereiche Physik, Chemie, Mathematik, Wirtschaftswissenschaften, Rechtswissenschaft, Philosophie, Soziologie, Psychologie, Religion, Geschichte, Philologie, Kunst, ost- und außereurop. Sprache und Kultur, Biochemie, Pharmazie. Geowissenschaft, Geographie, Informatik, Ökonomie und Erziehungswissenschaften; die Biologie hat ihre Institute im Botan. Garten, die Kernphysik am Rebstockpark. Das Universitätsklinikum bildet ein eigenes Viertel (60 ha) in Sachsenhausen. Viele Institute haben ihren Sitz jetzt in Villen des Westends. Weitere Hochschuleinrichtungen befinden sich am Nibelungenplatz (Fachhochschule). Im Stadtteil Niederursel (S. 180) ist ein Erweiterungsgelände (132 ha) der Universität im Aufbau.

GESCHICHTE. Der Wunsch, eine Universität zu haben, führte schon 1384 zu einem gescheiterten Versuch des Rates, Paris, in dem die Pest hauste, seine Hochschule abzuwerben. Im 18. Jh. entstanden durch die Stiftung *Johann Christian Senckenbergs* schon alle Einrichtungen, die für eine medizinische Hochschulfakultät nötig waren. Als Napoleon 1810 den Fürstprimas Karl v. Dalberg zum Großherzog von Frankfurt machte. eröffnete dieser 1812 die Frankfurter Hochschule, die aber bereits 1813 wieder schließen mußte. Nach den Freiheitskriegen setzte – gefördert auch durch einen Aufruf Goethes von 1814 – die Gründung wissenschaftlicher Gesellschaften ein. Der 'Museumsgesellschaft' (1808) folgten die 'Polytechnische Gesellschaft' (1816), die 'Senckenbergische Naturforschende Gesellschaft' (1817), das 'Städelsche Kunstinstitut' (1817), die 'Gesellschaft für ältere deutsche Geschichtskunde' (1819), der 'Physikalische Verein' (1824), das 'Freie Deutsche Hochstift' (1859) und die 'Akademie für Sozial- und Handelswissenschaften' (1901). Sie alle wurden Bausteine zu der ersehnten Universität, die der Oberbürgermeister Adickes mit reichen Spenden des Großbürgertums (z.B. G. Speyer, W. Merton) und mit Preußens Hilfe am 18. Oktober 1914 endlich eröffnen konnte. Nach dem Kriege wurde ihr 1921 eine 'Akademie der Arbeit' für Gewerkschaftsführer angegliedert, von 1924 an übernahm der preußische Staat die Hälfte der Kosten. 1933 mußte ein Drittel des Lehrkörpers ausscheiden, doch konnte die Hochschule Krieg und Be-

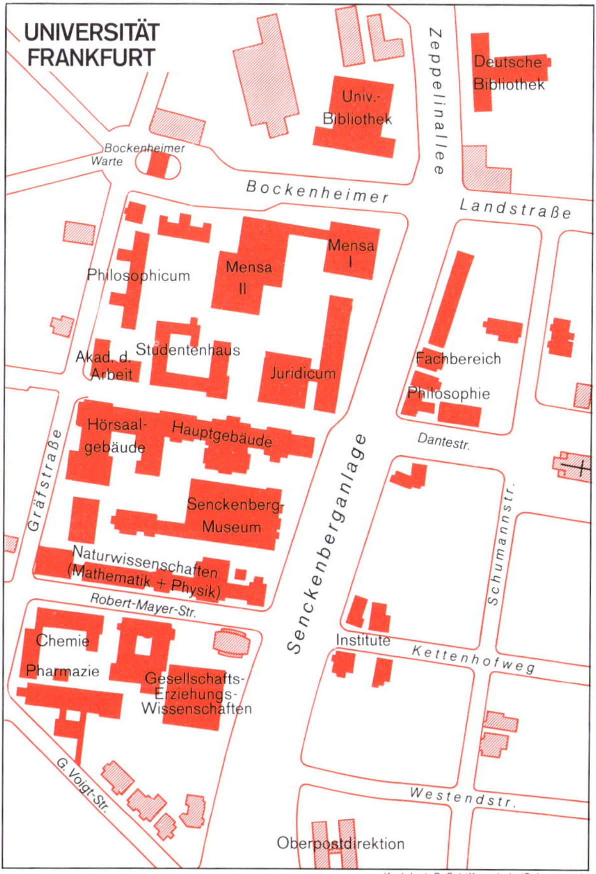

Kart. Inst. G. Schiffner, Lahr/Schwarzwald

satzungszeit überleben, wurde 1953 in ihrer Verfassung und ihrem Charakter wiederhergestellt und schließlich 1967 von Hessen als Landesuniversität übernommen.

Zu ihren Hochschullehrern zählte u.a.: der Soziologe *Adorno*, der Geograph *Behrmann*, der Philosoph *Buber*, der Biophysiker *Dessauer*, der Neurologe *Edinger*, der Chemiker *Ehrlich*, der Völkerkundler *Frobenius*, der Finanzwissenschaftler *Gerloff*, der Soziologe *Horkheimer*, der Physiker *von Laue*, der Meteorologe *Linke,* der Volkswirtschaftler *Oppenheimer,* der Chirurg *Rehn,* der Betriebswirtschaftler *Schmidt,* der Germanist *Schwietering,* der Kunsthistoriker *Swarzenski,* der Theologe *Tillich,* der Internist *Volhard,* der Psychologe *Wertheimer,* der Sinologe *Wilhelm.*

Das UNIVERSITÄTSGELÄNDE (12ha) an der Senckenberganlage, für 2000 Studenten berechnet, ist viel zu klein geworden. Im Verlauf von 60 Jahren ist es allmählich bebaut worden, sodaß Altbauten und Hochhäuser etwas unorganisch nebeneinander stehen. Universitätsbaudirektor war 1952–64 Ferdinand Kramer. Ein zentraler Platz, eine Hauptachse, Grünanlagen, Läden, Gaststätten fehlen, sodaß das für das Gedeihen einer Universität wichtige Fluidum noch fehlt. Nicht zuletzt dadurch ist Frankfurt nicht die Universitätsstadt geworden, die es sein wollte. Das Kernstück bildet die 1904–07 erbaute Dreiergruppe Senckenbergmuseum, Physikalischer Verein (mit Sternwarte) und Jügel-Haus. Das aufgestockte Jügel-Haus ist heute das *Universitätshauptgebäude.* Seinen Namen hat es nach August und Hans Jügel, die 2Mio Goldmark für eine Handelsakademie spendeten. Die 'Empedoklesfigur' darin ist ein Werk von Gerhard Marcks (1955). Ihm nördlich gegenüber liegen das neue *Hörsaalgebäude,* das *Studentenhaus* (1953) mit Festsaal, Lese- und Gymnastikräumen sowie Wohnheim für Studenten. Beherrschend ist das *Juridicum* (1971), ein langer, mit Metallrippen versehener Block in 11 Geschossen. An der Ecke zur Bockenheimer Landstraße steht die *Mensa* (1963). Zwischen Studentenhaus, Bockenheimer Landstraße und Mensa ist seit 1979 ein Sozialforum mit einer *Mensa II* in Betrieb. Ecke Gräfstraße die 1921 von den Gewerkschaften gegründete, 1947 wieder eröffnete *Akademie der Arbeit* (1956), die Gewerkschaftsnachwuchs heranbildet. Nördlich davon an der Gräfstraße ein langgestreckter Neubau mit 9 Geschossen für *Philologische Fachbereiche.* Den Südteil des Gebietes nehmen *Physikalische und Chemische Institute* ein, sowie der 110 m hohe Turm (1973) für *Lehrerbildende Fachbereiche* (Gesellschafts-, Erziehungs-, Religionswissenschaften, Psychologie). Die *Cafeteria* im Dachgeschoß bietet einen Tiefblick auf das Universitätsgelände.

Die **Stadt- und Universitätsbibliothek,** Bockenheimer Landstr. 134, erhielt ihren dreistöckigen Klinkerbau mit Magazingebäude für 3 Mio Bücher 1965, wodurch die in der Stadt verteilten Bücherbestände endlich zusammengefaßt werden konnten. Die schon 1481 erwähnte Ratsbibliothek und die Bibliothek des Barfüßerklosters waren 1668 zusammengefaßt worden und wurden 1914 mit der Senckenbergischen Bibliothek zur Universitätsbibliothek vereinigt. Vom alten Gebäude der Stadtbibliothek an der Obermainanlage steht heute nur noch der Porticus. Von den einstigen Beständen ist im Kriege fast die Hälfte zugrunde gegangen, doch blieb die wertvolle Handschriften-Abteilung mit Unica aus dem Mittelalter erhalten. Ein Sondersammelgebiet sind Werke zur deutschen Sprach- und Literaturwissenschaft. Diese am intensivsten genutzte wissenschaftliche Bibliothek der Bundesrepublik hatte 1980 schon über 3 Mio Bände, zu denen jährlich 95 000 hinzukommen. Drei Geschosse liegen unter der Erde, die Zahl der Mitarbeiter ist ca. 165. Der Hessische Zentralkatalog wird hier fortgeführt, der Bibliothekarnachwuchs hier ausgebildet. Eintr. s. S. 22.

In der Eingangshalle der **Prometheus* von Ossip Zadkine, eine 3 m hohe Figur aus Goldbronze, der Flammen aus der Brust schlagen, 1954 in Holz, 1964 in Metall für diesen Platz hergestellt. Im Erdgeschoß befinden sich das Informationszentrum, die Ausleihe und der geisteswissenschaftliche Lesesaal, im I. Stock der Lesesaal für Rechts-, Wirtschafts- und Sozialwissenschaften, im II. Stock der Lesesaal der Senckenberg-Bibliothek (Naturwissenschaften). Weiterhin gibt es Sonderlesesäle für Musik und Theater; Frankfurtliteratur; Handschriften; Osteuropa; Orient; Judaica und Afrika. Einige Sonderabteilungen sind besonders zu erwähnen:

AUTOGRAPHENSAMMLUNG. Etwa 5000 Zeugnisse berühmter Männer vom 16. bis 19. Jahrhundert. Darunter das *Schülerheft des Knaben Goethe* und das mit Einträgen versehene *Psalter-Exemplar Luthers,* das er auf dem Reichstag zu Worms mit sich führte.
EXLIBRIS-SAMMLUNG. Unter den ca. 7500 Stücken der Sammlung de Neufville befinden sich die ältesten bekannten Exlibris.
SAMMLUNG FRANKFURT. Hier die ganze Nachkriegsliteratur, viele ältere Werke, Drucke und Pläne, sowie die Nachlässe bekannter Frankfurter Autoren wie Stoltze, Jordan, Gutzkow, Heinrich Hoffmann (Original des Struwwelpeter), Humperdinck.
FLUGSCHRIFTEN-SAMMLUNG. 6000 seltene Flugschriften, die aus dem Besitz des Schriftstellers Gustav Freytag (†1895) erworben wurden. Ergiebige Quellensammlung für die Kulturgeschichte des 16. und 17. Jahrhunderts.
JUDAICA/HEBRAICA. Die Sammlung geht auf das Vermächtnis des Orientalisten Hiob Ludolf (†1704) zurück und erfuhr später aus Klosterbibliotheken, Nachlässen jüdischer Gelehrter und Schenkungen aus aller Welt Zuwachs. Trotz schwerer Kriegsverluste ist sie noch heute eine der wertvollsten Sammlungen jüdischen Schrifttums in Europa.
LUFTFAHRT-SAMMLUNG. Druckschriften und Bilder aus der Frühzeit der Flugtechnik, 1929 von L. Liebmann der Bibliothek vermacht.
MUSIKALISCHE SAMMLUNG. Handschriften und Bilder von Komponisten, Musikern und Sängern, sowie etwa 6000 Theater- und Konzertzetteln, zusammengebracht von dem Weinhändler Nikolaus Manskopf (†1928) und seit 1929 im Besitz der Stadt.
SCHOPENHAUER-ARCHIV. Forschungsstätte der Schopenhauer-Gesellschaft mit einer Sammlung von Erinnerungen an den Philosophen, der 1832–60 in Frankfurt lebte. Wesentliche Portraits, Briefe, Handschriften, das Manuskript des 2. Bandes von “Die Welt als Wille und Vorstellung”. Schopenhauers Bibliothek von ca. 600 Bänden mit zahlreichen Bemerkungen Schopenhauers.

SAMMLUNG AFRIKA. Ca. 90000 Bände Afrika-Literatur vom Beginn des 19. Jh. bis zur Gegenwart. Schwerpunkt Afrika südlich der Sahara. Dabei eine große Sammlung neoafrikanischer Literatur.
DIE SAMMLUNG 1848/49. Sie ist die Parlamentsbibliothek der Deutschen Bundesversammlung 1848 in Frankfurt. Ergänzungen: Originalliteratur und Literatur des gesamten modernen internationalen Forschungsbereichs zu diesem Zeitraum.

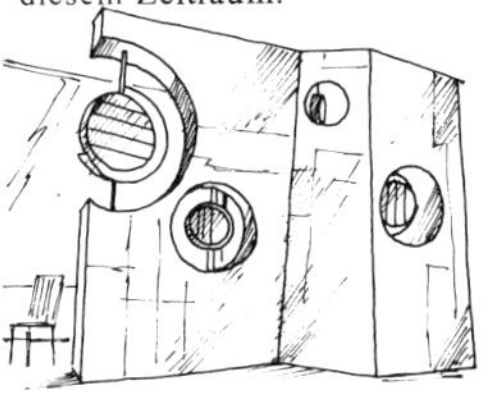

Die **Deutsche Bibliothek,** Zeppelinallee 4–8, der Stadt- und Universitätsbibliothek gegenüber, wurde 1946 vom Börsenverein des deutschen Buchhandels und der Stadt Frankfurt am Main begründet. Seit 1969 ist sie Bundesanstalt und hat die gesetzliche Aufgabe, alle seit 1945 in Deutschland veröffentlichten Druckwerke, dazu die im Ausland (Österreich, Schweiz etc.) erschienenen deutschsprachigen Veröffentlichungen zu sammeln und bibliographisch anzuzeigen. Zu diesem Zweck müssen ihr alle Publikationen der Bundesrepublik kostenlos in einem Exemplar abgeliefert werden. Damit ist sie für das Bundesgebiet an die Stelle der 1913 in Leipzig gegründeten "Deutschen Bücherei" getreten und hat insoweit Aufgaben einer Nationalbibliothek.

Ihre Bestände umfaßten 1980 über 2,7 Mill. Bände, ihr Zuwachs (der größte aller Bibliotheken im Bundesgebiet) beträgt jährlich z.Zt. 180 000 bibliographische Einheiten darunter ca. 45 000 laufende Zeitschriften. Ihre Sondersammlung 'Exilliteratur' ist eine der größten Sammlungen gedruckter und ungedruckter Dokumente deutschsprachiger Emigranten aus den Jahren 1933–1945.

Alle Zugänge werden in der "Deutschen Bibliographie" wöchentlich angezeigt und dann in Halbjahres- und Fünfjahresverzeichnissen zusammengefaßt. Zeitschriften, amtliche Druckschriften, Hochschulschriften und Schallplatten (die ebenso wie die Musiknoten von einer Außenstelle in Berlin, dem "Deutschen Musikarchiv", gesammelt werden) werden in besonderen Bibliographien verzeichnet. Das bibliographische Zweimonats-Bulletin "Das Deutsche Buch" dient vor allem der Unterrichtung des Auslandes über die wichtigsten Neuerscheinungen. Die – mit Hilfe der elektronischen Datenverarbeitung erstellten – bibliographischen Veröffentlichungen der Deutschen Bibliothek umfassen jährlich etwa 45 000 Druckseiten. Sämtliche Neuerscheinungen seit 1966 sind außerdem in einer jedermann zugänglichen Datenbank ("BIBLIO-DATA") gespeichert.

Die Deutsche Bibliothek ist eine Präsenzbibliothek, ihre Bestände können also nur im Lesesaal (ca. 200 Plätze) benutzt werden. Öffnungszeiten siehe S. 21.

Der dreigeschossige Klinkerbau von 1959 und ein 1972 bezogener elfstöckiger Erweiterungsbau beherbergen Kataloge, Handapparate, Redaktionen und Verwaltung; dahinter erhebt sich der *Blaue Turm,* ein Magazinbau von 19 Geschossen. Da diese Gebäude nicht mehr ausreichen, soll 1982/83 auf einem 23 000 qm großen Gelände an der Adickesallee/ Cronstettenstraße mit dem Neubau begonnen werden.

1973 wurde in der Eingangshalle eine "Buch"-Wand des Frankfurter Künstlers Peter Moosmann aufgestellt.

20. Holzhausenschlößchen. Hess. Rundfunk. Hauptfriedhof

Das Nordend wird begrenzt von der Eschersheimer Landstraße im Westen und der Friedberger Landstraße im Osten. Außer diesen sind der Oeder Weg und die Eckenheimer Landstraße die Hauptverkehrswege.

Den Anfang der geschwungenen Eschersheimer Landstraße beherrschen drei Hochhäuser: die ehem. *Selmi-Bank,* die *Gothaer Versicherungsbank,* die seit 1867 in Frankfurt ansässig ist, und das *Deutsche Reisebüro (DER),* ein großer Klinkerblock. Nr. 55 ist ein wohlgelungenes Bürohaus von 12 Stockwerken mit Aluminiumhaut, abgerundeten Kanten und blauspiegelnden Scheiben.

Die **Staatliche Hochschule für Musik und Darstellende Kunst** (E 3,4), Eschersheimer Landstr. 33, ist ein schlichter weißer Baublock hinter einem Torgebäude. Sie ist aus dem 1878 gegründeten 'Dr. Hoch'schen Konservatorium' hervorgegangen, für das der Frankfurter Bürger Joseph P. D. Hoch sein ganzes Vermögen verwendet hatte. Soloklassen für Gesang, Klavier, Violine, Cello; Klassen für Kirchenmusik, Schulmusik, Theorie und Komposition, Privatmusiklehrerseminar, Orchester-, Opern- und Schauspielschule. Die Schule, deren Schülerzahl etwa 600 beträgt, wird durch die Stadt und das Land Hessen unterhalten. Zu den berühmten Lehrern zählten Humperdinck, Clara Schumann, Julius Stockhausen, Branca Musulin, zu den Schülern Pfitzner, Klemperer, Hindemith.

Das wasserumgebene **Holzhausen-Schlößchen** (E F 2), im gleichnamigen Park, ist das beste Beispiel jener einst befestigten Landgüter des Stadtadels, wie sie im Umkreis Frankfurts im Schutze der Landwehren lagen und später als Sommersitze dienten. Die Wasserburg 'Die große Oede' ist 1398 zuerst bezeugt, war seit 1503 im Besitz der Holzhausen, brannte im 16. Jh. ab und wurde 1727 in den heutigen Rokokoformen neu aufgebaut. Oed kommt vom Wort Odal für Erbgut eines adeligen Geschlechts. Die Familie von Holzhausen stellte viele Frankfurter Bürgermeister. Als 1923 der letzte

Holzhausen starb, waren Schloß und Park (heute 3,5 ha) in den Besitz der Stadt übergegangen. Das Schloß war 1937–45 Reichsarchiv und ist seit 1953 Museum. Am Eingang eine Tafel für Friedrich Fröbel (1782–1852), der 1806–08 hier Hauslehrer war. – Die *Westfaleneiche* im Park wurde 1931 zum Gedenken des Freiherrn vom Stein gepflanzt.

Das **Museum für Vor- und Frühgeschichte** zeigt im Holzhausen-Schlößchen eine Auswahl heimischer Altertümer. Im ERDGESCHOSS geben ein großer und zwei kleine Räume einen knappen Überblick von der jüngeren Steinzeit bis ins frühe Mittelalter. Unter den Zeugnissen der Band- und Schnurkeramik befindet sich ein schönes Schalenfragment von Westhausen und ein Grabfund von Bonames. Aus der Bronzezeit stammen Schwerter und eine reichgegliederte Bronzespange sowie Funde aus Grabhügeln des Frankfurter Stadtwaldes. Ferner Schmuckstücke aus der Merowingerzeit. Wichtige Funde aus der Römerstadt Nida werden seit 1975 im Deutschordenshaus gezeigt; auch in der Nordweststadt und am Dom sind Freianlagen. – Im ERSTEN STOCK Funde der neuen Grabungen in der Frankfurter Altstadt, die seit 1953 beim Dom römische Thermen und darüber die Grundmauern einer karolingischen Königspfalz zutage förderten, sowie die *Sammlung antiker Kleinkunst,* hauptsächlich griechische Vasen und eine Kollektion iranischer Altertümer.

Hans Thoma, der 1883 das schöne Bild 'Die Oed' (heute im Städel) gemalt hat, lebte 1876–85 in der Lersnerstr. 20, 1886–99 in der Wolfsgangstr. 150 (Gedenktafel), die damals noch freie Sicht auf das Schlößchen boten. – In der Hynspergstraße 4 befindet sich ein privates *Speckstein-Museum* (K. H. Arnold), das etwa 1 600 meist aus China stammende Kunstgegenstände aus diesem, auch Seifenstein oder Steatit genannten Material umfaßt.

Der Oeder Weg, einst Landstraße zur Oed, dem heutigen Holzhausenschlößchen, ist mit seinen vielen kleinen Läden, Handwerkern und Kneipen in den Altbauten zur Zeit noch ein Einkaufsgebiet alter Art mit echt frankfurterischem Gepräge.

Am Anfang der Nibelungenallee liegt das **Bürgerhospital** (G 1), ein neubarocker Bau von 1912 mit zwei Zwiebelkuppeln und geschiefertem Uhrtürmchen, an den sich Neubauten anschließen. Es geht zurück auf eine Stiftung Johann Chr. Senckenbergs (†1772), dessen Grab sich r. vom alten Haupteingang hinter einem Gitter befindet. Der Arzt Dr. Senckenberg, von Goethe als Sonderling genau beschrieben, stiftete 1763 sein Vermögen für den Bau und Unterhalt einer Anatomie, eines chem. Laboratoriums, eines Bürgerspitals, eines Botan. Gartens und einer Bibliothek, für die er die Gebäude nach eigenem Entwurf am Eschenheimer Turm errichten ließ. Vom Gerüst seines Neubaus abgestürzt, wurde er als erster in seiner Anatomie seziert.

Die leicht geschwungene Adickes-Allee begrenzt im Norden das ruhige Holzhausen-Wohnviertel um den Frauensteinplatz. An der Allee liegt die **Oberfinanzdirektion* (1954–55; Köhler) des Landes

Hessen, ein preisgekrönter breiter Block, dessen Fassade mit rostbraunen Klinkerplatten verkleidet ist, davor in der Wiese der auf Stützen ruhende Sitzungssaal. Westlich daneben das *Landesarbeitsgericht* und das *Bundesamt für Ernährung und Forstwirtschaft* (1952) mit der *Bundesanstalt für landwirtschaftliche Marktordnung*.

Von der Adickes-Allee führt die Bertramstraße nach Norden zu den Bauten des Hessischen Rundfunks.

Der **Hessische Rundfunk** (jens. E 1) hat seine Studios und Verwaltungsbauten an der Bertramstraße (U-Bahnstation Dornbusch). Er ist eine Anstalt öffentlichen Rechts, seine Organe sind Rundfunkrat, Verwaltungsrat und Intendant. Als "Haussender" für gut 2 Mio Hörfunk- und über 1,9 Mio Fernsehteilnehmer, die in seinem Gebühreneinzugsbereich wohnen, strahlt er drei Hörfunkprogramme, das Gemeinschaftsprogramm des "Deutschen Fernsehens" (ARD), das Hessische Fernseh-Regionalprogramm und das Hessische Fernsehprogramm (3. Programm) aus. In seinem Sendernetz kommt dem Sender Feldberg/Taunus eine Schlüsselstellung zu. Über 1800 festangestellte und etwa 9000 freie Mitarbeiter sind für den Hessischen Rundfunk tätig.

GESCHICHTE. Am 7. Dezember 1923 gründeten fünf private Gesellschafter die 'Südwestdeutsche Rundfunkdienst AG' (Stammkapital: 100 Billionen Mark); ihr Sender Frankfurt 1 (0,6 kW) begann sein tägliches Programm als dritte deutsche Rundfunkstation nach Berlin und Leipzig am 1. April 1924 auszustrahlen (1. Teilnehmerzahl: 174). Intendant Dr. Hans Flesch sicherte der Jungen Anstalt bald ein hohes Niveau. Nach der "Gleichschaltung" im NS-Staat und der kriegsbedingten Auslagerung des Rundfunkbetriebs nach Bad Nauheim (1944) Neubeginn am 1. Juni 1945 als Sender der Militärregierung unter der Bezeichnung "Radio Frankfurt". Am 2. Oktober 1948 verabschiedete der Hessische Landtag das Gesetz über den Hessischen Rundfunk, am 28. Januar 1949 ging die Anstalt wieder in deutsche Hände über. 1951 begann der Umzug in das neue Funkhaus am Dornbusch. 1953 wurden der erste hessische Fernsehsender auf dem Feldberg in Betrieb genommen und die ersten Frankfurter Fernsehbeiträge für das Gemeinschaftsprogramm der im Jahr zuvor gegründeten 'Arbeitsgemeinschaft der öffentlich-rechtlichen Rundfunkanstalten der Bundesrepublik Deutschland' (ARD) ausgestrahlt. Am 1. Mai 1961 begann der Hessische Rundfunk als erste Anstalt auf dem Kontinent mit einem 2. Fernsehprogramm (1963 abgelöst durch das Programm der neugegründeten Mainzer Anstalt Zweites Deutsches Fernsehen (ZDF). Am 1. Juni 1964 Sendebeginn des Hessischen Fernsehprogramms (3. Programm). 1972 gesellte sich zu den zwei bisherigen Hörfunkprogrammen "hr 3 – die Servicewelle aus Frankfurt".

ANLAGEN. Der Kern des Funkhauses am Dornbusch war ursprünglich eine Pädagogische Akademie (1935 erbaut), erweitert 1949 um einen interessanten **Rundbau,** der als Plenarsaal für den Bundestag gedacht war. Als Bonn zur Bundeshauptstadt gewählt wurde, erwarb

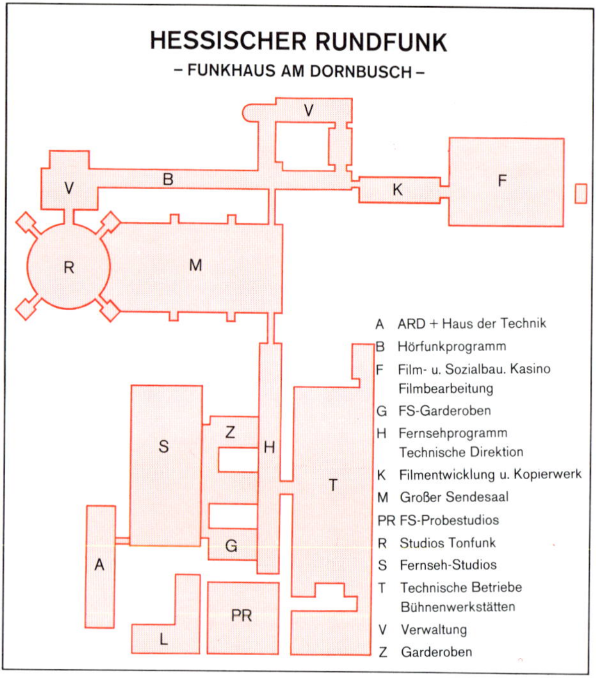

der Hessische Rundfunk die Anlagen, weil sein altes Funkhaus in der Eschersheimer Landstraße zu klein geworden war. In der *Vorhalle* 16 vergoldete Pfeiler und ein blauer Wandteppich von Hans Adam (1965), weitere interessante Werke moderner Künstler in Aufgängen, Sitzungssälen und auf den Freianlagen. Studio 1, der *Große Sendesaal* mit Konzertorgel, bietet bei öffentlichen Veranstaltungen (Sinfoniekonzerte) 1 200 Besuchern Platz. Weitere *Hörfunkstudios* sind im Rundbau untergebracht, ebenso wichtige technische Räume. Der **Fernsehkomplex** besteht aus dem 80 m langen, eigentlichen *Studiobau* in rotem Neckarsandstein (1959–61) und weiteren Bauten für die Programmabteilungen, technischen Betriebe, Bühnenwerkstätten sowie dem ARD-Bau, der unter anderem wichtige ARD-Einrichtungen (Fernseh- und Hörfunk-Sternpunkte) beherbergt. – Auf dem Gelände liegen außerdem der *Wehrturm des Kühhornhofs* (14. Jh.), der im Mittelalter zur Frankfurter Landwehr gehörte sowie das *Feldgericht*, Rest einer germanischen Gerichtsstätte. Ebenfalls an der

Bertramstraße das Studiogebäude der American Forces Network (Hörfunk und Fernsehen).

Am Kühhornhofsweg, östlich vom Hess. Rundfunk, steht seit 1964 die *Heinrich-Kleyer-Schule,* eine der größten und modernsten Berufsschulen Deutschlands für das Metallgewerbe. Heinrich Kleyer war der Gründer der Adlerwerke. Die Betonplastik 'Frankfurter Frühling' schuf O. E. Hajek, die bronzene 'Niobe' Bernhard Heiliger.

Der **Hauptfriedhof** (G 1; 80 ha), 1828 angelegt, ist mit seinen etwa 350 000 Gräbern die letzte Ruhestätte des größten Teiles der Frankfurter Bevölkerung. Im heutigen Stadtgebiet liegen noch ca. 35 meist kleine Friedhöfe, die durch die Eingemeindungen hinzugekommen sind. Für die Zukunft sind weitere große Friedhöfe an der Stadtgrenze vor

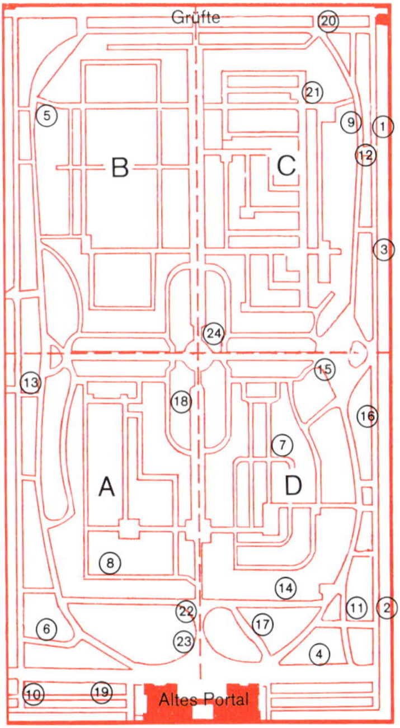

1. v. Fichard (+1829) Historiker
2. Soemmering (+1830) Anatom
3. v. Feuerbach (+1833) Strafrechtler
4. Kirchner (+1835) Historiker
5. Schlegel (+1839) Schriftstellerin
6. Morgenstern (+1844) Maler
7. Hess (+1845) Stadtbaumeister
8. Malss (+1848) Lokaldichter
9. Schmidt (1840-56), Paulinchen (aus dem 'Struwwelpeter')
10. Schopenhauer (1860) Philosoph
11. v. Willemer (+1860) Vertraute Goethes
12. Rinz (+1861) Stadtgärtner
13. Böhmer (+1863) Historiker
14. Winterhalter (+1873) Maler
15. v. Gutzkow (+1878) Schriftsteller
16. v. Steinle (+1886) Maler
17. Miquel (+1901) Oberbürgermeister
18. Diesterweg (+1908) Verleger
19. Lerner (+1931) Polarforscher
20. v. Schillings (+1934) Komponist
21. Frobenius (+1938) Afrikaforscher
22. Paquet (+1944) Reiseschriftsteller
23. Kolb (+1956) Oberbürgermeister
24. Beutler (+1960) Goetheforscher

Bad Vilbel und auf dem Schwanheimer Feld im Südwesten in Angriff genommen. Von den durch Jahrhunderte belegten Friedhöfen um die Kirchen der Altstadt ist nur der Petersfriedhof (S. 105) erhalten geblieben. Die Reihengräber des Hauptfriedhofes haben eine Ruhefrist von 20 Jahren, die Wahlgräber eine solche von 40 Jahren.

Das große Friedhofsgebiet zwischen Eckenheimer Landstraße, Rat-Beil-Straße, Marbach-Straße und Gießener Straße ist 650 m breit und 1 250 m lang und gliedert sich in den alten, im 19. Jh. belegten Teil mit den Gewannen A-K und den weit größeren, nördlichen Teil für die Toten des 20. Jh. mit den Gewannen I–XXX. Hinzu kommen der *Alte Israelitische Friedhof* an der Rat-Beil-Straße und der neuere *Israelitische Friedhof* an der Eckenheimer Landstraße.

Der älteste Teil des Hauptfriedhofes, die Gewanne A–D umfassend, ist vom Stadtgärtner Rinz im Sinne der damals aufkommenden englischen Gärten gestaltet worden. Das feierliche *Alte Portal* in klassizistischen Formen mit vier eingestellten dorischen Säulen und goldenem Kreuz auf dem schlichten Dreiecksgiebel schuf Georg Rumpf. Den Ostabschluß dieses nur 300 m langen und 180 m breiten Friedhofsrechteckes bildet eine *Arkadenreihe*, in der 52 bekannte Frankfurter Familien ihre Grabstätten haben.

Den neueren Teil eröffnet die *Trauerhalle,* ein Jugendstilbau von 1912, an dessen Decke ein Vers aus Goethes 'Hermann und Dorothea' angebracht ist. An seinem Ostende im Gewann VII liegt der EHRENFRIEDHOF mit den Gräbern von 1 625 Toten des ersten Weltkrieges (graue Kreuze) und 3 109 Toten des zweiten Weltkrieges (rote Kreuze). Das *Ehrenmal* ist eine wasserumgebene, oben offene Rotunde, darin ein liegender Krieger. Südlich daneben das NS-OPFER-FELD, auf dem 1329 Opfer der nationalsozialistischen Herrschaft liegen. Die *Hiobfigur* ist ein Werk von Gerhard Marcks (1959).

Wir nennen einige bedeutende Männer und Frauen, die ihr Grab im Hauptfriedhof haben:

FORSCHER, *Johann v. Fichard* (†1829), Vater der Frankfurter Geschichtsforschung; *Samuel v. Soemmering* (†1830), Anatom, Erfinder des Telegraphen; *Anselm v. Feuerbach* (†1833), Rechtshistoriker; *Johann Böhmer* (†1863), Erforscher des deutschen Mittelalters; *Rudolf Böttger* (†1881), Naturforscher, Erfinder; *Eduard v. Rüppell* (†1884), Naturforscher; *Theodor Lerner* (†1931), Polarforscher; *Leo Frobenius* (†1938), Afrikaforscher; *August Euler* (†1957), Flugzeugtechniker mit Flugpatent Nr. 1; *Ernst Beutler* (†1960), Goetheforscher.

MALER. *Johann F. Morgenstern* (†1844), Maler von Frankfurter Motiven; *Johann Passavant* (†1861), Maler und Kunsthistoriker; *Franz Xaver Winterhalter* (†1873), Porträtist gekrönter Häupter; *Eduard von Steinle* (†1886), Maler religiöser Bilder; *Peter Burnitz* (†1886), Landschaftsmaler; *Carl Th. Reiffenstein* (†1893), Maler und Radierer; *Otto Scholderer* (†1902), Maler der sog. Pariser Schule; *Fritz Boehle* (†1916), Maler, Radierer und Bildhauer.

MUSIKER. *Friedrich Rühl* (†1874), Komponist; *Heinrich Neeb* (†1878), Liederkomponist; *Joachim Raff* (1882), Musiker und Komponist; *Max v. Schillings* (†1934), Komponist und Dirigent.

SCHRIFTSTELLER. *Marianne von Willemer* (†1860), die Suleika in Goethes West-östlichem Divan; *Arthur Schopenhauer* (†1860), Verfasser der 'Welt als Wille und Vorstellung'; *Carl Gutzkow* (†1878), Wortführer des 'Jungen Deutschland'; *Friedrich Stoltze* (†1891), Frankfurter Mundartdichter; *Heinrich Hoffmann* (†1894), Verfasser des 'Struwwelpeter'; *Alfons Paquet* (†1944), Reiseschriftsteller; *Ricarda Huch* (†1947), Dichterin; *Theodor Adorno* (†1969), Soziologe.

UNTERNEHMER. *Johann Simon Fries* (†1835), Eisengießer; *Johann Ph. Holzmann* (†1870), Bauunternehmer; *Friedrich Ravenstein* (†1881), Kartograph; *Friedrich Roessler* (†1883), Begründer der Degussa; *Johann G. Mouson* (†1894), Seifenfabrikant; *Carl F. W. Meister* (†1895), Mitbegründer der Hoechster Farbwerke; *Moritz Diesterweg* (†1906), Schulbuchverleger; *Wilhelm Merton* (†1916), Begründer der Metallgesellschaft; *Arthur von Weinberg* (†1943 im KZ Theresienstadt), Chemiker; *Georg Hartmann* (†1954), Schriftgießer; *Wilhelm Vocke* (†1972), Präsident der Bank Deutscher Länder.

Der ALTE JÜDISCHE FRIEDHOF an der Rat-Beil-Straße wurde auch 1828 eröffnet und erhielt einen *Portikus* von Fr. Rumpf. (Der älteste Judenfriedhof in der Altstadt ist noch erhalten, aber geschlossen; vgl. S. 102). In diesem Friedhof wurde 1962 ein *Ehrenhof* errichtet, in dem Schilder an von jüdischen Bürgern gestiftete Bauten Frankfurts erinnern. Grabstätten u.a. von *Mayer Carl v. Rothschild* (†1886), Bankier und Politiker; *Leopold Sonnemann* (†1909), Gründer der 'Frankfurter Zeitung'; *Paul Ehrlich* (†1915), Mediziner, Nobelpreisträger; *Albert Linel* (†1916), Kunstsammler und Stifter. – Im JÜDISCHEN FRIEDHOF in der Eckenheimer Straße befindet sich eine *Gemeinschaftsgrabstätte* für 800 Frankfurter Bürger, die in der NS-Zeit den Freitod einer Deportation vorzogen. In Frankfurt werden noch 12 jüdische Friedhöfe benutzt oder gepflegt.

Unweit südöstlich vom Alten Jüdischen Friedhof stehen zwei bemerkenswerte moderne Kirchenbauten.

Die kath. **St. Michaelskirche** (H 1), Gellertstraße, ist ein wahrhaft sakraler Bau, der 1953 von Rudolf Schwarz über längsovalem Grundriß aus Backstein erbaut wurde, von Betonpfeilern gestützt. Unter der flachen, blau und golden getönten Decke laufen die Fenster als farbloses Glasband um; auf Schmuck ist fast verzichtet. Im einen Brennpunkt des Raumes steht die Taufe, im anderen der Altar, zu dem hin sich auch eine kleine 'Werktagskirche' öffnet. In der KRYPTA um den Altar vier wuchtige Pfeiler sowie drei Glasgemälde (Schöpfung) von Meistermann. Der Glockenturm steht frei.

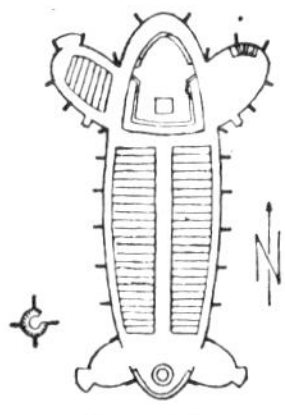

Grundriß

Die ev. **Wartburgkirche** (I 1), Hartmann-Ibach-Straße, wurde 1960–62 von Neumann erbaut, die Längsseiten in holländ. Klinkern, die Schmalseiten in rauhem Trachit. Altar und Taufe sind aus Muschelkalk, die Decke aus Kiefernholz. Die Chorfenster schuf Christian Oehler. Der Glockenturm steht frei.

21. Zoo. Ostpark. Großmarkt

Das OSTEND wird im Norden etwa von der Berger Straße begrenzt, im Süden vom Main. Vor dem Kriege wohnte dort ein großer Teil der Frankfurter Juden, deren Synagoge zerstört worden ist und deren besondere Läden und Gewerbe verschwunden sind. Das Viertel besitzt heute viele Schulen, neuerdings auch größere Handwerks- und Industriebetriebe. Der Zoo, die Großmarkthalle, der Osthafen und der Ostpark sind besuchenswert.

Von der Innenstadt führt in Fortsetzung der Zeil die Pfingstweidstraße zum Alfred-Brehm-Platz, an dem der Zoo liegt.

Okapi

Der ****Zoologische Garten** (14) hat einen sehr artenreichen Tierbestand und ist mit 3 Mio der bestbesuchte Zoo in Europa. Infolge der schweren Kriegszerstörungen verfügt er über vorwiegend moderne Bauten, unter denen das *Exotarium,* die *Vogelhallen* und das *Grzimek-Haus* Besonderheiten werden von 160 Mitarbeitern betreut. Es gelang, hier viele seltene Tiere zu züchten und an andere Zoos zu verkaufen. Der Wiederaufbau des Zoos lag von 1945–74 in Händen von *Prof. Dr. Bernhard Grzimek,* der auch als Schriftsteller und Naturschützer bekannt geworden ist. Direktor Dr. Richard Faust.

Der Zoo wurde 1858 von Dr. Max Schmidt, einem Sachsenhäuser Tierarzt, im Westend als zweiter deutscher Tiergarten (1843 Berlin) eröffnet. 1874 wurde er hierher auf die sog. 'Pfingstweide', eine bürgerliche Allmende, verlegt, die auch Exerzierplatz war und auf der noch 1813 Napoleon eine Truppenparade abgehalten hat. Die 250 Jahre alte 'Napoleon-Ulme', unter der er dabei stand, mußte 1974 gefällt werden. 1915 ging der Zoo in die Hände der Stadt über, wurde nach dem mühsamen Wiederaufbau um 1960 nach Osten um ein Drittel erweitert, ist jetzt aber nicht mehr erweiterungsfähig, sodaß im Niddatal bei Ginnheim ein zweites Zoogelände für Huf- und Steppentiere angelegt wird, um hier Platz zu gewinnen.

Zu den Seltenheiten, die man hier findet, gehören z.B. alle vier Menschenaffenarten, Gorilla, Schimpanse, Orang Utan und Bonobo, Siamang-Gibbons, rotgesichtige Uakaris, Löwenäffchen, ferner das hier erfolgreich gezüchtete Okapi, Zebraducker, Bongo, Klippspringer, Hirscheber, Waldhund, Mähnenwolf, Sumatratiger, Amurleopard, Erdferkel, Nebelparder, Schuhschnabel, Mandschurenkranich. Die Beschilderung ist sehr gut. Öffnungszeiten S. 22.

Das große GESELLSCHAFTSHAUS, 1876 erbaut, 1957 erneuert, enthält einen Festsaal, das *Fr. Rémond-Theater im Zoo,* die Zoodirektion, Sitzungssäle, die Gaststätte, eine Bar und Konzertterrassen.

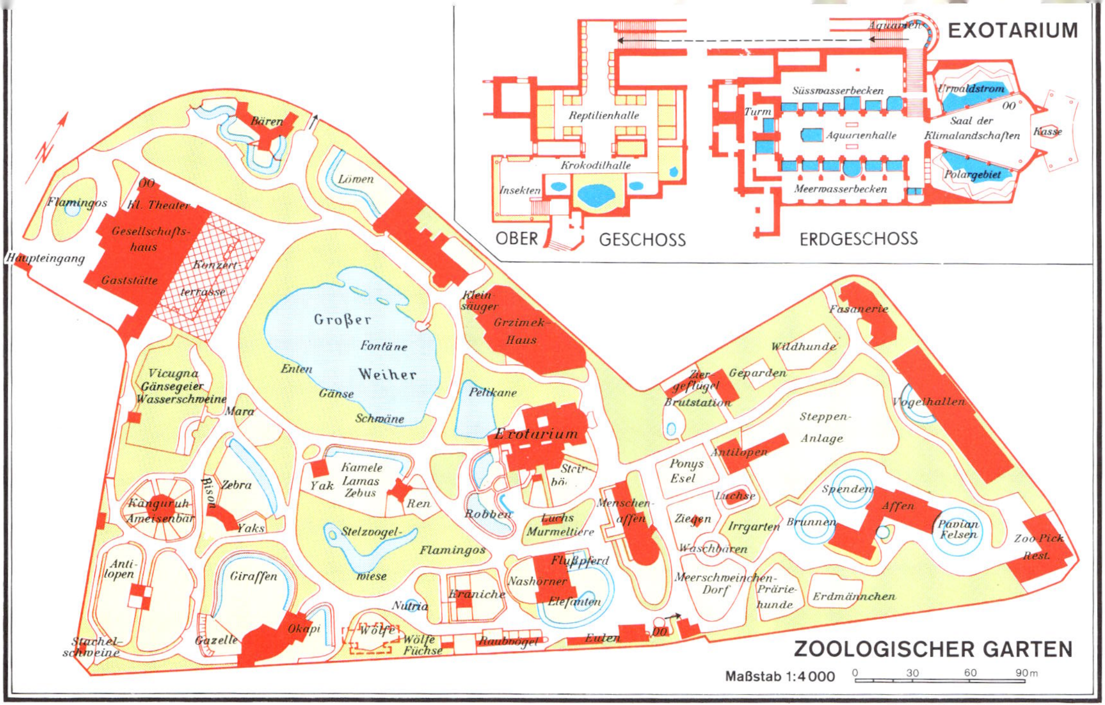

Kart. Inst. G. Schiffner, Lahr/Schwarzwald

Das **Exotarium** (Eintr. S. 22), das 1957 anstelle des zerstörten Aquariums erbaut wurde, verdient einen ausführlichen Besuch. Der SAAL DER KLIMALANDSCHAFTEN zeigt ein tropisches Flußufer mit Fischen und Vögeln, eine Polarlandschaft, in der man Pinguine auch unter Wasser sieht, und eine Gebirgsbachpartie mit Vögeln. Die AQUARIENHALLE hat 14 Schaubecken, teils für Süßwasser-, teils für Seewassertiere (z.B. Rotfeuerfische und Piranas). Die REPTILIENHALLE im Obergeschoß ist als Urwald gestaltet mit typischen Vertretern aus den verschiedenen Kriechtiergruppen, z.B. Komodo-Waran, Riesenschildkröten, Kobras usw. In der geräumigen Krokodilanlage zweimal täglich Tropengewitter. – Das anschließende INSEKTARIUM enthält auch tropische Spinnen, Skorpione und Blattschneiderameisen. Erläuterungen durch UKW-Taschengeräte möglich.

Das GRZIMEK-HAUS (1978) beherbergt 44 Gehege für kleine bis mittelgroße Säuger mit einer Dunkelabteilung für nachtaktive Formen wie Fledermäuse, Nachtaffen, Wüstenfüchse, Wickelbären, Schwarzfuß-Katzen, Kiwis etc.

Die VOGELHALLEN (1961) enthalten den *Juwelensaal* für wertvolle Kleinvögel, die *Zentralhalle* mit einer Schwimmvogellandschaft z.B. für die Kormorane und Königsfischer, die *Waldflughalle* für Fasanentauben, Turakos, Blatthühnchen usw.

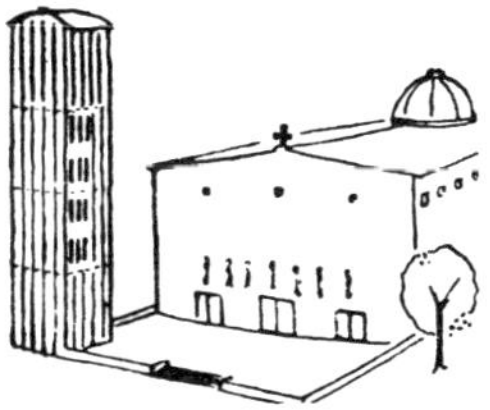

An der Nordseite des Zoogeländes liegt die kath. **Allerheiligenkirche,** 1953 nach schweizer und italienischen Vorbildern von Giefer und Mäckler erbaut. Die nach außen gewölbte Front des in gelben und weißen Kalksteinlagen geschichteten Baues zeigt sieben eingetiefte Heiligengestalten von Mettel. Der Campanile ist ein Stahlskelettbau. Der maßstäblich feine Raum hat einen Parabelgrundriß und ist in graublauen und weißen Tönen gehalten, sein Altar steht unter einer Kuppel aus Glasprismen, die auf Säulen ruht. Das Allerheiligenbild stammt von dem Frankfurter Maler Georg Poppe (1883–1963).

Südwestlich vom Zoo die *Dreieinigkeitskirche* (H 5) und das *Clementine Kinderhospital Dr. Christ'sche Stiftung,* 1835 von dem Armenarzt Dr. Theobald Christ (1777–1841) gestiftet und aus Mitteln der Familie Rothschild zum Gedächtnis ihrer Tochter Clementine (*1865) weiter ausgebaut. Im Park unter Plantanen das Grab des Tuchkaufmanns und Wohltäters Philipp Heinrich Fleck (1740–1816). An der Rhönstraße (östl. J 4) steht die ev. St. Nikolaikirche (1959; H. Bartolmes).

Der **Ostpark** (31 ha) ist ein weiträumiger Landschaftspark mit ausgedehnten Wiesenflächen für Sport und Spiel, der 1900–1908 angelegt wurde. Der 400 m lange *Weiher* in seiner Mitte mit Enten und Uferflora ist vermutlich ein Rest des Riederbruches, das sich einst am Fuß des Riederberges gebildet hatte. In der Südwestspitze des Parkes liegt der *Zentralschulgarten*, in dem sich auch alle Pflanzen und Bäume finden, die unter Naturschutz stehen. – Auf dem FESTPLATZ, jenseits des Ratsweges, findet auch die traditionelle *Dippemess* für Töpferwaren statt, die früher auf dem Römerberg abgehalten wurde.

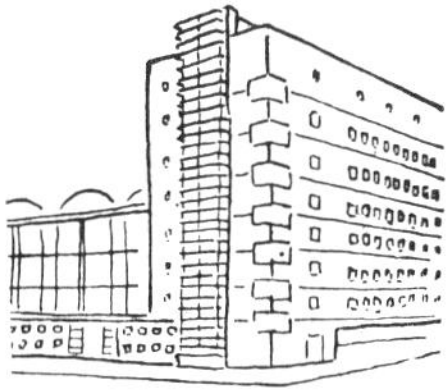

Die **Großmarkthalle** (16), seit 1968 ein städtischer Eigenbetrieb, versorgt Frankfurt, ganz Hessen und Teile der angrenzenden Bundesländer, im Ganzen etwa 5 Mio Menschen. Sie ist ein 250 m langer, durch Klinker verkleideter Eisenbetonbau, mit 15 halbrunden Betonschalen gedeckt, und mit zwei 36 m hohen Kopfhäusern für Büros einerseits, Kühlräume andererseits, erbaut 1927–28 nach Plänen von Elsässer. Sie ersetzte eine 1879 in der Hasengasse erbaute Halle, die heute als Kleinmarkthalle der Innenstadt floriert, und heißt volkstümlich die 'Gemieskerch' (Gemüsekirche). Im Jahr werden hier rund 400 000 to Obst und Gemüse umgeschlagen, wozu noch ca. 200 000 to kommen, die von hier aus vom Erzeuger zum Verbraucher nur gesteuert werden. Etwa 140 Erzeugerfirmen, 110 Großhändler und ca. 30 Importeure sind hier vertreten, nur München ist als Importmarkt größer. Für Blumen gibt es eine eigene Großmarkthalle (S. 181).

Etwa die Hälfte der Ware kommt mit der Bundesbahn, die andere mit LKW, auch Luftfracht nimmt an Bedeutung zu, namentlich für Früchte aus Mittelamerika, Mexiko etc. Fernschreiber, Telefone und die 'Eidechsen' genannten Elektrowagen sorgen für raschen Umschlag. An der Mainseite große Ladeanlagen und die *Importhalle.* Der Verkaufsbetrieb beginnt um 5 und flaut um 11 Uhr ab; 35 to Müll sind täglich wegzuschaffen. Ein Besuch in den Morgenstunden ist ein lehrreiches Erlebnis.

Untergebracht sind hier auch die *Städtischen Küchenbetriebe*, die täglich bis zu 15 000 Kühlkostmenus herstellen, etwa 10 000 sind für Schulen und Kindertagesstätten bestimmt.

VI. AUSSENBEZIRKE

22. Gutleutviertel. Gallusviertel. Griesheim. Nied

Zwischen dem Main und dem Gleiskörper des Hauptbahnhofes erstreckt sich das GUTLEUTVIERTEL, dessen Achse die Gutleutstraße ist. Sie quert den BASLER PLATZ (C 7), von wo auch der 650 m lange sog. 'Theatertunnel' die Verbindung zur Berliner Straße der Innenstadt herstellt. Am Anfang links die ev. *Gutleutkirche* (1956/57; Schanty) mit Mosaiksymbolen am Glockenturm. Rechts die um 1880 erbaute *Gutleutkaserne,* ein Backsteingeviert von 260 x

170 m das jetzt leer steht und in dem ein *Zentralfinanzamt* für Frankfurt entstehen soll. – Durch die Hafenstraße gelangt man zum Westhafen.

Der **Westhafen** (C 8), schon 1886 angelegt, dient im Gegensatz zu dem weit größeren und später angelegten Osthafen vorwiegend dem Stückgutverkehr und hat auch nur ein Hafenbecken von 250 m Länge. Am Kai die Lagerhäuser der Speditionsfirmen 'Rhenus' und 'Rhenania'. – Am Westende das **Kraftwerk West,** ein hoher Backsteinblock mit drei Schloten und mächtigen Halden. Diese wichtigste Energiequelle Frankfurts für Strom und Fernheizung ist ein Hochdruckkraftwerk mit 84 atü und einer Leistung von 170 000 kWh. – Gutleutstraße 215 liegt ein *Werk der Degussa,* in dem etwa 800 Mitarbeiter keramische Farben, oxidkeramische Erzeugnisse und Salze zur Wärmebehandlung von Metallen herstellen.

Jenseits der Bahnunterführung erstreckt sich zum Main hin der **Sommerhoffpark** (A 8) mit schönen alten Rotbuchen, eingefaßt von einem Altenheim der Arbeiterwohlfahrt und einer Schule. Das 1944 abgebrannte 'Landhaus Sommerhoff' hatte Salins de Montfort 1804 für die Familie Gogel erbeut, bei der Fr. W. Hegel durch Vermittlung Hölderlins 1797–1800 Hauslehrer war. Das westlich anschließende Hofgut *Gutleuthof* geht auf ein 1283 bis 1619 bestehendes Leprosenhaus zurück, das 1801 abbrannte. Anstelle des jetzt stillgelegten Hotels und Restaurants soll ein Berufsschulzentrum für Frankfurt erbaut werden.

Zwischen Hauptbahnhof und Güterbahnhof öffnet sich keilförmig nach Westen das GALLUSVIERTEL, im Volksmund 'Kamerun' genannt, das nach etwa 3,8 km an der Autobahn endet. Hier lag einst das Galgenfeld, doch hat man den Namen nach Abschaffung des Galgens in den Namen des heiligen Gallus, der nichts damit zu tun hat, umgewandelt.

Vom Platz der Republik an bildet die breite Mainzer Landstraße (AB 7) die sehr belebte Verkehrsachse dieses Viertels. Zwischen ihr und dem Gleiskörper des Hauptbahnhofes entsteht seit 1973 das neue **Postzentrum,** dessen Hochhaus ein goldenes Posthorn schmückt. Es erstreckt sich auf einem 1 100 m langen, 100 m breiten Gelände vom Bahnhofsplatz bis zur Camberger Brücke und wird das größte in Europa sein. Der erste Bauabschnitt reicht von der Hafenstraße nach Westen, der zweite wird dann zwischen Hafenstraße und Bahnhofsvorplatz liegen. Hier werden zunächst ein Betriebsgebäude für Paketumschlag, Briefabgang und Briefzustellung, ein Postbahnhof und ein Verwaltungsbau angelegt, da die jetzigen Postämter in und unter dem Hauptbahnhof nicht mehr ausreichen. 1,7 Mio Briefe, über 100 000 Pakete und ca 60 000 Päckchen laufen hier täglich durch. – In der Mainzer Landstr. 187 befindet sich die 1947 gegründete *Versandstelle für Sammlermarken,* in der über 250 Kräfte an etwa 1,2 Mio Abonnenten lfd. Briefmarken versenden.

Die Mainzer Landstraße wird von Geschäftshäusern großer Firmen flankiert. Ecke Hellerhofstraße das 1962 erbaute Verlagshaus für die **Frankfurter Allgemeine Zeitung** *(F.A.Z.)*, die 1949 gegründet wurde und zu den großen Zeitungen der Welt gehört.

Die *Frankfurter Allgemeine Zeitung* hält sich in ihrem Titel einerseits an die Tradition, eine Zeitung nach ihrem Erscheinungsort zu benennen, andererseits bringt der Untertitel 'Zeitung für Deutschland' zum Ausdruck, daß sie sich als Stimme Deutschlands in der Welt versteht. Die FAZ ist in der Tat gleichmäßig über die ganze Bundesrepublik und West-Berlin verbreitet und geht in 130 Länder der Erde. In Frankfurt und Umgebung liegt ihr die 'Zeitung für Frankfurt' bei. Seit der Gründung 1949 ist der Leserkreis ständig gewachsen. Die verkaufte Auflage betrug 1980 über 312 000 Exemplare, davon über 266 000 Abonnements und einer Auslandsauflage von 35 000. Sie wird in 144 Länder geliefert. Mit über 1 Million Lesern ist sie die größte national verbreitete Tages- und Wirtschaftszeitung.

Gleich jenseits der Eisenbahnunterführung steht die kleine, 1414 erbaute *Galluswarte*, einst 'Galgenwarte' genannt, die mit mehreren anderen das Vorfeld der Stadt überwachte, heute aber nur noch einen Entlüftungsschacht der Kanalisation enthält. Nahebei die große, *St. Galluskirche* 1952, deren Turm von der Vorgängerin (1910) stammt.

In der Architekturgeschichte hat sich Frankfurt einen Namen gemacht durch die weiter nördlich an der Frankenallee gelegene HELLERHOF-SIEDLUNG, die der Holländer Mart Stam 1929–31 für die Hellerhof-AG erbaut hat. Die kleinen, damals Maßstäbe setzenden billigen Häuser sind als Beispiel der Bauhaus-Bewegung 1975 unter Denkmalschutz gestellt worden, inzwischen aber teilweise modernisiert und altengerecht umgebaut. Diese 'funktionalistische Lohnarbeitersiedlung' besteht aus elf dreigeschossigen Zeilen mit Laubengängen und Innenhöfen, die durch Birken und Trauerweiden ein parkartiges Aussehen gewonnen haben. Beachtenswert ist auch die expressionistische *Friedenskirche* an der Frankenallee.

Jenseits der Autobahn folgt der Vorort GRIESHEIM mit Chemiewerken der Hoechst AG *(Messer-Griesheim)* und der deutschen Niederlassung von *Alfa Romeo*. Über die *Staustufe Griesheim* führt ein Fußgängersteg hinüber nach Schwanheim. – Dann folgt im Winkel zwischen Main und der kanalisierten Nidda der Vorort NIED, der 1928 eingemeindet und nun durch die neue *Schwanheimer Brücke* mit dem südlichen Mainufer verbunden wurde. An der Nidda liegen flußaufwärts ein 1965 stillgelegtes Bundesbahnausbesserungswerk für Dampflokomotiven nebst Eisenbahnersiedlung und der *Nieder Wald*. Die sechsbogige Sandsteinbrücke über die Nidda wurde lt. Tafel 1824 erbaut. In der Römerzeit befand sich in Nied die Zentralziegelei des Obergermanischen Legionsheeres.

23. Höchst

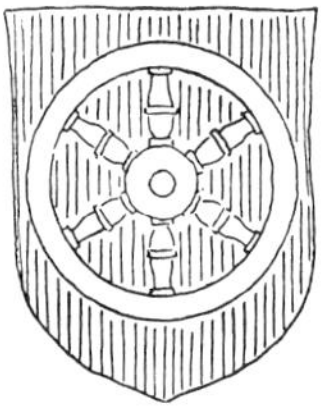

Höchst (88 m), das seit 1928 zu Frankfurt gehört, liegt 9 km westlich der Stadtmitte an der Mündung der *Nidda* in den Main. Es ist Sitz des Landrates des Main-Taunus-Kreises und vereinigt in sich die Züge eines imposanten Industriesitzes mit der Romantik einer mittelalterlichen Stadt am Mainufer. Seine günstige Entwicklung verdankt der Ort der geographischen Lage (Mainhafen), der Gunst der Mainzer Kurfürsten und der wirtschaftlichen Aufgeschlossenheit seiner Bevölkerung. Die 12 000 Einwohner sind vorwiegend in der *Hoechst AG* sowie in Fabriken für Maschinen, Möbel, Glaswaren usw. beschäftigt. Der Krieg hat die Stadt sowie die mit im Besitz von Dupont befindlichen Farbwerke verschont.

GESCHICHTE. Am Schnittpunkt einer römischen Mainstraße mit der Niddamündung gelegen, ist der aus dem Überschwemmungsgebiet des Mains herausragende Ort von der augusteischen Zeit an bis 260 n. Chr. römischer Hauptwachplatz gewesen und nach 500 merowingisches Königsgut. Der Name *Hostat* (= die hohe Stätte) wird 790 zum ersten Male genannt. Unter den Karolingern entstand die *Justinuskirche.* 1355 erhielt Höchst durch Karl IV. Stadtrechte und blieb bis 1801 dem Mainzer Bischof unterstellt (Willigis-Rad im Wappen). Mit der Stadtbefestigung und der Wehrburg wurde um 1355 begonnen, doch wurden diese 1396 durch den Frankfurter Stadthauptmann Johann von Kronberg zerstört, durch Kurfürst Johann II. von Nassau (1397–1419) aber wieder aufgebaut. Erweiterung 1463–1475 durch Diether II. von Isenburg. Kurfürst Wolfgang Kömmerer von Dalberg (1582–1601) erbaute anstelle der alten Wehrburg ein Schloß, das wiederum dem 30jährigen Krieg zum Opfer fiel, bald nachdem es Gustav Adolf als Residenz gedient hatte. Mit der Blütezeit von Höchst ist der Name des Mainzer Kurfürsten Emmerich Josef von Breidbach-Bürresheim (1763–74) verbunden, der für Industrien eine 'Neustadt' gegründet und dem reichen Frankfurter Tabakfabrikanten *Joseph Maria Markus Bolongaro* die Niederlassung in Höchst erleichterte. 1802 wurde das für die Justinus-Kirche zuständige Antoniter-Kloster aufgelöst und Höchst politisch dem Herzogtum Nassau unterstellt. Die Verflochtenheit der Farbwerke mit dem Wirtschaftsgebiet Rhein-Main führte 1928 zur Eingemeindung in Frankfurt.

Der Modellmeister der Höchster Porzellanmanufaktur, *Laurentius Russinger* (1739–1810), der Publizist *Johann Caspar Riesbeck* (1754–86), erster Redakteur der Zürcher Zeitung, der Historiker *Joseph von Aschbach* (1801–82), der Zoologe *Karl Chun,* Leiter der Deutschen Tiefsee-Expedition 1898/99, und der Chemiker *Hans Fischer* (1881–1945), Träger des Nobelpreises für Chemie 1930, wurden in Höchst geboren.

Höchst besitzt eine gut erhaltene kleine ALTSTADT, deren Stadtmauer am Mainufer in 400 m Länge zwischen der alten *Mainmühle* im Osten und dem dicken *Ochsenturm* im Westen erhalten ist. Die mit Blumenanlagen geschmückte Mainpromenade führt daran entlang, das spitzbogige *Maintor* (1465) mit Wappen und vielen Hochwassermarken daran gewährt den alten Zugang durch den schieferverkleideten *Zollturm.* Das *Besatzungsmal,* eine Bronzetafel, erinnert an die Besetzung der Stadt durch die

Alliierten 1918 bis 1930. Vor der Kaimauer des Hafens die *Wagenfähre* (1911), die bis zur Erbauung der bereits 1928 versprochenen Mainbrücke Dienst tun soll.

Die Stadtmauer war einmal 1000 m lang und wies drei Tore und fünfzehn Türme auf, von denen noch Reste in einigen Häusern erhalten sind. Den malerischen *Schloßplatz vor der Schloßbrücke umstehen ein rotes, ein grünes, ein gelbes und ein violettes Haus, darin die Gasthäuser 'Schwan' und 'Bär'. Hier auch das ehem. Gasthaus 'Zum Karpfen' (Nr. 9/11), in dem schon Dürer und um 1770 Goethe abgestiegen war, als er das Schloß zeichnete. Es ist als Wohnhaus alter Art mit Schieferverkleidung und vorgetäuschtem Fachwerk erneuert worden. Erhalten ist nahebei auch das ziegelrote *Alte Rathaus*, ein Steinbau des Italieners Stupanus von 1585 mit kugelbesetzten Stufengiebeln, das bis 1843 benützt wurde.

Das **Schloß** (BC 3) in der Südwestecke der Altstadt ist weithin sichtbar durch seinen hoch aufragenden runden Bergfried aus dem Mittelalter, den seit 1681 eine originelle rote Sandsteinkuppel bekrönt. Erbaut wurde es um 1360 als Sitz und Zollstätte der Mainzer Erzbischöfe, 1396 von den Frankfurtern zerstört und 1397–1404 sogleich wieder hergestellt. Erhalten ist heute außer dem Bergfried nur der Nordostteil des Schlosses und der um 1600 angelegte Wohnbau westlich des Schloßgrabens, da das Schloß 1635 durch Bernhard von Weimar zerstört wurde. Der rote Bau mit Goldschmuck, Schieferdach und einem Rundturm wurde von der Hoechst AG erworben und wiederhergestellt. 1945 bis 1967 war das Schloß Sitz von 'American Forces Network' *(AFN)*. Die *Schloßbrücke* führt über den tiefen Burggraben, der bis zum 17. Jh. mit Wasser gefüllt war, jetzt aber in einen hübschen Schloßpark umgewandelt ist. Das seit 1956 alljährlich veranstaltete *Höchster Schloßfest,* das seit 1967 unter Beteiligung anderer Nationen stattfindet, ist das Hauptfest im Höchster Jahreslauf.

Das Schloß beherbergt seit 1975 das *Museum für Höchster Geschichte*, es enthält vor- und frühgeschichtliche Funde, Zeugnisse der Römerzeit, Dokumente zur Stadtgeschichte und eine ansehnliche Sammlung von Höchster Porzellan. Hervorzuheben: Einbaum aus der Jungsteinzeit; Bruchstücke einer röm. Jupitersäule; Erzeugnisse der röm. Ziegelei in Nied (S. 165) wie Ziegel, Ziegelstempel, Bauplastik und Tonmasken; Gerichtsbücher des 15. u. 16. Jh.; Pokal aus Ton, um 1580; Glasgefäße des 16. Jh.; Faßdeckel mit geschnitzter Stadtansicht von 1780; Stücke aus nassauischer Zeit (1802–66)

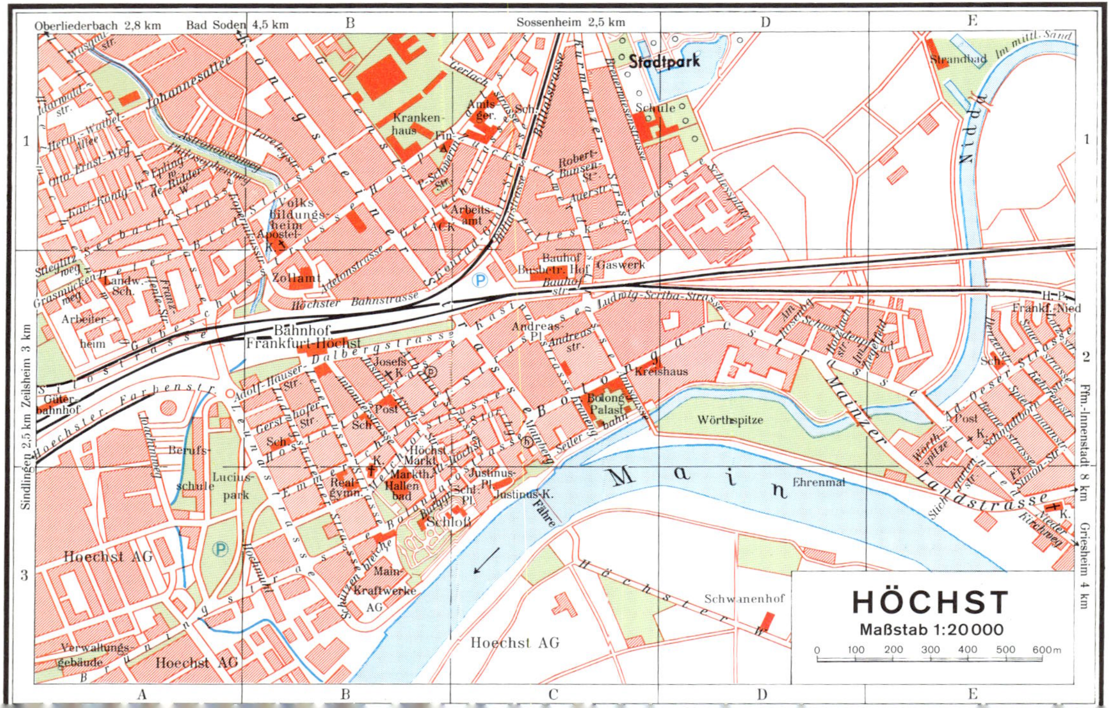
HÖCHST
Maßstab 1:20000
0 100 200 300 400 500 600m
Oberliederbach 2,8 km
Bad Soden 4,5 km
Sossenheim 2,5 km
Ffm.-Innenstadt 8 km
Griesheim 4 km
Sindlingen 2,5 km Zeilsheim 3 km
Stadtpark
Schule
Strandbad
Nidda
Main
Ehrenmal
Wörthspitze
Kranken-
haus
Amts-
ger.
Arbeits-
amt
Volks-
bildungs-
heim
Zollamt
Bahnhof
Frankfurt-Höchst
Gaswerk
Kreishaus
Bolongo-
Palast
Schloß
Fähre
Justinus-K.
Markth.
Hallen
bad
Real-
gymn.
Main-
Kraftwerke
AG
Hoechst AG
Schwanenhof
Lucius-
park
Berufs-
schule
Verwaltungs-
gebäude
Güter-
bahnhof
Königsteiner Strasse
Gotenstrasse
Kurmainzer Strasse
Mainzer Landstrasse
Bolongarostrasse
Ludwig-Scriba-Strasse
Höchster Bahnstrasse
Johannesallee
Dalbergstrasse
Brüningstrasse
Emmerich-Josef-Strasse
Leunastrasse
Silostrasse
Farbenstr.
Höchster Farbenstr.
Bahnhof
Bauhof
Busbetr. Hof
Post

darunter die Höchster Revolutionsfahne von 1848. Außerdem ist im Schloß das *Firmenmuseum der Hoechst AG* untergebracht, das die Dimensionen und die Geschichte dieses Weltunternehmens erkennen läßt.

Die **Justinuskirche** (C 3), auf dem höchsten Punkt der Altstadt, ist ein ehrwürdiges Baudenkmal karolingischen Ursprunges mit feiner Silhouette über der mittelalterlichen Stadtmauer. Die Baugeschichte dieser ältesten Kirche Frankfurts verrät sich schon von weitem: der niedrige Westteil mit seinen gedrungenen Baumassen entstammt einer um 834 geweihten Basilika, der hohe gotische Chor wurde anstelle der alten Apsis aufgeführt. Die Gebeine des Märtyrers Justinus (†165) wurden angeblich von Rom hierher gebracht, die Kirche über einer Quelle erbaut. 1419 wurde das Gotteshaus Pfarrkirche und 1441 übernahmen die Antoniter die Seelsorge, erbauten 1443–60 den hohen lichten Chor und die drei Kapellen an der Nordseite. 1970–74 wurde der Bau erneuert und das reiche spätgotische Portal (um 1460) auf der Nordseite erhielt dabei Abgüsse der verwitterten Figuren der Heiligen Antonius und Paulus. Schlüssel im Pfarrhaus, Justinusplatz 2; Anmeldung von Gruppen: Tel. 31 32 84.

Man betritt die Kirche durch eine spätgotische Vorhalle. Das Langhaus wurde um 1090 erhöht. Die karolingischen *Säulen* gehören durch ihre meisterhaften Blattkapitelle und Kämpfer zu den schönsten dieser Zeit. Die *Kanzel* ist im Empirestil (1812), die zierliche *Orgel* barock, den rechten Seitenaltar von 1737 ziert eine *Madonna mit Kind,* den linken Seitenaltar eine barocke *Pietà.* Der Chor hat breite Maßwerkfenster, einen *Barockaltar* (1726) mit Holzplastiken von Uhrwerker und einem Altarblatt 'Kreuzigung Christi' von Ch. Jung und Reste vom spätgotischen *Chorgestühl.* In der Antoniuskapelle eine meisterhaft geschnitzte *Antoniusfigur* von 1485. In der Taufkapelle der spätgotische *Taufstein,* der auf roman. Löwen ruht, sowie die beiden Originalfiguren vom Hauptportal. In der Beichtkapelle drei erhaltene *Tafeln des Kreuzaltares* (1485), der einst vor dem abgebrochenen Lettner stand. Beachtenswert auch drei *Grabmäler* (1520, 1527, 1548). – Schöner Blick aus dem Garten über den Main und auf die Niddamündung.

An der Bolongarostraße, nahe der Justinuskirche, steht noch in Teilen das 1441–1803 bestehende *Antoniterkloster* (Nr. 139), ein Gebäude des 16. und 18. Jh., in dem sich heute Archiv und Bibliothek des Vereins für Geschichte und Altertumskunde befinden. Der ehem. Kapitelsaal hat zum Hof einen Erker von 1586 und eine Stuckdecke in Bandelwerk (um 1735).

Am Westrand der Straße steht das **Dalberghaus** das 1577–80 von den Kronberger Grafen erbaut wurde und später im Besitz des Erzbischofs Wolfgang von Dalberg war. Bis 1977 wurde es von der Hoechst AG wiederhergestellt und ist nun die Produktionsstätte der neuen *Höchster Porzellanmanufaktur* mit Ausstellungsräumen.

Die **Höchster Porzellanmanufaktur** wurde 1746 als dritte europäische Manufaktur nach Meissen (1711) und Wien (1719) gegründet, 1765–78 als Handlungskompanie geführt und schließlich von der Mainzer Hofkammer übernommen und bis 1796 fortgeführt. Ihre Geschirre haben Rokoko- und und klassizistische Formen und zeigen Blumen-, Landschafts- und figürliche Malereien. Besondere Wertschätzung genießt die Höchster Porzellanplastik, für die *Laurentius Russinger* (1753–67), und vor allem sein Nachfolger *Johann Peter Melchior* (1768–79) die Modelle schufen. Sie brachten besonders graziöse Figurengruppen hervor, aber auch Gebrauchsporzellan und Behälter für Schnupftabak. Die Marke ist das dem Mainzer Wappen entnommene Rad. Ausgezeichnete Stücke findet man im Histor. Museum und im Museum für Kunsthandwerk in Frankfurt. Nach einem ersten Versuch der Wiederbelebung (1947–62) wurde unter neuer Leitung die Produktion nach Originalen des 18. Jh. wieder aufgenommen; auch neue Modelle wurden entwickelt.

Der **Bolongaro-Palast** (C 2), in der Bolongarostraße, ist 1772–75 als Wohn- und Handelshaus für Joseph Maria Markus Bolongaro (†1779) und seinen Bruder Jakob Philipp, Schnupftabakfabrikanten aus Stresa am Lago Maggiore, errichtet worden, doch scheiterte die vom Mainzer Erzbischof geförderte Industrieansiedlung schon nach fünf Jahren. Dieser erste deutsche Kaufmannspalast, dessen Architekten Chr. Müller aus Mainz und Nep. Lauxen aus Koblenz waren, nimmt es an Umfang und Ausstattung mit den besten Adelspalästen seiner Zeit auf. Seit 1908 war er im Besitz der Stadt Höchst und diente bis zur Eingemeindung 1928 als Rathaus, jetzt als Bezirksrathaus. Die strenge Straßenfront von 117 m Länge endet in zwei Pavillons, von denen der westliche die Hauskapelle enthält. An der Gartenfront befindet sich eine offene Halle mit jonischen Säulen und Puttengruppen der vier Künste darauf. Nach dem Main zu laufen zwei lange Seitenflügel vor, die einen TERRASSENGARTEN umschließen. Reizvoll darin der muschelblasende *Triton auf Delphin* im Wasserbecken und die zwölf musizierenden *Türkenknaben* und *Sphinxe* auf der Sandsteinbalustrade; in der Freitreppe unten eine Grotte, darin ein *Drache.* Der westliche *Gartenpavillon* war als Sommerwohnung für den Erzbischof gedacht und dient jetzt als *Standesamt.* Schöner Blick über den Fluß hinüber auf die Mainebene.

Im Palast in der Eingangshalle ein Plan der 'Neuen Anlage' von 1772. Sehenswert das kleine *Treppenhaus* mit prächtigem schmiedeeisernem Geländer und Deckengemälde, der *Festsaal,* die zweistöckige Hauskapelle und das *Napoleonzimmer,* in dem der Kaiser am 1./2. November 1813 seine letzte Nacht rechts des Rheines zubrachte und dann am 16. Nov. 1813 sein Verfolger, Marschall Blücher, übernachtete. Im ersten Stock eine kleine *Sammlung von Höchster Porzellan,* in sog. 'Passauer Ausformungen' von 1927.

Eine Fußgängerbrücke führt über die Niddamündung auf die **Wörthspitze,** eine Parkanlage mit prächtiger Pappelallee.

Vom Schloß nach Westen zu den Höchster Farbwerken führt die Brüning-Straße, an deren Anfang ein überlebensgroßes bronzenes *Bismarckdenkmal* (1899; Aloys Mayer) steht. Das Stromufer beherrscht hier die *Main-Kraftwerke AG,* deren Strom rd. 670000 Einwohner in sieben Landkreisen versorgt. Hohe Schornsteine und Kohlenhafen am Main. Nach Norden hin erstreckt sich der neugeschaffene *Brüningpark,* an den die große *Berufsschule* grenzt.

Die **Hoechst AG** (A 3), die hier über 31000 Arbeitskräfte beschäftigt und deren Werksgelände 4 qkm nördlich und südlich des Mains einnimmt, zählt zu den größten chemischen Werken der Welt. Ihre Erzeugnisse haben Weltruf. Unter dem Firmennamen 'Meister Lucius & Co.' wurde die Hoechst AG 1863 zur Herstellung von Anilin- und Teerfarben gegründet und machte sich bald durch ihre Fuchsin- und Indigofarbstoffe sowie durch Medikamente einen Namen. Heute sind Farb- und Gerbstoffe, Kunststoffe, Kunstfasern, Kunstharze, Düngemittel, Pflanzenschutzmittel, Kohlefabrikate, Wachse, Edelgase und Arzneien ihre Haupterzeugnisse.

1925 schlossen sich die Werke mit fünf anderen: der badischen Anilin- und Sodafabrik in Ludwigshafen, den Farbenfabriken vorm. Friedrich Bayer & Co. in Leverkusen, der AG für Anilinfabrikation (Agfa) in Berlin, der Chemischen Fabrik Griesheim-Elektron in Frankfurt und den Chemischen Fabriken vorm. Weiler-ter Meer in Uerdingen am Rhein, zur *IG-Farbenindustrie AG* in Frankfurt zusammen. Seit der Auflösung dieses damals größten deutschen Industrieunternehmens im Jahre 1945 ist die Hoechst-AG wieder selbständig. Ihr sind eingegliedert die *Knapsack AG* in Knapsack bei Köln, die *Kalle AG* in Wiesbaden, die *Behringwerke AG* in Marburg, die *Hoffmann & Engelmann AG* in Neustadt, die *Chemische Werke Albert AG* in Wiesbaden, die *Reichhold Albert Chemie AG* in Mainz, die *Süddeutsche Chemiefaser AG* in Kelheim.

Das *Alte Verwaltungsgebäude* ist ein expressionistischer monumentaler Backsteinbau von Peter Behrens (1923); sein Turm ist auch als Firmenzeichen bekannt. Im Inneren sind das Treppenhaus und ein Gefallenenmal beachtenswert (1929). Das *Neue Verwaltungsgebäude* wurde 1954–55 nach Plänen von Gerhard Weber errichtet, mit einem sieben Stockwerke hohen Glasmosaik von Aloys Spreng. Unter Denkmalschutz steht heute das 1893 eingeweihte *Hauptcomtoirgebäude* an der alten Farbenstraße, dessen Portalbau mit allegorischen Gruppen 'Chemie' und 'Handel' geschmückt ist.

In dem großen Werksgelände mit Säuretürmen, Kugelbehältern, Riesenkesseln fällt der Stickstoffsilo für 62000 t Düngemittel besonders auf. Eine 1958–60 errichtete gewaltige Anlage, die vollautomatisch arbeitende Hochtemperaturpyrolyse, erzeugt jährlich 32000 to Acetylen und 4800 to Äthylen.

Vom Fabrikgelände führt seit 1960 eine pfeilerlose *Werksbrücke* über den Main, wo vor dem Schwanheimer Wald das größte private **Forschungs- und Versuchszentrum** der chemischen Industrie in der Bundesrepublik entstand. Hier sind die Laboratorien der Farbwerke Hoechst zusammengefaßt. Der große Neubau der *Pharma-Synthese* (1972) hat 32 Mio gekostet, die zweite *Werksbrücke* im Westteil des Werkes (1972), hat eine Stromöffnung von 148 m und ist als Bahn- und Straßenbrücke die erste Schrägseil-Spannbetonbrücke der Welt. Eine biologische *Wasserreinigung* und etwa 80 Filteranlagen bemühen sich um Reinhaltung von Wasser und Luft. Trotzdem wurden bislang größere Mengen an chemischen Substanzen (Quecksilber, Salzsäure u.a.) in den Main geleitet und trugen zu einer hohen Umweltbelastung bei.

Im Südwesten, jenseits der Farbwerke, liegt an einem Mainbogen der Vorort SINDLINGEN. Bemerkenswert die klassizistische *St. Dionysiuskirche* von 1823 mit freistehendem Turm aus dem 17. Jh. und der *Allesinapark* mit altem Herrenhaus am Flußufer. 1 km südlich des Ortes, etwa am tiefsten Punkt des hier endenden Frankfurter Stadtgebietes, liegt das große neue *Klärwerk Sindlingen*, (1979–82) mit Schlammverbrennungsanlage.

Zwischen der Bahnlinie und der 1,5 km entfernten Autobahn liegt zu beiden Seiten der schnurgeraden Königsteiner Straße (B 1) der Ortsteil UNTERLIEDERBACH. Seinen westlichen Teil durchzieht der von Parkanlagen begleitete *Liederbach*. In der Gebeschusstraße steht das 1975 eröffnete **Bildungs- und Kulturzentrum** (B 1) kurz 'Bikuz' genannt, in dem zwei Schulen, die Volkshochschule, die Stadtbücherei, Räume für die Ortsvereine, ein Kommunales Kino und eine Sporthalle vereinigt sind. Im östlichen Teil liegt in Grünanlagen das **Städtische Krankenhaus** (1960–65), ein Schwerpunktkrankenhaus für 1100 Patienten, mit 60 m hohem Zentralgebäude. Im Parkgelände Skulpturen; 'Kraniche' von Emy Röder, 'Der Schreitende' von Wotruba und 'Strebungen' von Heierhoff. – Als Bauleistung Aufmerksamkeit erregt hat die *Siedlung am Cheruskerweg* (290 Wohnungen), die in neuartiger Weise gegen den Autobahnlärm geschützt ist. Jenseits der Autobahn das große *Main-Taunus-Einkaufszentrum*. Nach der Nidda zu liegt der um 1900 angelegte *Stadtpark* mit Schwanenweiher und anschließendem Sportgelände, sowie anstelle eines verschwundenen Armes der Nidda das vielbesuchte *Freibad*.

Nordöstlich an Unterliederbach schließt sich, von zwei Autobahnen begrenzt, der Vorort SOSSENHEIM, in dem noch das *Alte Rathaus*, ein Fachwerkbau von 1470, erhalten ist, das bis 1898 diesem Zweck diente (Alt-Sossenheim Nr. 41).

Nach dem Vorort ZEILSHEIM im Nordwesten, mit großer Werkssiedlung der Farbwerke, führt die Straße Pfaffenwiese. An ihr liegt frei im Grünen die **Jahrhunderthalle,** eine stählerne Flachkuppel von 86 m Durchmesser und 25 m Höhe (F. W. Kraemer). Als Geschenk der Hoechst AG an ihre Mitarbeiter 1963 zum 100jährigen Firmenjubiläum errichtet, ist die Halle zu einem kulturellen und gesellschaftlichen Treffpunkt vor den Toren Frankfurts geworden, mit Platz für 2 000–3 500 Besucher. Konzerte, Opern, Schauspiele, Ballette, Sportfeste, Kunstausstellungen finden hier das ganze Jahr hindurch starken Besuch. Ein Hotel, ein Kasino mit 700, ein Restaurant mit 350 Plätzen und eine Kegelbahn sind ebenfalls vorhanden. Im Innenhof die Bronzegruppe *Primavera,* eine Mädchen- und eine Jünglingsfigur von Gerhard Marcks (1963). – Östlich der Jahrhunderthalle befindet sich das *Silobad,* ein beheiztes Freibad der Hoechst AG, das allgemein zugänglich ist.

24. Bockenheim. Rödelheim. Ginnheim

Vom Messegelände führt die breite Theodor-Heuss-Allee als Ausfallstraße nach Westen, fortgesetzt von der Wiesbadener Straße (A 66). Auf der Südseite liegen die KUHWALD-SIEDLUNG und das 1953 gegründete *Battelle-Institut;* gemeinnützige Laboratorien für Auftragsforschung, dessen Stammhaus sich in Columbus/Ohio (USA) befindet. Von dort führt in großem Bogen die Straße Am Römerhof südlich um ein Gelände herum, in dessen Zentrum der Rebstockpark liegt. An seinem Rand verschiedene Institutionen: das *Institut für Kernphysik* der Universität, das zwei van de Graf-Teilchenbeschleuniger besitzt; der *Omnibus-Betriebsbahnhof Rebstock,* die *Kfz-Zulassungsstelle,* das neue *Technische Überwachungsamt,* der *ADAC-Verkehrsübungsplatz* nebst *ADAC-Prüfzentrum.*

Eine Hauptstraße erinnert an den Frankfurter Flugpionier *August Euler* (†1957) mit dem Flugpatent Nr. 1, eine andere an den 'Rhönvater' *Oskar Ursinus* (†1952), Förderer des Segelfluges.

Der **Rebstockpark** (28 ha), so genannt nach dem Gutshof eines Klosters, wurde 1958–62 als Volkspark neu angelegt auf einem Gelände, das 1912 bis etwa 1936 als Frankfurts Flugplatz gedient hatte. Schon 1909 hatte hier eine Internationale Luftfahrt-Ausstellung stattgefunden, Zeppeline waren hier gelandet und Militärflugzeuge entwickelt worden. Im Zentrum des wellig gestalteten Parkes liegt ein

3 ha großer *Weiher;* im Süden noch Dauerkleingärten und Sportplätze. Ecke Dammgraben/Buzzistraße erinnert im Boden ein Gedenkstein an die erste Landung eines Zeppelins (31. VII. 1909). Das Rebstockgelände soll nach und nach von den Autos befreit werden, die hier bei großen Messen parken. 1979 wurde der Bau des *Gartenhallenbades Rebstock* begonnen (Fertigstellung 1982).

Nördlich der Wiesbadener Straße befindet sich neben der *Biegwald-Siedlung* (1951–54) das **Hessenkolleg** (1964–67), in dem man im Rahmen des zweiten Bildungsweges in 3 Jahren die Hochschulreife erlangen kann. Westlich anschließend der *Biegwald* (18,4 ha), Rest eines geschützten Waldes von Eichen und Hainbuchen. – Die Wiesbadener Straße führt nach 3,5 km bei der *Anschlußstelle Ffm.-West* unter der Autobahn hindurch.

BOCKENHEIM, nordwestlicher Vorort Frankfurts, wird schon 768 erwähnt, kam 1736 zu Kurhessen, wurde 1819 zur Stadt erhoben und gegen Frankfurt wirtschaftlich entwickelt. 1866 wurde es preußisch, 1895 zu Frankfurt eingemeindet. Der Vorort ist Wohnviertel mit z. T. überalterten Wohnungen, hat Kleingewerbe und im Südwestteil große Werke für Elektrotechnik (Siemens) und Maschinenbau. Sanierungen in großem Maßstab sind geplant.

Von der leuchtend roten *Bockenheimer Warte,* (A 3), Frankfurts Vorposten aus dem Jahre 1435, führt die Adalbertstraße zur Schloßstraße, der Verkehrsachse im Südteil. Dort steht am Kurfürstenplatz zwischen Bäumen ein *Brunnenobelisk* mit Gruppen für Landwirtschaft und Industrie des Ortes. – Der BERNUS-PARK war bis 1944 Standort eines 1771 erbauten Schlößchens, in dem Anna Amalie von Anhalt-Dessau bis 1793 lebte. Der 'Alte Dessauer' hatte seine jüngste Tochter nebst bürgerlichem Liebhaber und Kind hierher verbannt, wo sie dann in guter Harmonie mit den Dörflern eine glückliche Ehe führte. Gegenüber vom Park das 1951 gegründete *Institut für internationale pädagogische Forschung.* – Jenseits des Bahnhofes Frankfurt-West an der Solmsstraße der alte Bockenheimer Friedhof, der seit dem Bau der ev. *Dreifaltigkeitskirche* (1952) in eine Parkanlage umgewandelt wurde.

Über das Ferngleisnetz am neuerbauten Westbahnhof schwingt sich auf 49 Stützen in 1 600 m Länge die neue *Brücke für die S-Bahn* zu den Taunusstädten.

Am Kirchplatz im Kern des einstigen Dorfes steht die 1365 erbaute, reizvolle **St. Jakobskirche.** Ihr Turm mit roten und schwarzen Steinlagen stammt von 1850, der neugestaltete Kirchenraum hat zwölf Glasgemälde von Carl Crodel (1956), mit der Heilsgeschichte im Chor und der Jakobslegende im Schiff. Da Frankfurt bis 1787 den reformierten Gottesdienst untersagt hatte, ermöglichten die Bockenheimer von 1634 an den Reformierten aus der Stadt hier ihren Gottesdienst abzuhalten. – Neben der Kirche das große *St. Elisabeth-Krankenhaus* und das *Grempsche Haus* (1593).

Im Norden von Bockenheim erhebt sich am Ende der Zeppelinallee in den Grünanlagen auf der 'Bockenheimer Höhe' die **Frauenfriedenskirche** (A 2), die 1927–29 zum Gedenken an die Opfer des Krieges von kath. Frauenverbänden Deutschlands errichtet wurde. Architekt war Herkomer, die 11 m hohe *Marienfigur* in Mosaik stammt von Sutor, die Pietà in der Krypta von Ruth Schaumann. Die Glasgemälde von Pick kamen 1962 hinzu. Gedächtnishof für die Gefallenen. Vom Platz vor der Kirche besonders schöner Blick über das Niddatal hinweg auf den Taunus. – Weiter nördlich an der Ginnheimer Landstraße (A 1) das neue *Institut für Leibeserziehung* (1973–75).

RÖDELHEIM, 6 km nordwestlich vom Stadtzentrum gelegen, erreicht man von Bockenheim durch die Rödelheimer Landstraße. Der Vorort liegt am rechten Ufer der *Nidda,* die hier mit ihren Armen zwei Inseln umschließt. Dort wo im Westen die Autobahn vorbeizieht, ist das Industriegebiet (Possmann, Alfred Teves, Siemens). Nahe dem Haus Am Seedamm 30 ein sehr alter jüdischer Friedhof, etwas westlich der markante, 51 m hohe Wasserturm (1897). Der schon 788 als 'Radiloheim' erwähnte Ort war vielumstritten, erhielt 1885 Stadtrechte, wurde aber 1910 zu Frankfurt eingemeindet. Zwischen zwei Niddaarmen liegt auf einer großen Insel der *Solmspark.* Die Grafen von Solms hatten anstelle einer Wasserburg des 12. Jh. 1802 ein Schloß erbaut, das 1944 zerstört und abgetragen wurde. Die gotische Schloßkapelle ist heute Nebenchor der 1953 im Park errichteten *ev. Cyriakuskirche.* – Niddaaufwärts am linken Ufer mit herrlichen alten Bäumen der *Brentanopark,* der 1770 von der Familie Brentano angelegt worden ist. Das weiße Gartenhäuschen und die ganze Anlage soll Goethe mit entworfen haben. Der Ginkgobaum, der am Niddawehr beim 'Petrihäuschen' steht, hat Goethe vermutlich zu seinen Versen über diesen Baum im 'Westöstlichen Divan' angeregt. Vielbesucht ist das nördlich angrenzende *Brentanobad* an einem Altarm der Nidda, mit Ruheinsel und Rollschuhbahn.

Am Ostufer der Nidda, Rödelheim etwa gegenüber, liegt der kleine Vorort HAUSEN, der schon als Dorf von 1428 bis 1866 Frankfurt gehörte und 1910 eingemeindet wurde. Nördlich an Hausen schließen sich jenseits der neuen Stadttangente, zwei vielbeachtete Wohnsiedlungen: östlich der Nidda die *Siedlung Hausen* (1926), westlich der Nidda' WESTHAUSEN (1928–31), eine der beispielhaften Planungen des Stadtbaurates Ernst May. Auf dem anschließenden *Bezirksfriedhof West* wurde 1961 an der Friedhofshalle eine von Otto Hajek großartig einfach gestaltete Leitwand von 72 m Länge errichtet. Hier ruhen auch 4 788 italienische Kriegstote des 2. Weltkrieges. Zwischen den beiden Siedlungen ist die kanalisierte Nidda von den abgeschnürten *Altarmen* begleitet.

GINNHEIM. Zwischen dem Grüneburgpark und Ginnheim liegt der 'Ginnheimer Berg', eine Anhöhe, die durch Neubauten von Bundesbank und Bundespost ihr Gesicht verändert hat und durch den umstrittenen 'Miquelknoten', die neue Kreuzung zwischen der Stadttangente und der Rosa-Luxemburg-Straße, noch weiter gewandelt hat.

Das einstige Dorf Ginnheim selbst, 1910 zu Frankfurt eingemeindet, liegt am Hang des Niddatales, ziemlich weit vom Fluß entfernt. Es ist ein beliebter Wohnvorort der Frankfurter und an seinem Ostrand haben auch die Amerikaner Wohnsiedlungen für Angehörige ihrer Streitkräfte errichtet und nach verdienten Deutsch-Amerikanern benannt: die *Carl-Schurz-Siedlung* und die *Steuben-Siedlung*.

An der Außenseite der Miquelallee (C 1) hat die Deutsche Bundesbank vor ihrem Neubau 1973–75 den kleinen **Miquelpark** (4,5 ha) anlegen lassen, der der ruhigen Erholung dienen soll. Artenreiche Bepflanzung, Weiher mit Fontäne, Quellwasserbecken sind vorhanden. Von 8 Uhr bis zur Dunkelheit geöffnet.

Die **Deutsche Bundesbank** hat in freier Höhenlage über dem Park mit ihrer Zentrale (1972) einen 210 m langen, 50 m breiten Baublock bezogen, in dem etwa 2 700 Mitarbeiter beschäftigt sind. Sie ist die Hüterin der Währung, sorgt für Banknotenausgabe und Geldumlauf, versorgt die Wirtschaft mit Krediten und verwahrt nicht verbrauchte Steuern. Quer über ihr Gelände führte früher der 'Diebsgrundweg', Teil eines uralten Feldweges.

Die *Bundesbank* ist eine unabhängige staatliche Institution, die für ihre Währungspolitik parlamentarisch nicht verantwortlich ist. Ihre Geld- und Kreditpolitik soll zur Beschäftigung aller produktiven Kräfte beitragen. Über ihre Politik, namentlich den Einsatz der Devisenreserven entscheidet der zwanzigköpfige Zentralbankrat, an dessen Spitze der Bundesbankpräsident steht.

In unmittelbarer Nachbarschaft steht an der Wilhelm-Epstein-Straße der **Fernmeldeturm** der Deutschen Bundespost, der auch dem Publikum zugänglich ist. Er erreicht eine Höhe von 331 m und ist damit der vierthöchste Turm der Welt. Bis zur Höhe von 295 m ist er in Beton gebaut, dann bis zur Spitze in Stahl mit Kunststoffummantelung. Sein Durchmesser verjüngt sich von 20 m bis zu 3 m an der Spitze.

Die 26 m hohe Kanzel ist mit einem Durchmesser von 57 m die größte der Welt. Neben den Einrichtungen für Fernmelde- und Haustechnik beherbergt sie ein Drehrestaurant mit

220 Plätzen in 218 m Höhe und ein Aussichtsgeschoß für 300 Personen mit Cafeteria in 222 m Höhe. Auf 9 Plattformen ist Platz für 120 Richtfunkantennen. (Über eine große Antenne werden 10 800 Telefongespräche gleichzeitig gesendet und empfangen). Die Baukosten für den Turm betrugen knapp 100 Mio DM; Bauzeit von 1974 bis 1979.

An der nahen Raimundstraße steht die Zweitfernvermittlungsstelle der Deutschen Bundespost mit einem 65 m hohen Verwaltungsbau.

In den unbebauten Niddawiesen zwischen Bahnlinie, Stadttangente, Siedlung Hausen, Nidda und Rosa-Luxemburg-Straße ist nahe bei dem beliebten *Ginnheimer Wäldchen* der neue **Niddatal-Zoo** im Entstehen, dessen Zukunft aber wegen der für 1989 geplanten Bundesgartenschau auf der Nidda-Aue fraglich geworden ist. Mit Ponyhof, Reitbahn, Kinderspielplatz und Hirschgehege wurde 1975 ein Anfang gemacht.

25. Eschersheim. Heddernheim. Nordweststadt

Vom Eschenheimer Turm führt als Hauptausfallstraße die 5 km lange Eschersheimer Landstraße nach Norden, wo sie im alten Dorfkern von Eschersheim endet. Ihr folgen auch die *U-Bahn-Linien* U1–U3 (ab Adickesallee auf eigenem Gleisbett oberirdisch). Von der Kreuzung mit der Adickesallee an führt sie durch ein Gebiet mit Siedlungen, die erst nach 1945 angelegt worden sind. Östlich der Straße die höher gelegene DORNBUSCH-SIEDLUNG (1954–58) mit 953 Wohnungen, Bürgergemeinschaftshaus und einer ev. Kirche von 1962 mit riesigem abstrakten Glasgemälde im Chor. Weiter nördlich die ALBERT-SCHWEITZER-SIEDLUNG (1955–56), mit einem Hochhaus, das vom Hess. Staat preisgekrönt wurde. Nordwestlich davon die ANNE-FRANK-SIEDLUNG (1959–60) mit 300 Wohnungen, die nach dem jüdischen Mädchen *Anne Frank* (*1929, †1945 im KZ Belsen) benannt wurde. In der Ganghofer Str. 24 erinnert eine Gedenktafel der Frankfurter Jugend an ihrem Geburtshaus daran, daß sie im holländischen Exil 1942–44 in einem Versteck ein Tagebuch schrieb, das nach dem Kriege ans Licht kam ('Denke ich manchmal, es wäre besser zu sterben, als hier im Ungewissen eingeschlossen zu sein').

Das Dorf ESCHERSHEIM, 1910 eingemeindet, entstand an einem Niddaübergang, der schon seit c. 1800 v. Chr. benutzt wurde, wie ein 1947 gefundener Glockenbecher und auch römische Münzen beweisen. 1486 kam das Dorf an die Grafen von Hanau, im 19. Jh. entstand hier eine Villenkolonie, die 1888 eine Pferdebahn nach Frankfurt auslöste. Die hochgelegene *Emmauskirche,* mit geschiefertem Turm im 18. Jh. erbaut, wird heute vom Verkehr umrundet, der zur Niddabrücke hinabführt. 400 m niddaaufwärts am Ostufer das *Freibad Eschersheim,* am Westufer der Frankfurter *Campingplatz Heddernheim.* Über die Nidda führt auch die neue *Maybachbrücke* und im Norden läuft die neue Osttangente vorbei. Beachtenswert sind auch die neoromanische St. Josephskirche (1914) an der Josephskirchstraße und die alte Linde an der U-Bahnstation Lindenbaum.

HEDDERNHEIM, 6 km vom Stadtzentrum entfernt am Nordufer der Nidda gelegen, ist durch die Nordweststadt einer der Siedlungsschwerpunkte im Nachkriegs-Frankfurt geworden. Bis 1803 gehörte das Dorf zum katholischen Kurmainz, woran die hier noch urwüchsig gefeierte Fasnacht erinnert. Mit Gründung der *Heddernheimer Kupferwerke* (1852), heute Hauptbetrieb der *VDM,* wuchs der Ort stark an, eingemeindet wurde er 1910. Im alten Dorfkern die kath. *Kirche St. Peter und Paul,* das 1740 erbaute *Schloß* des Generals v. Riedt (sog. Breitenbach'sches Gut), die *'Gmaa-Bumb'* von 1839 und die Apfelweinschenke *Momberger.* In der Habelstraße der *Eulenbaum,* eine Birke, die zahlreichen Eulen als Ruheplatz diente.

Die Straße In der Römerstadt führt von Heddernheim nach Westen. Zwischen ihr und der tiefer gelegenen Nidda erbaute 1927–29 der Stadtbaumeister Ernst May die *RÖMERSTADT, die erste deutsche Großsiedlung. Als 'Frankfurter Experiment' ist sie in die Baugeschichte eingegangen. In geschickter Anpassung an das wellige Wiesengelände errichtete May 1220 Wohnungen, auch Einfamilienhäuser, in einfacher Ziegelbauweise mit flachen Dächern. Während die Straßenfront hell gehalten ist, sind die Höfe durch Farbgebung in rot, grün, blau zu größeren Einheiten zusammengeschlossen worden.

Auf dem Gebiet der heutigen Römerstadt lag einst die römische Siedlung **Nida,** die eine Fläche von 920 m Länge (W/O) und 400–580 m Breite (N/S) einnahm und nördlich bis zum Südrand des heutigen Nordweststadtzentrums reichte (45 ha). Sie war anstelle eines Steinkastells für 1000 Mann getreten, das etwa 80–120 n. Chr. bestand und durch eine schnurgerade Heerstraße mit der weit kleineren Saalburg verbunden war. Nida erhielt zu Beginn des 3. Jh. eine Ummauerung und war ein Sitz von Handel, Gewerbe und Verwaltung, der bis etwa 260 n. Chr. Bestand hatte. Die Häuser bestanden aus Fachwerk mit Schieferdach, waren mit Malereien dekoriert und hatten steinerne Keller. Im Mittelalter begann man die 'Heddernburg' genannte Siedlung 'auf dem Heidenfeld' als Steinbruch auszubeuten, die Ringmauer abzutragen und im 18. Jh. dann auch die Funde zu verkaufen. Die Erforschung des 'nassauischen Pompeji' begann um 1823, mit Nachdruck seit 1889 und erneut 1927–29 sowie 1957–65. Man fand Mithrastempel, Jupitersäulen, Reiterhelme, Grabbeigaben, Münzen, Töpferwaren, aber keine Waffen. Einiges befindet sich im Museum in Wiesbaden, einiges im Deutschordenshaus und Holzhausen-Schlößchen in Frankfurt.

An die Römerstadt grenzt im Westen PRAUNHEIM, ein 804 zuerst erwähnter, 1910 eingemeindeter Vorort. Der dörfliche Kern liegt an einem Altarm der Nidda, die zwei bewaldete Inseln umschließt. Die alte *Kirche* hat einen schieferverkleideten Dachreiter. Westlich davon das 1963 eröffnete *Nordwestkrankenhaus* des Heiliggeistspitals mit über 630 Betten. Längs der Heerstraße, die nach SW führt die 1926–30 von May erbaute SIEDLUNG PRAUNHEIM. Zwischen ihr und der Nidda liegt um die Altarme des kanalisierten Flusses das sog. *Ebelfeld,* ein vorgeschichtlicher Siedlungs- und Begräbnisplatz, der von der Steinzeit bis zur Römerzeit benutzt wurde (Funde im Vorgeschichtsmuseum).

Die **Nordweststadt,** 1961–68 im Zentrum der älteren Siedlungen Heddernheim, Römerstadt, Praunheim, Niederursel und Wiesenau angelegt, war Frankfurts größtes Bauunternehmen nach dem 2. Weltkrieg und wurde "Vorbild" für eine neue Epoche im Städtebau. Die preisgekrönten Architekten Walter Schwagenscheidt (Stuttgart) und Tassilo Sittmann verließen die bis dahin geltende Anordnung in Zeilen und ordneten Wohnbauten verschiedener Größe und Höhe in Gruppen um Höfe und Grünanlagen, wobei für die gemeinsamen Bedürfnisse ein großes Zentrum geschaffen wurde. So entstand auf 160 ha Grünfläche eine sog. 'Raumstadt' mit etwa 7000 Wohnungen für 25 000 Menschen, darunter Eigentumswohnungen, Einfamilienreihenhäuser, Bungalows, Hochhäuser. Fahrverkehr und Fußgängerverkehr wurden mit Hilfe von 17 Fußgängerbrücken getrennt gehalten, die Autos vorwiegend in Tiefgaragen verwiesen. Eine Gesamtschule, drei Studentenzentren, vier Altenheime, ein Bürgergemeinschaftshaus, ein Hallenbad und fünf Kirchen kamen hinzu. Ein Fernheiz- und Kraftwerk versorgt über die große *Müllverbrennungsanlage* alle Bauten mit Licht und Wärme. Die U-Bahnlinie U1 führt in einem großen Bogen von Ginnheim über das Zentrum der Nordweststadt nach Eschersheim und in die Frankfurter City. Die Rosa-Luxemburg-Straße dient als Schnellverbindung zum Alleenring (Miquelknoten). Einige Baugruppen umschließen den großen *Martin-Luther-King-Park,* an dessen Südseite die *Gesamtschule* liegt.

Eine besondere Leistung war dabei das NORDWESTZENTRUM der Architekten Apel/Beckert/Becker (1965–68) für die Gemeinschaftseinrichtungen. Es wurde auf einer Grundfläche von 400 x 250 m als riesiger Baukörper aus Beton mit mehreren Ebenen errichtet: ganz unten der U-Bahntunnel mit Bahnhof, darüber eine Parkfläche für ca. 2 300 Autos, darüber die Verkehrsebene für den Omnibusbahnhof und die Geschäftsbelieferung. Über der Erde dann das Einkaufszentrum für 50 000 Menschen mit 3 Warenhäusern, 2 Supermärkten, 70 Geschäften, Restaurants, Kiosken, Kindergarten. Außerdem sind vertreten: auf der Ostseite *Postamt, Feuerwache* und *Polizei,* auf der Nordseite das *Bürgerhaus* mit zwei Sälen, Restaurant und Kino, das *Hallenbad*, und die *Sozialstation*, an der Westseite eine *Fachhochschule* für Sozialarbeit, Sozialpädagogik und Wirtschaft. Baukosten 130 Mio, Jahresumsatz der Läden ca. 150 Mio DM.

Die bildende Kunst ist im Geschäftszentrum präsent durch: eine *Kubengruppe* aus Edelstahl (1968; Steinbrenner), eine Bronzeskulptur *Das Paar* (1968; Fleer), eine durchbrochene *Metallsäule mit Wasserspielen* (1968; Goepfert). Im Wohngebiet stehen u. a.: 'Springende Fische', 'Mutter und Kind', 'Abstreichende Wildgänse', 'Schwatzende Hausfrauen', 'Tanzpaar', 'Beschwingter Wandersmann', alle von Uhl.

200 m südlich vom Nordwestzentrum stehen einander gegenüber zwei Kirchen. Die ev. Kirche *Cantate Domino* (1965) ist ein fensterloser weißer Würfelbau mit Oberlicht und einem Pflasterhof davor. Die kath. Kirche *St. Sebastian* (1965) ist ein Bau aus Bruchstein und Beton mit umlaufendem Fensterband, im Hof der Glockenturm.

Die **Ernst-Reuter-Gesamtschule,** nach dem bedeutenden Berliner Oberbürgermeister benannt, wurde von dem Wiener Architekten Franz Schuster erbaut und 1964 eröffnet. 13, z. T. bedeutende Kunstwerke dienten zur Belebung der Gebäude und Grünanlagen. Rund 3 500 Schüler besuchen diese älteste Gesamtschule Hessens. Eine Besonderheit ist der polytechnische Unterricht in der gymnasialen Oberstufe mit Werkstätten für Holz-, Metall-, Leder und Druckarbeiten sowie für Fahrradmechanik.

Das Dorf NIEDERURSEL am Nordende der neuen Stadt wurde 1910 eingemeindet. Am *Niederurseler Hang* entstanden die neuen Chemischen Institute der Universität.

26. Preungesheim. Bonames. Berkersheim.

Die Friedberger Landstraße durchquert den Alleenring im NIBELUNGENPLATZ (H 1), der vom *Shell-Hochhaus* mit seinen 26 Geschossen beherrscht wird. Außerdem befinden sich dort die technischen Disziplinen der *Fachhochschule*. Die Straße führtdann am neuen *Paketzustellamt* vorüber zur **Friedberger Warte,** die 1478 als Vorposten der freien Reichsstadt erbaut wurde, heute von Autos umrundet wird. Der gelbe Turm hat einen Schieferhelm, rotweiße Fensterläden und steht in einem Mauerviereck mit Schießscharten, das auf der Nordseite einen großen Adler aus rotem Sandstein aufweist. Die Gaststätte darin hat eine eigene Apfelweinkelterei und einen Garten. Die Umgebung bilden amerikanische Kasernen und die *Walter-Kolb-Siedlung* von 1955–57, die nach dem verdienten Oberbürgermeister der Jahre 1946–56 benannt ist. An der Warte zweigt nach Norden die Homburger Straße ab, der man folgt.

PREUNGESHEIM, noch mit dörflichem Kern, ist eine fränkische Siedlung aus dem 6./7. Jh. und wird schon 772 erwähnt. 1910 wurde der Ort eingemeindet und hat heute mit seinen Siedlungen rd. 8 000 Einwohner. Die ev. *Kreuzkirche* hat noch den 1215 erbauten Turm. Ein bedeutendes Unternehmen ist das neue *Libri-Haus*, Auslieferungslager der Fa. Lingenbrink, des zweitgrößten Barsortiments in Deutschland, mit großem Wagenpark. Hier existieren auch noch einige landwirtschaftliche Betriebe. Die 1882 errichtete und jüngst stark erweiterte *Strafanstalt*, war Hinrichtungsstätte von Opfern des Naziregimes. Vor der Frauenstrafanstalt steht seit 1962 ein *Mahnmal* für Opfer des 20. Juli 1944, Skulptur von Karl Hartung, dazu eine Schriftwand mit Worten von Ricarda Huch.

An Preungesheim grenzt im Westen ECKENHEIM, mit Frankfurt durch die Eckenheimer Landstraße verbunden und seit 1910 zur Stadt gehörig. Die kath. *Herz-Jesu-Kirche* hat einen originellen, dreispitzigen Turm.

Die große SIEDLUNG FRANKFURTER BERG über einem tiefer gelegenen Niddabogen ist schon 1924 begonnen worden, hat sich durch Kasernen und Wohnsiedlungen der US-Army aber mächtig ausgedehnt und reicht im Osten bis zu dem alten, 1910 eingemeindeten Dorf BERKERSHEIM, das über einem weiteren Niddabogen liegt. Die Homburger Landstraße führt im Bogen auf einer Brücke über die Bahnlinie und erreicht, schnurgerade die Nidda überquerend BONAMES, ein einstiges Dorf, das Frankfurt sich aus strategischen Gründen schon 1367 eingegliedert hatte. Der Name entstand wohl aus 'Bona mansio' für gute Poststation. Bei der Alten Mühle hat sich einst der Bankier Metzler ein großes Landhaus in klassizistischen Formen erbaut. Am Südwestrand ein kleiner Flughafen der US-Streitkräfte.

Im Jahre 1972 wurden im Umkreis von Bonames vier damals noch unberührte hessische Dörfer zu Frankfurt eingemeindet. KALBACH, gleich westlich jenseits der Autobahn, ist schon fast mit Bonames diesseits der Autobahn zusammengewachsen. 1,2 km südlich von Kalbach erinnert in kleiner Anlage die *Bonifatiusquelle* an die Rast beim Leichenzug des Heiligen im Jahre 754. – NIEDER-ESCHBACH, 2 km nördlich von Bonames am Eschbach gelegen, ist ein großes, geschlossenes Dorf. Modernes Bürgerhaus, ev. Kirche (1618), neues Schwimmbad. – HARHEIM, 2 km östlich davon, liegt an der Mündung des Eschbaches in die Nidda. – NIEDER-ERLENBACH, 2,5 km nordöstlich von Harheim, wird vom Erlenbach durchflossen. Es gehörte schon bis 1866 zu Frankfurt. Am Bach liegen die alte ev. Kirche und ein einstiges Wasserschloß der Herren von Glauburg.

27. Bad Vilbel

Von der Friedberger Warte (S. 180) führt die Friedberger Landstraße über die künftige Osttangente hinweg in weithin noch unbebautes Gelände – die größte Freifläche der Stadt – nach Nordosten. Rechts – an der Schnellstraße – die **Blumengroßmarkthalle,** die 1965 von einer Gärtnergenossenschaft erbaut wurde und 70 Mio Jahresumsatz macht. Anschließend die Einfahrt zum Berufsgenossenschaftlichen *Unfallkranken-*

haus, an dem auch der Frankfurter Rettungshubschrauber stationiert ist. – Man fährt weiter aufwärts bis zur Höhe *Heiligenstock,* die nach einem verschwundenen Bildstock heißt. Hier ragen heute die drei dünnen, rotweißen Masten des *Dena-Senders* auf. Links der nun abwärts führenden Straße wird bis 1985 ein neuer *Friedhof* von zunächst 20 ha angelegt, der bis auf 80–90 ha anwachsen soll. Die Straße führt über die Stadtgrenze am Wald den steilen Vilbeler Berg abwärts.

BAD VILBEL ist eine Stadt von ca. 26 000 Einwohnern im Kreis Wetterau. 13 km vom Zentrum Frankfurts entfernt, liegt es zu beiden Seiten der Nidda und hat noch einen altertümlichen Kern. Im Südosten ist es von dem großen *Vilbeler Wald* umgeben, im Südwesten liegen drei Siedlungen: die SUDETENLANDSIEDLUNG, die 1953–57 für 7 000 Vertriebene aus der Tschechoslowakei angelegt wurde, die U.S.-SIEDLUNG (1956/57), und die große SIEDLUNG HEILSBERG (1949–51) mit Bürgerhaus, Altenheim und Jugendwohnheim, die das Evangelische Hilfswerk für Ostflüchtlinge geschaffen hat. Im Norden und Osten von Bad Vilbel liegen in weitem Umkreis die 1971/72 eingemeindeten Dörfer *Massenheim* am Erlenbach, *Dortelweil* an der Nidda und *Gronau,* ebenfalls an der Nidda.

Vilbel wird zuerst 774 urkundlich erwähnt, im Mittelalter gehörten das linke und das rechte Ufer der Nidda lange Zeit verschiedenen Landesherren, erst 1816 kamen beide Teile zu Hessen-Darmstadt und 1858 erhielt Vilbel dann Stadtrechte. Die Stadt hat zwei anerkannte Heilquellen (Friedrich-Karl und Hassia), deren Wasser zu Kuren bei Herzerkrankungen und Rheumatismus benutzt werden. Die älteste Quelle ist die schon vor 400 Jahren erwähnte 'Ludwigsquelle'. Der Badebetrieb begann 1900, der Titel Bad wurde dem Städtchen 1948 verliehen. 350 Mio Flaschen im Jahr werden von 20 weiteren Mineralbrunnen abgefüllt und versandt. Viele Funde, namentlich der 1849 entdeckte Mosaikfußboden eines Bades – heute im Landesmuseum zu Darmstadt – bezeugen, daß schon die Römer die kohlensäurereichen Quellen geschätzt haben.

Am rechten Niddaufer der Altstadt liegt die Ruine der im 11./12. Jh. erbauten **Wasserburg,** die zeitweise der Raubritter Bechtram von Vilbel bewohnte. In einer Fehde wurde sie 1399 von den Hanauern, Falkensteinern und Frankfurtern zerstört und 1420 der Raubritter Bechtram in Frankfurt hingerichtet. 1414 wurde die Burg wieder aufgebaut, 1796 von französischen Truppen endgültig niedergebrannt. Im erhaltenen Turmbau der Ruine in drei Stockwerken das *Burg- und Brunnenmuseum.* Man findet hier Nachbildungen der in Bad Vilbel gefundenen römischen Mosaiken, vorgeschichtliche Fundstücke,

Zeugnisse zur Geschichte im Mittelalter und Dokumente zu Bad Vilbels Geschichte und Rolle als Mineralwasserstadt. Das *Alte Rathaus*, unweit östlich, ist ein ansehnlicher Fachwerkbau von 1573.

Von hier niddaabwärts zieht sich am rechten Flußufer der KURPARK hin, in dem der *Delphin-Brunnen* (Krämer) und die *Brunnentempel* für den ‘Hassia Sprudel’ und den ‘Friedrich-Karl-Sprudel’ stehen. Das 1932 erbaute **Kurhaus** dient auch Konzerten und Theateraufführungen. 1971 wurde das *Kurmittelhaus* mit Sauna und Mineralwasserbewegungsbad angebaut, 1972 das *Hallenbad* mit zwei Schwimmbecken.

Weiter flußabwärts, jenseits der Kasseler Straße, das *Nidda-Sportfeld* und das temperierte Freischwimmbad. – Im Westen der Stadt wurde vom Berufsförderungswerk Frankfurt 1973 ein *Zentrum für berufliche Rehabilitation* eröffnet, mit 352 Wohnungen in dem hohen Internatsbau und Gemeinschaftsräumen in den Flachbauten. – An der Vilbeler Landstraße nach Bergen-Enkheim steht die *Berger Warte* (S. 185).

28. Bornheim. Seckbach. Bergen-Enkheim

Vom Alleenring führen die Burgstraße und die breite Günthersburg-Allee nordostwärts nach BORNHEIM, einem besonders dicht bevölkerten Stadtteil. Schon von 1475 bis 1866 war Bornheim ein Frankfurter Dorf und wurde dann 1877 eingemeindet. Als ‘Lustiges Dorf’ wird es in vielen Beschreibungen gepriesen und die mit ‘Kerwebaum’ und ‘Gickelschmiß’ (blindes Topfschlagen) gefeierte Kirchweih gibt noch heute Zeugnis davon.

Die **Johanniskirche** ist ein Barockbau mit Zwiebelturm, 1778–81 von Jos. Liebhardt erbaut und wegen ihrer Orgelkonzerte besucht. Um die Kirche noch einige Fachwerkhäuser und das bemalte Gasthaus “Schmärnche’. Eine Straße mit alter Tradition ist die Berger Straße, die von Frankfurt herkommt und in ihrem Bornheimer Teil ein lebendiger Fußgängerbereich geworden ist. Hier stehen noch der *Hohe Brunnen*, ein Obelisk, der 1827 für die neue Wasserleitung erbaut wurde (Tafel) und das *Alte Rathaus* (Nr. 314), ein schöner Fachwerkbau. Die 1980 eröffnete U-Bahnlinie U4 führt von der Seckbacher Landstraße (Katharinen-Krankenhaus) über die Bergerstraße zum Hauptbahnhof. Der nach Osten steil abfallende BORNHEIMER HANG ist ein beliebtes Wohngebiet. Markant ist die kath. **Heiligkreuzkirche*, die Martin Weber 1929 erbaut hat. An der hohen Ostwand auf vorspringenden Steinen die Symboltiere der vier Evangelisten. Eine Treppe führt hinab in das Parkgelände des einstigen Riederbruches. Ebenfalls am Hang, weiter nördlich das *Hallenbad* und das neue *Freibad* (1977).

Der **Günthersburgpark** (I1; 7,4 ha) am Westrand von Bornheim; ist ein weitläufiger Landschaftspark mit schönen alten Bäumen, der 1892 angelegt wurde. Hier befand sich im 15. Jh. ein Gutshof Bornburg, der im 18. Jh. einem Gastwirt Günther gehörte, im 19. Jh. dem Freiherrn K.M. von Rothschild. Der monumentale bronzene *Stier* ist das einzige vollendete Bildwerk des Malers Boehle (1910); der *Sämann* (1902; Kopie), von Meunier geschaffen, sollte ein Denkmal der Arbeit krönen. Die *Gnadenkirche* wurde 1950 als Notkirche der reformierten Gemeinde in einer ehem. Orangerie eingerichtet, nachdem der Betsaal der Reformierten (1787) am Kornmarkt im Bombenkrieg unterging. 100 m westlich vom Park hat man 1884–1905 eine römische Villa mit Gutshof ausgegraben.

SECKBACH, 5 km vom Zentrum entfernt und 1910 eingemeindet, entstand als Dorf der Grafen von Hanau. Erhalten ist aus jener Zeit noch das *Rathaus,* ein Fachwerkbau des 16. Jh. mit Erker, und die über der Hauptstraße gelegene ev. *Marienkirche,* deren Friedhof heute ein Park ist. Seinen Spitzhelm erhielt der Turm 1958, ebenso das Sgraffito an der Chorwand.

Im Süden des alten Seckbach entstand nach 1965 in krassem Kontrast zu den gepflegten Fachwerkbauten des alten Dorfkerns am Hang die Wohnstadt **Atzelberg** mit über 1 000 Wohnungen, einem zentralen Marktplatz ('Plaza'), riesigen Hochhäusern, Garagenhäusern, einer in Serpentinen ansteigenden Hauptstraße, einem Altenheim, einem Krankenhaus und der *Rosenkranzkirche* (1956). Über Atzelberg liegt der 1910–13 angelegte **Huthpark** (19 ha) mit altem Baumbestand und Tennisplätzen.

Die Wilhelmshöher Straße führt nun über das Plateau zwischen Seckbach und Bergen. Dem großen 'Henry und Emma Budge-Altenheim' benachbart liegt die **Deutsche Buchhändlerschule,** die 1961–63 von Schwagenscheidt in betont spartanischen Formen erbaut und 1972 durch Neubauten erweitert wurde. Der 'Börsenverein des Deutschen Buchhandels' (S. 88) hat hier zum Ersatz für die 1852 gegründete Buchhändlerlehranstalt in Leipzig die Ausbildung des Nachwuchses für die ganze Bundesrepublik konzentriert. Etwa 90 deutsche und ausländische Lehrlinge werden jeweils in sechs Sechswochenkursen ausgebildet, für Fortgeschrittene veranstaltet die *Fachschule des deutschen Buchhandels* Sechsmonatskurse, ein *Buchhändlerseminar* bildet Führungskräfte aus.

Der ***Lohrpark** (180 m), 1 km nördlich von Seckbach, ist ein hochgelegener, liebenswerter Volkspark, der 1919–30 auf dem Lohrberg angelegt worden ist. Eine Pappelallee, Obsthaine mit Versuchsgarten und Beratungsstelle, der letzte Frankfurter Weinberg mit der Lage 'Lohrberger Hang' werden hier unterhalten. Bei der gemütlichen Lohrbergschänke ein *Ehrenmal* für die gefallenen Seckbächer der beiden Kriege. Mit und ohne Panoramafernrohr weite Rundsicht über das Maintal, die Wetterau und auf die Berge des Taunus, des Odenwaldes und des Spessarts.

BERGEN-ENKHEIM, seit 1977 zu Frankfurt eingemeindet, ist eine Stadt mit rd. 14 000 Einwohnern und viel Wald. Bergen auf der Höhe findet sich schon 907 erwähnt, Enkheim, südlich davon im Tal, erst 1151. Vereinigt wurden die Gemeinden 1936, das Stadtrecht erhielten sie 1968. Seine Entwicklung verdankt Bergen der Lage an einer uralten Handelsstraße vom Main nach Thüringen, kam im 13. Jh. in den Besitz der Herren von Hanau und wurde von ihnen als Stützpunkt gegen Frankfurt befestigt. Die Stadt schuf 1972 den Ehrenposten eines 'Stadtschreibers', womit ein dazu bestellter Schriftsteller ein Jahr lang sorgenfrei arbeiten können soll (1974/75 Wolfgang Koeppen; 75/76 Karl Krolow; 76/77 Peter Rühmkorf; 77/78 Nikolaus Born; 78/79 Peter Härtling; 79/80 Helga Novak; 80/81 Dieter Kühn).

Die Altstadt von Bergen weist noch zahlreiche Fachwerkhäuser auf, und Teile der *Ringmauer* von 1476 mit Wehrgang sind erhalten. Mitten in der Marktstraße steht das *Alte Rathaus*, ein Fachwerkbau mit zwei Giebeln, Erker und geschiefertem Turm, der auf einen steinernen Unterbau des 14. Jh. gesetzt wurde. Heute dient er als *Heimatmuseum* und zeigt Dokumente zur Geschichte des Ortes, die bis in die jüngere Steinzeit zurückreichen. Nahebei an der Gangstraße der *Weiße Turm* der Stadtbefestigung. Die ev. *Kirche* hat noch einen alten Turm mit Schieferhaube, stammt sonst aus dem 18. Jh. und besitzt eine Kanzel, die von einem Herkules getragen wird.

Die **Stadtverwaltung** befindet sich u.a. im Nachfolgebau einer Wasserburg, um die noch der Wassergraben mit einer Fülle von Wildenten herumfließt, überspannt von der Brükke, einst Zugbrücke. Diese sog. 'Schelmenburg' gehörte als Reichslehen der 1293 zuerst genannten Familie Schelm von Bergan, 1381–89 auch einmal den Frankfurtern und wurde im 18. Jh. neu aufgebaut. Das Poral stammt noch von 1588. Eine von Heine in Verse gebrachte Sage berichtet, daß der Scharfrichter von Bergen bei einem Mummenschanz in Frankfurt mit der Gemahlin Barbarossas zu tanzen wagte und deshalb hinterher 'ehrenhalber' zum 'Ritter' geschlagen werden mußte.

500 m nordwestlich von Bergen steht links der Vilbeler Straße frei auf einer Anhöhe die **Berger Warte.** Dieser um 1527 an der alten Galgenstätte errichtete einfache Steinturm war 1759 Gefechtsstand der Franzosen in einer Schlacht gegen die Preussen unter dem Herzog von Braunschweig. Bei dem Umspannwerk unweit nordwestlich eine *Ehrensäule* für die Kaiserkrönung Leopolds II. (1790). Der Landgraf von Hessen ließ sie errichten, weil er hier das Kaiserpaar in seinem Feldlager empfangen durfte.

Der *Neue Weg* führt an dem schön gelegenen *Friedhof* mit Kirche von 1719 vorüber nach Enkheim. Dort befinden sich am Ostrand Neubauten wie Hallenbad, Sporthalle, Eishalle, am Westrand das Industriegebiet mit etwa 3 500 Arbeitsplätzen und der große Einkaufsmarkt *Hessen-Center*. Nach Osten schließt sich der große *Enkheimer Wald* an.

29. Osthafen. Riederwald. Fechenheim

Die große Ausfallstraße nach Osten ist die Hanauer Landstraße (H15), die jenseits vom Ostbahnhof durch das Industriegebiet um den Osthafen führt und dann einen großen *Verkehrskreisel* an der Kreuzung mit der Nordsüdstrecke Ratsweg/Kaiserleibrücke bildet.

Heiliggeistkirche Riederwald

Die sieben FRANKFURTER HÄFEN umfassen den großen Osthafen, den Oberhafen, den kleinen Westhafen, den Hafen in Höchst sowie die Werkshäfen der Hoechst AG in Höchst und Griesheim und den Cassella-Hafen in Fechenheim. Mit ca. 6,6 Mio to Umschlag und jährlich knapp 8 000 ein- und ausfahrender Schiffe nimmt Frankfurt eine Spitzenstellung unter den 49 bundesdeutschen Binnenhäfen ein. Umgeschlagen werden vor allem Sand, Kies, Steine, Baustoffe, Eisen, Schrott, Mineralöl und Kohle; Lebensmittel und Stückgüter spielen nur eine geringe Rolle. Den Verkehr in den Häfen und zwischen diesen besorgt die Hafenbahn, die 140 km Gleisnetz hat und auch am Mainufer vor der Altstadt (allerdings sehr selten) entlangfährt. Bis zum 19. Jh. lag der Hafen vor dem Fahrtor neben dem Rententurm. 1860 wurde dann ein Winterhafen dort gebaut, wo heute das Nizza liegt, 1886 folgte der Westhafen, 1912 der Osthafen, der der Frankfurter Wirtschaft starke Impulse gab. Die für 1985 erwartete Vollendung des Rhein-Main-Donau-Kanals bis Regensburg wird dem Main als Schiffahrtsweg einen neuen Rang verleihen.

Der OSTHAFEN hat zwei parallele Becken von je 1 200 m Länge, das *Nordbecken* und das *Südbecken,* deren Kais Namen nach anderen Binnenhäfen tragen wie z.B. Karlsruher und Duisburger Werft. Über die Mündungen der Becken führen die *Honsellbrücke* und die *Schmickbrücke.* Um die Häfen hat sich viel Industrie angesiedelt, z.B. Betonwerke wegen des Kieses und Mühlenwerke; ein *Schredder für Autowracks,* der im Jahr 100 000 Kfz in Stücke zerreißt und das Material über Förderbänder leitet, wo ein Magnet die Eisenteile herausfischt, während der Rest, bestehend aus Holz, Glas, Gummi und Kunststoff, übrigbleibt.

1 km mainaufwärts, jenseits der neuen Kaiserleibrücke, folgt der OBERHAFEN, der aus zwei ca. 600 m langen, parallelen Becken (OI und OII) besteht. Er dient vor allem zur Versorgung mit Mineralöl und Kohle und hat zum Heranwachsen von 2 km langen Industriegebieten geführt, die sich bis Fechenheim und Enkheim hinziehen. Das *Gaswerk Ost*, 1904–05 von Peter Behrens hier erbaut und inzwischen stillgelegt, war eine der ersten Industrieanlagen in Deutschland, die auf Schmuckzierrat verzichtete und so vorbildlich wurde. Durch den Ausbau des Mains als Großschiffahrtsweg wird der Wasserspiegel an der Staustufe Offenbach um 95 cm angehoben, wodurch die Kaimauern des Oberhafens um etwa 1 m erhöht werden müssen.

Die RIEDERWALD-SIEDLUNG wurde 1920–30 nördlich von dem *Riederwald* (33 ha) erbaut, einem Restück jenes Waldes, der den Rand des großen Riederbruches begleitete, in dem heute der Ostpark liegt. Die Siedlung, durch ein Tor zugänglich, war vorwiegend für die Arbeiter in dem großen Industriegebiet des Frankfurter Ostens bestimmt. Die schöne kath. *Heiliggeistkirche* von 1939 war das letzte Werk des großen Kirchenbaumeisters Martin Weber. Die Gemeinde sitzt vor und hinter dem Altartisch, der sein Licht von oben erhält; am Südportal 'Ausgießung des hl. Geistes', Betonguß von Hensler. – Weithin bekannt als Schauplatz großer Fußballspiele ist das *Stadion Riederwald* der Eintracht Frankfurt für 38 000 Zuschauer am Erlenbruch.

An der weiterhin schnurgerade bis zum Mainufer verlaufenden Hanauer Landstraße liegt rechts die Zentrale von *Neckermann,* ein langgestreckter Betonbau von Egon Eiermann.

FECHENHEIM, ein 1928 eingemeindeter Vorort, gehörte schon 1242–1484 einmal zu Frankfurt und wird heute bestimmt durch die 1870 gegründeten *Cassella-Farbwerke Mainkur,* die Farbstoffe für die Textil-, Leder-, Papierindustrie, sowie Kunstharze, Kosmetika, Pflanzenschutzmittel, Arzneien herstellen (über 2 000 Mitarbeiter). Die Straße Alt-Fechenheim folgt dem rechten Mainufer durch den ganzen Ort, der am Südende noch dörflichen Charakter hat. Dort steht im Friedhof die im 14. Jh. erbaute *Dorfkirche.* Der ganze Mainbogen bis zur *Carl-Ulrich-Brücke* nach Offenbach ist noch unbebaut und ermöglicht vom Oberhafen (Linie 14) ausgehend eine 8 km lange Wanderung auf dem alten *Leinpfad* bis zum Friedhof Fechenheim (Linie 14).

Die Uferpartie von der Mainkur bis zur östlichen Stadtgrenze nimmt der *Fechenheimer Wald* ein, in den hineingebaut sind: Sportplätze, eine Vogelkundliche Beobachtungsstation, der *Heinrich-Kraft-Spielpark* (3 ha) und ein *Wasserturm.*

30. Sachsenhausen, Oberrad

Der Stadtteil Sachsenhausen bildet in seinem historischen Kern ALT-SACHSENHAUSEN (S. 121) den südlichen Brückenkopf der Alten Brücke. Da es mit seinen Apfelweinschänken und Brunnen, ebenso wie die fünf Museen am Schaumainkai zum historischen Frankfurt gehört, wurde dieses Stück als Teil IV zusammen mit der Innenstadt beschrieben.

Zwischen dem Schaumainkai und der Bahnlinie erstreckt sich das im 19. und frühen 20. Jahrhundert erbaute Wohngebiet SACHSENHAUSEN, das allerdings auch bereits von Bürobauten durchsetzt ist. Es reicht von der Alten Brücke 1 600 m flußabwärts bis zur Friedensbrücke und etwa 800 m weit nach Süden. Die großen Verkehrsstraßen sind die Schweizer Straße, die in die Mörfelder Landstraße einmündet, und die Kennedy-Allee. Die alten Villenviertel gruppieren sich um Plätze mit Grünanlagen wie den Oppenheimer Platz, den Schweizer Platz, den Otto-Hahn-Platz, den Thorwaldsen-Platz und den Diesterweg-Platz vor dem *Südbahnhof* (FG 8), einem Jugendstilbau von 1913, der wegen der U-Bahnbauarbeiten abgerissen wurde, aber ab 1982 in alter Form als Bürgerhaus wiedererstehen soll.

Auf dem Oppenheimer Platz (F 7) erinnert das *Bockenheimer-Denkmal,* eine kupferne Jünglingsfigur mit Wasserschalen (1932; Bischoff), an den Armenarzt und Krankenhausgründer Dr. Jakob Bockenheimer (†1908). Der Schweizer Platz liegt als Verkehrsstern mit sieben Straßen in einem Gebiet mit vielen Schulen. Einige Straßen dieses Viertels heißen nach bekannten Malern.

Die **Städelschule** (E 7), an der Holbeinstraße hinter dem gleichnamigen Museum, ist seit 1942 *Staatliche Hochschule für bildende Künste* und bezeichnet sich als die einzige freie Kunstakademie in der Bundesrepublik. Sie hat etwa 120 Schuler, die zehn Semester ableisten sollen. Klassen für Freie Graphik, Figürliche Malerei und Wandmalerei, Freie Malerei, Architektur und Bildhauerei sind vorhanden; angewandte Kunst wird nicht gelehrt. Gegründet wurde sie 1817 aus dem Vermächtnis Joh. Fr. Städels. Zu ihren Lehrern zählten u.a. Steinle, Schwind, Hasselhorst, Beckmann, Scheibe, Baumeister, Mettel. Die Gebäude waren zerstört und wurden nach 1946 wieder aufgebaut. – An den Maler Max Beckmann, der 1917–30 hier Lehrer war, erinnert eine Gedenktafel an seiner Wohnung, Schweizerstraße 3.

Die *St. Lukaskirche* (E 8) wurde 1913 von Leonhardt erbaut und von Steinhausen mit Wandgemälden geschmückt. Die *St. Bonifatius-Kirche* (E 8), Holbeinstr. 68, ist ein Eisenbetonbau mit Backsteinverkleidung, 1926/27 mit wirkungsvoller Choranlage von Weber errichtet.

Zwischen Deutschherrenufer und Gerbermühlstraße liegt das 750 m lange Gebiet des **Schlacht- und Viehhofes** (HI 7), der 1882–1902 angelegt, aber infolge der Kriegsschäden nach 1945 neu aufgebaut werden mußte. Er steht heute in der Bundesrepublik an dritter Stelle und versorgt das ganze Rhein-Main-Gebiet. Die Frankfurter

Metzger dürfen nur hier und nicht mehr im Hause schlachten. Etwa 50% des Fleisches werden noch hier geschlachtet, das übrige kommt als ‘Totversand’ von Versandschlachthäusern. Vorwiegend am Wochenende trifft das Fleisch ein, am Montag ist Markttag. Zu den zahlreichen Gebäuden gehören: die Großviehschlachthalle, die Kleinviehschlachthalle, die Ställe für 2500 Stück Großvieh und für das Kleinvieh, der Fleischerzerlegebetrieb, die Fleischgroßmarkthalle, die Kühlhäuser. Sonntags finden in den Gaststättenräumen Jazzkonzerte statt.

Das Deutschherrenufer führt an der *Gerbermühlwerft* entlang, von schönen Pappeln in Richtung Offenbach begleitet. Nach 2 km liegt links am Stromufer die **Gerbermühle,** die 1944 abbrannte und nun hübsch wieder aufgebaut ist. Der Bankier Johann Jakob von Willemer hatte sie als Sommersitz umgebaut. Im Jahre 1814 und im Spätsommer 1815 war Goethe sein Gast, der hier Freundschaft mit Marianne v. Willemer schloß, die zur Suleika in seinem ‘Westöstlichen Diwan’ wurde. Nahebei ein gotisches Steinkreuz von 1512. Im Main hat häufig das ‘Marketenderboot’ für die Schiffshaushalte seinen Liegeplatz. Beliebte Gartenwirtschaft. Hübscher Uferweg mainaufwärts zur Schleuse.

Von der Obermainbrücke führt die See-Hofstraße (H 7) aufwärts zum Mühlberg. Dort liegt die 1959 erbaute *Herz-Mariae-Kirche* mit interessantem Kupferportal und in großem Park das *Mühlberg-Krankenhaus.* Am Hühnerweg steht das **Willemer-Häuschen** (jens. I 8), ein schieferverkleidetes, turmartiges Gartenhaus des 18. Jh., das nach völliger Bombenzerstörung 1964 originalgetreu wieder aufgebaut worden ist. Von hier aus hat Goethe am 18. Oktober 1814 mit der Familie von Willemer die Freudenfeuer zur Erinnerung an die siegreiche Schlacht bei Leipzig beobachtet und hierbei die Freundschaft mit Marianne v. Willemer geschlossen (‘Hatem’ und ‘Suleika’), Besuchszeit So 11–16 Uhr (Mai-Sept.).

Auf dem Wendelsweg (H 8) gelangt man am *Bürgermeister-Gräf-Haus* (Altenheim) vorüber, nach 2,5 km zum *Sachsenhäuser Berg* (147 m) am Rande des Stadtwaldes. Man nahm an, daß dieser Weg den Dichter zu seinem ‘Osterspaziergang’ im Faust angeregt habe und errichtete 1931 als private Stiftung den **Goethe-Turm** (43 m), den höchsten Holzturm Deutschlands, 196 Stufen führen zur Plattform mit weiter Rundsicht, am Fuß ein Waldcafé und ein Waldspielplatz.

Den Wendelsplatz (G 8), hinter der Bahnunterführung, schmückt seit 1976 der *Carolus-Brunnen* mit der Figur Karls d. Großen (Fritz Boehle; 1911). Von hier führt der Hainerweg auf den Sachsenhäuser Berg in das Gebiet der beiden großen Brauereien *Binding* und *Henninger*, die Frankfurt zu einer der größten Braustätten Deutschlands machen, an Quantität nur von Dortmund übertroffen. Die Kalkfelsen des Berges hatten wegen der möglichen Anlage von Kellern schon früh BRAUEREIEN angezogen, zeitweise waren es sieben. *Conrad Binding*, ein Küfer und Brauer aus der Wetterau, hatte seine Brauerei 1870 in der Altstadt gegründet und war 1881 hierheraus gezogen, *Christian Henninger* kam aus Nürnberg und übernahm eine 1869 gegründete Brauerei. Während Binding mit 2,4 Mio Hektoliter Bier jährlich die drittgrößte deutsche Brauerei ist, braut Henninger seine 2 Mio Hektoliter hier in Deutschlands größter Braustätte und nimmt einschließlich der Auslandsproduktion die Spitzenstellung unter den deutschen Brauereien ein. Der Absatzraum von Binding, der schon 1894 in Antwerpen eine Goldmedaille erhielt, liegt im Bereich Saarbrücken, Freiburg, Göttingen, Würzburg, Henninger ist überall in der Bundesrepublik verbreitet und er produziert auch in Italien, Spanien, Argentinien und Griechenland. Beide Brauereien sind AG und gehören heute zu größeren Konzernen. Eine Besonderheit des Frankfurter Bieres ist das Filterverfahren anstelle der Pasteurisierung, das dem Getränk eine gewisse Lieblichkeit verleiht. Das ganze Herstellungsverfahren ist vollautomatisiert, die größte Füllstraße liefert pro Stunde 80 000 Flaschen. Aus mehr optischen als technischen Gründen sind die Würzpfannen und Läuterbottiche, die man z.B. bei Binding an der Darmstädter Landstraße hinter den Fenstern sehen kann, immer noch aus blankgescheuertem Kupfer.

Der **Henninger-Turm** (H 8), das 1959–1961 erbaute neue Wahrzeichen Frankfurts als Braustätte, ist vom technischen Zweck her das Braugerstensilo (15 000 to) dieser größten Mälzerei Deutschlands, der höchste Aussichtspunkt (120 m) südlich des Mains. In dem 87 m hohen, rechteckigen Lagersilo befindet sich ein *Dachgarten-Restaurant* (Sa 20 Uhr Tanz) mit Turm-Bar, dem 'Frankfurter Salon' und dem 'Offenbacher Salon'. Die runde Kapsel darüber enthält das elegante *Panorama-Drehrestaurant* (101 m) und die *Frankfurter Drehscheibe* (107 m), Imbisstube mit hess. Spezialitäten. Von beiden hat man in 45 Min. Umlaufzeit einen vollen Rundblick. Die *Rundsicht von der offenen Plattform darüber zeigt die gesamte Frankfurter Stadtlandschaft.

Am Wendelplatz (G 8) beim Quirinusbrunnen (1790) beginnt die alte Offenbacher Landstraße, die durch Oberrad führt und nach 3 km Offenbach erreicht.

OBERRAD, der an Sachsenhausen östlich anschließende Stadtteil, liegt auf dem zum Main hin abfallenden 'Oberräder Feld', dem fruchtbarsten Gartenland Frankfurts, mit Anbau von Apfelbäumen, Gemüsen und den sieben Kräutern für die 'Grüne Sauce'. Der 1151 zuerst erwähnte Ort entstand durch Rodung und hieß zunächst auch 'Rode'. Schon 1425–1866 gehörte das Dorf der Stadt und wurde dann 1900 eingemeindet. Keine Industrie, am Ortsende aber übergroße neue Wohnbauten. 12 000 Einwohner, ca. 50 Gärtnereien.

Am Ortseingang befindet sich in der ehem. Villa Grunelius in großem Parkgelände die **Philosophisch-Theologische Hochschule St. Georgen,** die 1926 zur wissenschaftlichen Vorbildung des kath. Priesternachwuchses gegründet wurde. Auch der Jesuitenorden schult hier Ordensmitglieder. Etwa 300 Studenten leben hier, die Redaktion der Zeitschrift 'Scholastik' befindet sich in St. Georgen. Auch öffentliche Vorlesungen werden abgehalten. – An der Wiener Straße die ev. *Erlöserkirche,* 1912–14 erbaut, 1955 erneuert.

In den Stadtwald hineingebaut ist der schöne *Waldfriedhof Oberrad.* Dort sind Ehrenfelder für 2874 deutsche und 756 holländische Kriegstote – Soldaten und Zivilisten – aus dem Zweiten Weltkrieg.

Die große Ausfallstraße nach Süden ist die ansteigende Darmstädter Landstraße (G 8). Auf ihrem höchsten Punkt steht die **Sachsenhäuser Warte,** ein Rundturm von 1470/71 mit geschiefertem Dachaufbau, daran ein Wappenschild mit dem doppelköpfigen Reichsadler. Diese Warten, von denen auch noch die Gallus-, die Bockenheimer- und die Friedberger Warte erhalten sind, wurden alle mit ausdrücklicher Genehmigung des Kaisers – etwa 3 km vom Zentrum errichtet – um die Stadt gegen Überraschungen zu sichern. Sie ergänzten die schon 1370–1427 angelegte *Landwehr,* Erdwälle mit Gräben und dichter Hecke (Gebück), an die nur noch Namen erinnern. Heute befindet sich in der Warte ein Restaurant mit hessischer Küche. Das Forsthaus (1767) an der Warte wurde im Kriege zerstört, ist aber als Gartenwirtschaft wieder erstanden.

Die Warte steht an der Südwestecke des großen *Südfriedhofes,* dessen Kapelle ein roter Sandsteinbau mit grüner Kuppel ist. Auf seiner Nordseite liegt die kath. ***St.-Wendel-Kirche,** von Krahn 1957 erbaut. Sie hat Bruchsteinmauern, die mantelartig auf einem Saum von Glasblöcken aufsitzen. Die Glasmalereien in der Apsis schuf Meistermann. Durch einen verglasten Gang angeschlossen ist die *Taufkapelle,* die sich unten in dem originellen Glockenturm befindet; oben ein Wetterhahn von Mettel. – An der Südostecke des Friedhofes die ev. *Kirche der Berggemeinde,* ein Betonbau von 1964 mit hochgelegenem Fensterband und offenem Turm über dem Eingang.

Schräg gegenüber von der Sachsenhäuser Warte wurde über dem Hochbunker der Städt. Wasserwerke der hübsche kleine BOEHLE-PARK angelegt. Das *Boehle-Haus,* 1.Wartegäßchen, das heute Künstlern als Atelier dient, hatte sich der Maler und Bildhauer Fritz Boehle 1910 erbaut. Im Hof ein von ihm geschaffener Brunnen.

Westlich gegenüber vom Südfriedhof erhebt sich eine der größten Frankfurter Wohnbauten, der **Sonnenring.** In zwei gegeneinander versetzten Halbringen sind 11 Hochhäuser vereinigt, die über 307 sehr komfortable Eigentumswohnungen enthalten, dazu Hallenbad, Sauna, Restaurant, Läden usw. Das von der Hess. Landesbank finanzierte ambitiöse Projekt führte zu heftigen politischen Auseinandersetzungen.

Vom Hauptbahnhof her führt die Friedensbrücke nach Sachsenhausen und mündet in die Stresemannstraße. Hier erhebt sich seit 1950, am Stromufer wirkungsvoll plaziert, das 43 m hohe *Hochhaus-Süd* (D 8).

Zwischen Mainufer und Kennedy-Allee liegt in weitem Parkgelände das große geschlossene Gebiet (60 ha) der **Universitätskliniken,** das am Main 1,5 km weit bis nach Niederrad hineinreicht. Die über den Main herkommende Bahnlinie trennt das Areal in zwei Teile: im Ostteil liegen die Kliniken und Institute für allgemeine Medizin, Chirurgie usw., im Westen die Nervenklinik, Neurochirurgische Klinik und ein Max-Planck-Institut. Das Klinikgebiet ist aus dem Städtischen Krankenhaus hervorgegangen, das 1914 von der neugegründeten Universität übernommen, ständig weiter ausgebaut und nach den Kriegszerstörungen zum großen Teil in modernen Formen neu aufgebaut wurde. Drei Institute sind durch ihre Forschungsarbeiten weltberühmt geworden.

Das GEORG-SPEYER-HAUS, ein chemisch-therapeutisches Institut, wurde 1906 vom Bankier Georg Speyer für Paul Ehrlich gestiftet, der 1908 den Nobelpreis für Medizin erhielt. Das PAUL-EHRLICH-INSTITUT (1899 gegr.) für experimentelle Therapie, das mit ihm jetzt vereinigt ist, dient der Grundlagenforschung für Immunbiologie und Biometrik und ist seit 1973 ein Bundesamt für Sera und Impfstoffe. Der mit 100 000 DM jährlich dotierte 'Paul-Ehrlich und Ludwig-Darmstaedter-Preis' ist die höchste wissenschaftliche Auszeichnung in Deutschland.

Das EDINGER-INSTITUT für Neurologie, in einem Neubau vereinigt mit dem MAX-PLANCK-INSTITUT FÜR HIRNFORSCHUNG wurde begründet und gestiftet von Prof. Ludwig Edinger (†1918).

Am Niederräder Ufer zwischen dem Gebiet der Nervenkliniken und dem Strom liegt die *Alte Schleuse.* Auf der Schleuseninsel ein *Campingplatz* und ein *Luftbad.* Baden im Main ist hier nicht möglich. – Die Kennedy-Allee mündet nach 3 km in den großen Verkehrsverteiler Am Oberforsthaus.

Die Schweizerstraße, durch die vom Theaterplatz kommend und den Main unterquerend eine neue U-Bahnlinie derzeit gebaut wird, mündet jenseits der Eisenbahn in die 4 km lange alte Möhrfelder Landstraße, die zuerst durch Siedlungen, dann durch den Stadtwald zum Verkehrskreisel am Oberforsthaus führt. Die HEIMAT-SIEDLUNG auf ihrer rechten Seite mit der *Osterkirche* wurde schon 1928–33 angelegt. Die FRITZ-KISSEL-SIEDLUNG auf der linken Seite, mit 2 500 Wohnungen, 1951–54. – Halb im Wald zwischen Mörfelder- und Darmstädter Landstraße liegt die LERCHESBERGSIEDLUNG (1957–62), ein schönes Wohngebiet mit vielen Einfamilienhäusern, das aber nahe der Einflugschneise des Flughafens wenig Ruhe bietet. Die Straßen umziehen in Bögen eine im Zentrum gelegene Grünanlage mit Obstgärten. Der Name erinnert an den früher hier betriebenen Lerchenfang.

Hinter der zweiten Bahnunterführung beginnt der Stadtwald. Dicht hinter der Bahn liegt links der *Spielpark Louisa* und der ehem. 'Louisa-Park'. Von 1912 bis 1942 war der Park Besitz der Familie von Bethmann. Ein *Pferdestandbild* in halber natürlicher Größe zeigt das Lieblingspferd 'Edips' des Staatsrates S.M. von Bethmann, das er von Christian Rauch anfertigen und in diesem, nach seiner Frau Louisa benannten Park aufstellen ließ; 1955 wurde es aus Trümmern wieder zusammengesetzt. Weiterhin in der parkumgebenen Villa Nr. 277 das 1947 gegründete *Institut für Modeschaffen*, in dem etwa 12 Lehrkräfte ca. 120 Studierenden Unterricht in Entwurf, Modellpraxis und Modegraphik erteilen. – Auf der Nordseite der Straße im Wald ein *Vogelschutzgehölz* und ein Gelände mit vorzeitlichen *Hügelgräbern*. Ferner hier die *Bürgerwiese* für Festlichkeiten.

31. Niederrad und Schwanheim

Frankfurts südwestlicher Stadtteil NIEDERRAD erstreckt sich von Sachsenhausen zwischen Main und Stadtwald 6 km weit nach Westen. Er besteht aus dem alten Vorort Niederrad zwischen Rennbahn und Bahnlinie, der Bürostadt Niederrad zwischen Bahnlinie und Autobahn, dann – jenseits der Autobahn – der langgestreckten Siedlung Goldstein und schließlich dem alten Ort Schwanheim, dessen Freigelände bis in den Mainbogen vor Höchst hineinreicht.

Der Ort Niederrad, 1900 eingemeindet, gehörte der Stadt zu drei Vierteln schon von 1569 an, während ein Viertel seit 1540 im Besitz des Deutschen Ordens war, dessen schöner 'Sandhof' 1944 zerstört wurde. 1761 entstand dann eine Kattunfabrik, der 'Frauenhof', dessen erhaltener Torbogen zu Niederrads Wahrzeichen avanciert ist. Der Zuckerrübenanbau und die vielen Wäschereien in Niederrad waren im 19. Jh. für die Stadt von Bedeutung. An der Bruchfeldstraße erbaute Ernst May 1925 eine originelle Siedlung, die im

Volksmund den Namen *Zickzackhausen* trägt. Die große *Adolf – Miersch-Siedlung* (1956–59) heißt nach einem Stadtrat.

Die **Pferderennbahn** (30 ha), 1865 angelegt, bietet 6 000 Zuschauern Platz. Der Tribünenneubau an der Nordseite mit 1 500 überdachten Sitz- und 500 Stehplätzen wird im März 1982 fertiggestellt. Die ca. 1 400 m lange Rennbahn wird – wie in Baden-Baden – im Linkskurs gelaufen, also gegen den Uhrzeiger. Der 1863 gegründete 'Renn-Club Frankfurt' veranstaltet im Jahr etwa 25 Flach- und Hindernisrennen, darunter die Großen Preise von Frankfurt und Hessen, das 'Wäldches-Rennen' (seit 1863) und den 'Carl-v.-Weinberg-Pokal' (1946). Die Besucherzahl im Jahr liegt über 100 000, der Wettumsatz 1980 bei fast 13,5 Mio, die Rennpreise bei 1,8 Mio. 140 Pferde haben hier ihre Trainingsstätte, 7 Trainer sind vorhanden.

Zwischen Golfstraße und Flughafenstraße liegt der CARL-VON-WEINBERG-PARK, der einst zum Landsitz der Familie von Weinberg gehörte, die hier auch das berühmte 'Gestüt von Weinberg' unterhielt. Eine Büste von Archipenko erinnert seit 1961 an den um Frankfurt verdienten *Carl von Weinberg* (1861–1943). Er und sein Bruder, Arthur v. Weinberg (1860–1943), mußten als Juden emigrieren; Arthur starb im KZ Theresienstadt, Carl in Rom.

Die Golfstraße führt weiter unter der Bahn hindurch zum **Golfplatz** im Stadtwald, der mit 65 ha einer der größten und mit seinem sandigen Boden auch einer der besten unter Deutschlands Golfplätzen ist (Meisterschaftsplatz, 18 Löcher). Östlich davor eine Forstbaumschule und ein Altenheim. Eigentümer des Platzes ist der 'Frankfurter Golf-Club'.

Die ***Bürostadt Niederrad** (45 ha), zwischen Main und Stadtwald, Autobahn und Eisenbahn, wurde von der Stadt Frankfurt seit 1970 für solche Firmen angelegt, die Verwaltungszentren ('Konzernspitzen') ohne große Publikumsverkehr in verkehrsgünstiger Lage abseits der City brauchen, mit Ruhe, Grün und guter Luft. Die Bauvorschrift verlangt Bebauung der Grundstücke nur zu 50%, Höhe nicht über 60 m, Tiefgaragen nur zum Teil, damit Bäume wachsen können. 10 000 Menschen werden hier Arbeitsplätze haben, aber Wohnungen sind nicht vorgesehen.

Verwaltungsbauten haben errichtet: *Nestlé, Hertie, Woolworth, Deugro*, die *IBM, Olivetti*, die *VDMA* (Verein Deutscher Maschinenbauanstalten). Der *AvD* (Automobilclub von Deutschland) hat einen Verwaltungsbau, in dem sich auch der 'Deutsche Aero-Club' befindet. Der Münchner *Arabella-Konzern* hat das notwendige Hotel (600 Betten) mit Hallenbad und Sauna, ein Bürohaus für mittlere Firmen und ein Landenzentrum eröffnet, mit 26 Stockwerken derzeit der höchste Bau. Auch die 1883 gegründete *AEG* hat hier eine Zweigniederlassung.

Das OLIVETTI-HAUS, direkt an der Autobahn, ist als Lösung für eine Firmenzentrale, in der Verwalten, Ausbilden, Essen und Schlafen vereinigt sein sollen, höchst originell: ein großer und ein kleinerer Flachbau enthalten einerseits Vorführhalle, Verkaufsbüro, Rechenzentrum, Unterrichtsräume, andererseits Hotelhalle, Restaurant und Cafeteria. Zu diesen Hallen stehen diagonal zwei Hochhäuser von 60 und 56 m Höhe, die auf trichterförmigen Stielen ('Eis am Stil') von 17 m Höhe 9, bzw. 7 Bürogeschosse tragen, jeweils flankiert von einem Nottreppenturm. Die Partien in Stahl, Glas, Beton dieses funktionell klar gegliederten Baues sind farblich gegeneinander abgesetzt, Sonnensegel. Architekt Egon Eiermann.

Zwischen der Goldsteinstraße und dem Mainufer liegen der Niederrader *Friedhof,* das *Heizkraftwerk* für die Bürostadt und ein *Aufbereitungswerk für Brunnenwasser,* das das Grundwasser aus acht Tiefbrunnen bei der Mainstaustufe Griesheim in seinen Becken filtert. Eine weithin sichtbare *Gruppe von drei Faultürmen* dient der biologischen Reinigung von Abwässern, wobei der Faulschlamm als Düngemittel anfällt und das Wasser ohne Schäden dem Main zugeführt werden kann.

Die SIEDLUNG GOLDSTEIN, die in 2 km Länge die Bürostadt mit Schwanheim verbindet, hat ihren Namen von einer Frankfurter Patrizierfamilie, auf deren Grundbesitz sie 1932/33 angelegt worden ist. Das stadteigene Gelände wurde dabei in 920 Teile zu je 750 qm parzelliert und die sehr bescheidenen Häuser und Ställe von den Arbeitslosen selbst erbaut, wobei die jeweils fertigen Siedlerstellen unter ihnen ausgelost wurden. Im Zentrum liegt das ehem. *Herrenhaus Goldstein*, letzter Überrest eines im 13. Jh. als Wasserburg angelegten Hofgutes, das 1975 abgebrochen wurde, die Gaststätte 'Goldstein' und der kleine *Goldsteinpark* mit alten Eichen. Die kath. **St. Johanneskirche** an der Südostecke des Parkes ist ein Backsteinbau von Hans Busch (1960–61),dessen Wände außen Reliefs des Kirchenpatrons und des Kreuzes mit Lamm tragen. Der Glockenturm steht frei, den quadratischen Kirchenraum umlaufen Glasgemälde als Band; die Taufkapelle ist ein reiner Glasbau. – Über die Staustufe im Main führt ein Fußsteig hinüber nach Griesheim. – Am Waldrand im Süden der *Waldfriedhof Goldstein.* Von dort gelangt man auf dem Wartweg 800 m weiter zu einer Gruppe von etwa 60 *Hügelgräbern* der Bronzezeit.

SCHWANHEIM, 1928 eingemeindet, geht auf eine fränkische Siedlung des 9. Jh. zurück, deren Name 'Suino' (d.i. Schweinheim) auf die einstige Eichelmast in den Wäldern hinweist. Der Friedhof und die beiden Kirchen liegen nahe am Ufer, die 1907–1944 bestehende *Schwanheimer Brücke* ist 1962/63 durch einen Neubau ersetzt worden. Im 'Wilhelm-Kobelt-Haus', einem Schulbau von 1832 mit Uhrtürmchen, befinden sich das *Heimatmuseum* (Alt-Schwanheim 6) und die Stadtbücherei. Die *Schwanheimer Dünen* im Mainbogen sind ein Landschaftsschutzgebiet mit großen Teichen in den einstigen Sandgruben.

Der Harthweg und die Bahnstraße führen nach Süden in den **Schwanheimer Wald,** einen der schönsten Teile des Frankfurter Stadtwaldes. Besonders stimmungsvoll ist die vom Wald umschlossene, 2 km lange *Schwanheimer Wiese.* An der sog. 'Rechten Wiese' seit 1921 der Gedenkstein *Kobeltsruhe* für einen Erforscher des Waldes. Berühmt und viel gemalt sind die *Schwanheimer Eichen,* eine Gruppe von 300–400 Jahre alten Recken, wie man sie selten findet (beim Harthweg). Bei der Wiese an der Bahnstraße beginnt ein 1973 angelegter *Waldlehrpfad* von 6 km Länge mit vielen Lehrtafeln.

32. Stadtwald. Waldstadion. Neu-Isenburg

Der **Frankfurter Stadtwald** ist ein großer, ebener Mischwald im Süden der Stadt, der sich von Höchst und Kelsterbach im Westen 15 km weit bis Offenbach im Osten erstreckt; bis an die Stadtgrenze vor Neu-Isenburg im Süden ist er etwa 3 km breit. Mit rd. 4 350 ha (von einer Gesamtfläche von fast 6 000 ha) bildet er den Hauptteil des Waldgebietes von Frankfurt, das der größte Waldbesitzer unter Deutschlands Städten ist.

Viele Wander-, Rad- und Reitwege und eine Anzahl von Waldwirtschaften machen den Stadtwald zu einem vielbesuchten Ausflugsgebiet der Frankfurter. Unter den rd. 120 Baumarten sind viele ausländischer Herkunft. 90 Vogelarten sind in ihm heimisch, in den 8 000 Nistkästen brüten jährlich etwa 14 000 Vogelpaare. Neben Dachsen, Füchsen, Hasen, Iltissen leben in ihm 400 Rehe, etwa 100 Stück Damwild, 60 Stück Muffelwild und 80 Wildschweine. Die schönsten Eichen findet man bei Schwanheim, die schönsten Buchen bei Oberrad. Zwischen Sachsenhausen und Neu-Isenburg zieht sich, durch den Königsbach verbunden, eine Kette von fünf Seen hin. Das Waldstadion, der Golfplatz, acht vorbildliche Waldspielparks und die Waldfriedhöfe von Goldstein und Oberrad sind in den Stadtwald hineingebaut. Drei Autobahnen (A 3, 5, 661), vier Bundesstraßen (3, 43, 44, 459) Zubringerstraßen und drei Bahnlinien ziehen hindurch, die Einflugschneisen des Flughafens führen direkt über den Wald hinweg, der Erholungswert ist dadurch stark beeinträchtigt.

Im Jahre 1372 mußte Kaiser Karl IV. den nördlichsten Teil des kaiserlichen Reichsforstes *Dreieich* an die Stadt Frankfurt verpfänden, die den Wald in der Folge erwerben konnte und in ihm die früheste planmäßige Forstwirtschaft betrieb. 1398 erfolgte hier die erste Eichelaussaat, 1421 wurden schon Kiefernsamen gesät und Tannen gepflanzt. Die massiven Forsthäuser, aus denen die heutigen Wirtschaften hervorgegangen sind, wurden im 18. Jh. zum Schutz und zur Nutzung des Waldes angelegt. 1941 zerstörte ein Orkan 700 ha Wald und riß 200000 alte Bäume nieder, weitere 700 ha im Umkreis des Flughafens wurden 1943–45 von Bomben verwüstet. Die Wiederaufforstung war bei der sehr wechselnden Bodenbeschaffenheit (Braunerde, Flugsand, Mainschotter usw.) eine schwierige Aufgabe.

Das schöne **Waldstadion,** ein allen Bürgern offener Freizeitpark, liegt im Frankfurter Stadtwald in einem Straßendreieck, gebildet von Flughafenstraße, Mörfelder Landstraße und Otto-Fleck-Schneise. Angelegt wurde es 1921–25 anstelle von Militärschießständen und darf als eine der schönsten Sportanlagen Deutschlands gelten, in seiner Waldlage sogar ohne Vergleich. Gleich nach der Eröffnung wurde hier die erste 'Arbeiterolympiade' abgehalten. Rudolf Harbig (400 m) und Armin Hary (100 m) liefen hier Weltbestzeiten, Max Schmeling, Cassius Clay (gegen Mildenberger) trugen hier Kämpfe aus. 1974 fanden bei der Fußballweltmeisterschaft sieben Länderspiele im Waldstadion statt.

Die HAUPTKAMPFBAHN war zunächst für 35 000 Zuschauer angelegt, wurde 1937 auf 55 000 erweitert, faßte dann sogar 87 000 und hat seit 1974 (durch Verminderung der Stehplätze) 30 556 Sitz- und 30 600 Stehplätze.

Das RADSTADION mit 400 m Bahn umschließt zwei 1960 angelegte *Kunsteisbahnen.* – Die TENNISANLAGE hat 17 Plätze. – Das SCHWIMMSTADION hat zwei 50 m-Bahnen, ein Springer- und ein Nichtschwimmerbecken, dazu Licht- und Luftbad. Im Zentrum liegt eine SPIEL- UND FESTWIESE, eine besondere WINTER-SPORTHALLE ist auch vorhanden. – An PLASTIKEN sind zu nennen: am Eingang 'Läuferin am Start' (1925; Werner), im Schwimmbad der 'Struwwelpeterbrunnen' (1925; Belz), an der Radrennbahn ein bronzener 'Radrennfahrer' (1925; Hub).

Die Otto-Fleck-Schneise, südlich des Stadions, ist nach dem Kriege Standort wichtiger Sportverbände geworden. Der 'Landessportbund Hessen' richtete hier 1958 die *Landessportschule* ein. 1961 folgte der 'Deutsche Turnerbund' (DTB) mit der *Deutschen Turnschule,* zu der seit 1970 das Leistungszentrum der Kunstturner gehört. Der 'Deutsche Sportbund' (DSB) erbaute 1972 das *Haus des Sports* für das 'Nationale Olympische Komitee' (NOK), die 'Deutsche Sportjugend' und die 'Stiftung Deutsche Sporthilfe'. 1974 bezog der *Deutsche Fußballbund* (DFB) ein neues Haus.

Das **Oberforsthaus,** an einem Verkehrskreisel zwischen der Niederrader Rennbahn und dem Waldstadion, liegt bei dem Festplatz, wo am Dienstag Nachmittag nach Pfingsten seit über 170 Jahren der *Wäldchestag* mit Bier- und Weinzelten, Musik, Tanz, Karussells, Schießbuden und

Lampions gefeiert wird. Der sehr alte Ursprung dieses Volksfestes, das alle Stände vereinigte, liegt wohl im Beginn des Viehaustriebes oder in der Holzzuweisung an die Bürger am Amtssitz des reichsstädtischen Forstmeisters. Goethe hat das Festtreiben in einem Gedicht beschrieben, Mendelssohn-Bartholdy regte ein Besuch 1839 zur Komposition der 'Waldlieder' an und Stoltze zeigt den Wäldchestag in seinem Stück 'Alt-Frankfurt'.

Die beliebte Waldgaststätte **Oberschweinstiege,** erreicht man auf einer Waldstraße, die 1 500 m südlich der Sachsenhäuser Warte von der Darmstädter Landstraße rechts abbiegt. Sie liegt auf einer Halbinsel in dem künstlich angelegten *Jakobiweiher* ('Vierwaldstätter See'), mit Wasservögeln, und trägt ihren Namen nach den Stallungen für die Schweine der Bürger die zur Eichelmast durch den Wald getrieben wurden. Es waren im Mittelalter Herden von 500–1 000 Stück. Nahebei heute eine große *Fasanerie,* mit Wildpark und Volieren sowie einer Lehrschau (S. 20). 5 Min. nordöstlich steht die 1863 von Frankfurter Turnern gepflanzte *Körnereiche* und ein Gedenkstein für den Dichter (†1813), 1863 von den Turnern gesetzt. 500 m nordwestlich fließt das *Königsbrünnchen,* eine eisenhaltige Quelle, die 1883 gefaßt wurde.

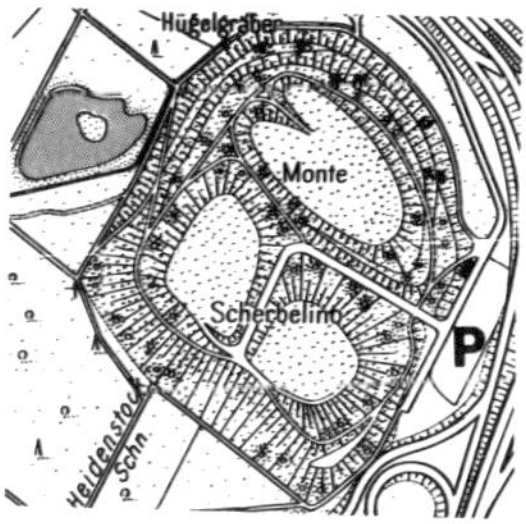

der ***Monte Scherbelino** (42 m, 26 ha) nahe dem riesigen Autobahnkreuz 'Frankfurt-Ost', ist ein neugeschaffenes, weitläufiges Freizeitgelände mit Spielstätten und Erholungsgebieten. Frankfurts Müllberg war von 1927 bis 1968 aus 20 Mio Frischmüll aufgeschüttet worden. Nach Eröffnung der Müllverbrennungsanlage in der Nordweststadt verwandelte man den Berg durch eine 5 m starke Erdschicht, Begrünung, Anpflanzung von vielerlei Bäumen und Sträuchern in einem Aussichtsberg. Wäldchen, Wiesen, Grillplätze, Schutzhütten, Spielplätze, eine 150 m lange Rodelbahn, eine Sommerskipiste, Waldbänke, Spazierwege und ein Weiher (1,5 ha) sind vorhanden.

Auf dem *Nordplateau* (36 m) befindet sich ein Kinderspielplatz mit Indianerdorf, Fort und Westernstadt, auf dem *Ostplateau* (42 m) Parkwege und Anlagen, auf dem *Westplateau* (38 m) soll ein Bergrestaurant erbaut werden. Prächtige Aussicht. – Haltestelle 'Monte Scherbelino' der Bulinie 960 auf der Babenhäuser Landstraße.

Dem Fußwanderer seien als Ausgangspunkte empfohlen der Goetheturm, die Sachsenhäuser Warte, die Oberschweinstiege, der Vorort Schwanheim. Am Ende vom Hainerweg (Station der Linie 36) beginnt der WALDLEHRPFAD WEILRUH, der 3 km lang ist und auf

24 Tafeln naturkundliche und historische Punkte erläutert. Er berührt die *Kaisertanne* (eine 225 Jahre alte Kiefer), ein bronzezeitliches *Hügelgrab,* den *Mörderbrunnen* (Marderbrunnen) und endet auf einer Waldwiese zwischen dem *Försterwiesenweiher* und dem *Kesselbruchweiher* (2 ha) mit vielen Wasservögeln. Ferner gibt es einen Waldlehrpfad in Schwanheim, den *Schäfersteinweg,* der am Wildpark Louisa beginnt, und den 9 km langen 'Historischen Pfad', der am Goetheturm einsetzt. – Empfehlenswert 'Wanderkarte des Frankfurter Stadtwaldes' (1 : 20 000), hrsg. vom Stadtvermessungsamt, 1.50 DM.

Neu-Isenburg. Stadt mit 36 600 Einwohnern, 10 km südlich von Frankfurt hart jenseits der Autobahn und der Stadtgrenze gelegen, ist vom Stadtwald umschlossen. Graf Johann Philipp von Isenburg, dem damals Offenbach gehörte, ließ 1699 im Reichsforst Dreieich eine Rodung vornehmen, um hugenottischen Glaubensflüchtlingen eine Zuflucht zu gewähren. Doch florierte die Siedlung nicht und erst im 19. Jh. ist der Ort aufgeblüht, hat Industrien an sich gezogen und 1894 Stadtrechte erlangt. Die Industrien, vorwiegend im Süden der sehr regelmäßig erbauten Stadt angelegt, umfassen Stahlbau, Gummiwaren, Filme, Glaskunst, Zündhölzer, Gewürze. Eine Besonderheit ist, daß der größte Teil der mit Recht so berühmten 'Frankfurter Würstchen' seit 1860 aus Neu-Isenburg kommt.

Nordsüdachse ist die schnurgerade Frankfurter Straße, Fortsetzung der von Frankfurt kommenden Darmstädter Landstraße. An ihr steht noch das stattliche *Frankfurter Haus,* einst Beobachtungsposten der Reichsstadt. Weiter südlich das Fachwerkhaus 'Zum Löwen', heute *Heimatmuseum.* Unmittelbar östlich der Straße das *Gründungsviertel* von 1699 mit 250 m Seitenlänge und acht vom Rathaus in der Mitte ausstrahlenden Straßen sowie der einstigen französischen Kirche, doch ist von alten Bauten kaum etwas erhalten. An der Bansastraße nahebei die *Bansamühle* (im Umbau), die im 18. Jh. ein Ausflugsziel Frankfurter Familien war. Weiter südlich das neue Einkaufszentrum, der Friedhof, die Siedlung 'Buchenbusch'. Am Westrande der Stadt ein großes Sportgelände mit dem schönen *Waldschwimmbad* und einem Hallenbad. Am Nordrand, zur Autobahn hin, Förstereien und der *Spielpark Tannenwald.* – GASTHÄUSER: *Ammerländer Schinkenkrug* (Di), Frankfurter Str. 1; *Grüner Baum* (Mo) und *Apfelwein-Föhl,* beide am Marktplatz.

Der Gravenbruchring führt ostwärts zu der 4,5 km entfernten Wohnstadt **Gravenbruch,** die nach 1960 gut angelegt wurde. Im Zentrum um den Dreiherrensteinplatz Rathaus, Schule, Post und die beiden Kirchen. Im Südwesten an einem Teich das als Hotel und Restaurant bekannte *Forsthaus Gravenbruch,* das 1586 von den Grafen Schönborn als Wasserburg erbaut wurde. Nahebei ein 1960 eingerichtetes *Autokino.*

33. Der Flughafen Frankfurt/Main *(Rhein-Main).*

BESUCHERHINWEISE: Die Flughafenbahn verkehrt von der Frankfurter Hauptwache zum Flughafen tagsüber in Abständen von 15 bis 30 Minuten; Fahrtdauer 15 Minuten; Fahrpreis DM 2,70 (während Spitzenzeiten DM 3,20). Bus-Linie 61 ab Sachsenhausen (Lokalbahnhof) über Oberforsthaus zum Busbahnhof vor dem Terminal des Flughafens (Fahrpreis wie Flughafenbahn). – Mit dem Auto auf der Autobahn bis zum Frankfurter Kreuz; Anfahrt zum Terminal ist gut beschildert. Auf der B 43 von der Stadtmitte 9 km. Tiefgarage und Parkhaus durchgehend geöffnet; DM 1,50 pro Stunde, DM 15,– pro Tag, 1 Woche DM 105,–, 2 Wochen DM 119,–, 3 Wochen DM 133,–.

Besucherterrasse auf den 32 000 qm großen Dachflächen des Terminals; täglich geöffnet von 8–20.30 Uhr (vom 1. Oktober bis 30. April von 8–17.30 Uhr). Eintritt: Erwachsene DM 2,50, Jugendliche bis 16 Jahre und Körperbehinderte DM 1,50; für Fluggäste und Kinder bis 6 Jahre frei. – Bus-Rundfahrten nur für vorangemeldete Gruppen (Mindestpauschale DM 40,– nach Voranmeldung unter Tel. 06 11/6 90–40 13); Teilnahmegebühr: Erwachsene DM 3,–, Jugendliche und Körperbehinderte DM 2,–. Treffpunkt am Pavillon auf dem Parkplatz für Besucherbusse. – Sonderführungen für Gruppen nach Vereinbarung (Telefon wie oben). – Auf der Empore der Abflughalle B des Terminals wechselnde Ausstellungen und Veranstaltungen. Die Orientierung in dem weitläufigen Empfangsgebäude erleichtern auch *Piktogramme.*

RESTAURANTS für Besucher: *Rôtisserie 5 Continents* mit Bar *Zum Schneider von Ulm,* Aussichtsrestaurant *Graf Zeppelin,* beide in der Ebene 3 des Terminals mit Ausblick auf das Abfertigungsvorfeld sowie Start- und Landebahnen. Ferner zahlreiche weitere Restaurants und Snackbars im Terminal und in den unterirdischen Einkaufsstraßen.

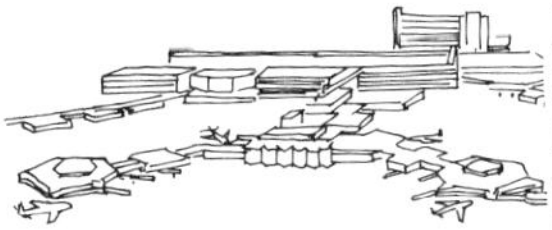

Der riesige ***Flughafen Frankfurt/Main** *(Rhein-Main)* liegt 9 km südwestlich der City am Frankfurter Kreuz, dem Schnittpunkt der Autobahnen Köln–München und Hamburg–Basel, inmitten des Frankfurter Stadtwalds. Er ist der größte der Bundesrepublik und wird an Verkehrsdichte im Passagierverkehr in Europa nur vom Flughafen London-Heathrow übertroffen. Frankfurt zählt zur Zeit im Jahr 17,5 Mio. Fluggäste. Die Zahl der Fluggäste übersteigt an manchen Tagen 48 000; etwa 45 Prozent der Passagiere sind Umsteiger. Die Zahl der An- und Abflüge übersteigt in Spitzenstunden 40 (Tagesdurchschnitt 600), so daß Starts und Landungen fast jede Minute zu beobachten sind. Über 70 Fluggesellschaften bedienen im Liniendienst von Frankfurt aus über 180 Städte in ca. 90 Ländern. Dazu kommen im Laufe eines Jahres etwa 250 Chartergesellschaften. Die Zahl der Abstellpositionen direkt am Gebäude beträgt 36, von denen 23 für Großraumflugzeuge eingerichtet sind. Die Zahl der Flugzeugtypen, die hier verkehren, beläuft sich auf über 40.

Die *Flughafen Frankfurt/Main AG (FAG)* hat das im März 1972 eröffnete Terminal und die dazugehörigen Verkehrsanlagen für fast 1,2 Milliarden Mark erbaut. An der Aktiengesellschaft sind das Land Hessen mit 45%, die Stadt Frankfurt mit 29% und die Bundesrepublik mit 26 % beteiligt. Von den ca. 33 000 Beschäfigten auf dem Flughafen sind 6 600 Mitarbeiter der FAG.

Das FLUGHAFENGELÄNDE (1 200 ha) ist von West nach Ost 6 000 m lang und von Nord nach Süd etwa 4 000 m breit. Im Zentrum liegen die beiden parallel verlaufenden Start- und Landebahnen, von denen die nördliche 3 900 m lang und 60 m breit, während die südliche 4 000 m lang und 45 m breit ist. Der Bau einer dritten Startbahn ist beschlossen, wird aber von den Nachbargemeinden und Bürgerinitiativen heftig bekämpft, ihre Notwendigkeit unter Experten ist umstritten. Für ihren Bau müssen 240 ha Wald gerodet werden. Auf der Südseite des Flughafens befinden sich die Einrichtungen der *US Rhein-Main Air Base.*

Das Zentrum der nördlich gelegenen Flughafenanlagen für den zivilen Luftverkehr bildet das neue *Terminal,* ein großzügiger Komplex mit weit ins Vorfeld ragenden Flugsteigfingern. Im westlich anschließenden "Bereich West" liegt die *Lufthansa-Basis* mit zahlreichen Bauten. Daran anschließend Tanklager und das Luftfrachtzentrum, im "Bereich Ost" befinden sich Gebäude für Verwaltung, Fracht, Luftpost, Werkstätten usw.

GESCHICHTE: Frankfurts Entwicklung zum internationalen Luftkreuz begann mit der Landung eines Zeppelins während der *Internationalen Luftschiffahrtausstellung (ILA)* auf dem Rebstockgelände im Jahre 1909. Dieser Platz diente im ersten Weltkrieg der Fliegerei und wurde 1926 zum *Flugplatz Rebstock,* der bis 1936 genutzt wurde. Im selben Jahr nahm die "Südwestdeutsche Flugbetriebs-AG Rhein-Main" (in Personalunion vereinigt mit der "Rhein-Main Luftschiffhafen GmbH") den heutigen Flughafen in Betrieb und eröffnete von hier Atlantikdienste mit den Luftschiffen "Graf Zeppelin" und "Hindenburg", die 20 Fahrten nach Südamerika (72 Stunden bis Rio) und 10 Fahrten nach Nordamerika durchführten, lange bevor Flugzeuge im Überseeverkehr eingesetzt wurden. Die Brandkatastrophe der "Hindenburg" 1937 in Lakehurst beendete die Epoche der Luftschiffahrt. Im Juli 1936 wurde auf Rhein-Main der Verkehr mit Flugzeugen aufgenommen. 1939 übernahm die deutsche Luftwaffe den Platz; die Luftschiffe wurden abgewrackt, die Zeppelinhallen gesprengt. Gegen Ende des Zweiten Weltkriegs wurde der Platz von der US-Luftwaffe gründlich zerstört, ehe diese ihn im März 1945 besetzte und sofort als Militärflughafen wieder aufbaute. Sogleich wurde auch eine erste befestigte, 1 800 m lange Landebahn erbaut. Flugzeuge der American Overseas Airlines und der skandinavischen SAS nahmen 1946 den Liniendienst auf. Während der *Berliner Luftbrücke* war Frankfurt vom Juni 1948 bis zum September 1949 der wichtigste Stützpunkt zur Versorgung West-Berlins. 1965 bis 1972 wurde das neue Terminal erbaut, durch das der Flughafen Frankfurt/Main auf Jahre hinaus den Anforderungen des Passagierverkehrs genügt. Im Luftfrachtverkehr belegt der Flughafen Frankfurt/Main unter den europäischen Flughäfen den ersten Platz (1980: 735 000 t), ebenso im Luftpostumschlag (1980: 92 000 t).

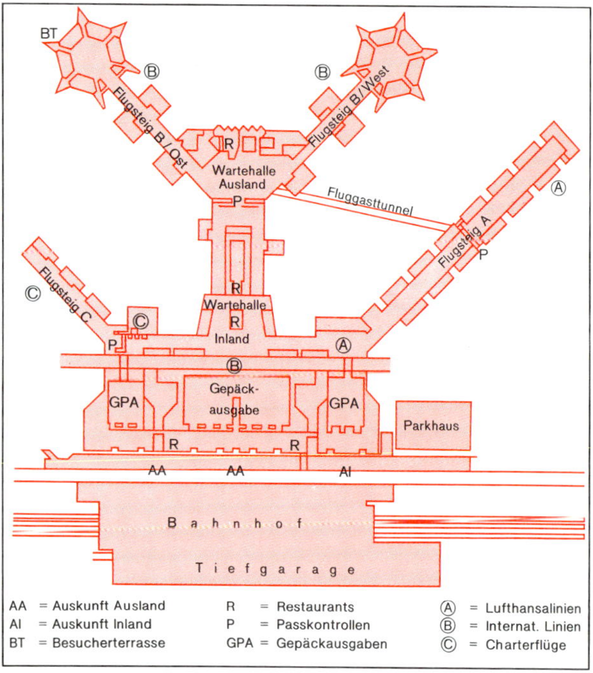

Vor dem TERMINAL, dem modernen Fluggast-Empfangsgebäude, liegen auf der Landseite unterirdisch der *Flughafenbahnhof* und die *Tiefgarage*, die mit 6 000 Einstellplätzen in drei Geschossen die größte ihrer Art ist. In den Kellern des Terminals verläuft der größte Teil der *Gepäckförderanlage* für das Gepäck abfliegender und umsteigender Passagiere (Förderstrecken insgesamt 40 km lang), die mit 10 950 Elektromotoren betrieben wird, 758 Weichen aufweist und 135 Mio DM gekostet hat. Mit Hilfe dieser Anlage kann der Flughafen Frankfurt eine konkurrenzlose Umsteige-Zeit von nur 45 Minuten garantieren.

Der Straßenverkehr zum Empfangsgebäude, das überwiegend aus Stahl, Beton, Aluminium und Glas besteht, vollzieht sich in zwei

Ebenen. Abfliegende Passagiere gelangen auf Hochstraßen zu den Abflughallen, deren Front 470 m breit ist. Darunter, zu ebener Erde, befindet sich die Vorfahrt für die Ankunfthallen.

Die Eingangs- und Schalterhalle ist in drei Bereiche aufgeteilt: *A* für die Deutsche Lufthansa und von ihr betreute Gesellschaften, *B* für internationale Linien-Fluggesellschaften, *C* für Charter. Die Decke der Schalterhallen ruht auf Betonpylonen. Die 11 m hohen Glasscheiben sind aufgehängt.

In der Halle befinden sich 240 Abfertigungsschalter. Fluggästen und Besuchern stehen im Terminal Mitte und im unterirdischen Einkaufszentrum (Anfang 1981) 100 Geschäfte, 3 Kinos, 25 Restaurants, eine Diskothek, eine Kapelle, eine großflächige Empore für Ausstellungen und Veranstaltungen (geöffnet 10–18 Uhr), und sogar eine Airport Clinic zur Verfügung. 77 Rolltreppen und 22 Fahrsteige dienen der Bequemlichkeit der Gäste. Unterhalb des Einkaufszentrums befindet sich der Bahnhof mit drei Bahnsteigen. Hier halten neben den S-Bahnen zur Innenstadt auch täglich 12 Fernzüge.

An die Schalterhallen schließen sich in Richtung Abfertigungsvorfeld die Flugsteige an: im Westen *Finger A* der Lufthansa, im Osten *Finger C* für Charterflüge. Das Zentrum bildet *Finger B*, an dessen Ende sich Y-förmig die Fingerköpfe Ost und West angliedern. Weiterhin enthält das Gebäude Bürotrakte. Das Zentrum des Terminals bildet der *Flugsicherungskontrollturm* (Tower).

Die LUFTHANSA-BASIS westlich vom Terminal unterstreicht die Bedeutung von Rhein-Main als Zentral-Flughafen der Lufthansa. Hier befindet sich u.a. der zentrale Umschlagplatz der Lufthansa für Luftfracht. Kostbare Früchte, Gemüse, Blumen und Leckerbissen (Erdbeeren aus Mexiko, Orchideen aus Südamerika, Austern aus Japan) treffen hier ein; Maschinen, Ersatzteile aber auch Bündel von USA-Schecks werden hier verladen. Sechsmal in der Woche fliegt ein Jumbo-Frachter vom Typ Boeing 747 F mit 100 t Fracht im “Bauch” nach New York, 10 000 Fahrzeuge wöchentlich bringen und holen Luftfracht. Die **Wartungshalle für Jumbo-Jets,* die größte der Welt, ist 320 m breit, 100 m tief, 34 m hoch und hat 38 Mio DM gekostet. Ihr weitgespanntes Dach wird von skulpturhaften Gegengewichten von je 1 000 t gehalten. 6 Jumbo-Jets vom Typ Boeing 747 oder 14 Boeing 707 haben in ihr gleichzeitig Platz. 5 000 Elefanten, der Eifelturm oder der Frankfurter Hauptbahnhof hätten darin fast Platz. Das neue Luftfrachtzentrum (52 ha) verfügt über eine jährliche Umschlagskapazität von 1,5 Mio Tonnen.

HOTELS: In unmittelbarer Nähe des Flughafens Frankfurt/Main stehen zwei Hotels: direkt vor dem Terminal liegt das *Frankfurter Sheraton Hotel,* das mehr als 1100 Betten in über 550 Zimmern anbietet. Nur wenige Minuten vom Flughafen Frankfurt/Main, am

Rande des Stadtwaldes, befindet sich das *Steigenberger Airport Hotel*, das 500 Betten in 350 Zimmer offeriert. Beide Hotels sind mit allem Komfort ausgestattet und verfügen über Restaurants und Konferenzräume.

Die RHEIN-MAIN AIR BASE auf dem Südteil des Flughafens ist Ankunfts- und Abreiseplatz für die meisten US-Soldaten und -Bediensteten in Europa und Nachschubzentrum. – Nordöstlich des Flughafens liegt die Wohnsiedlung *Gateway Gardens*, in der viele auf der Air Base beschäftigte Amerikaner mit ihren Familien leben, südöstlich die Siedlung Zeppelinheim.

34. Die Stadt Offenbach am Main

HOTELS *Euler* (A 3 : e), Ludwigstr. 45, 60 B.; *Kaiserhof* (B 3 : n), Kaiserstr. 8, 60 B.; *Offenbacher Hof* (A 3 : o), Ludwigstr. 35, 70 B.; *Handelshof* (B 2 : h), Speyerer Str. 2, 76 B.; *Novotel*, Strahlenbergerstr. 12, 240 B.; *Tourotel*, Kaiserleistr. 45, 480 B; *Lindenhof*, Mecklenburger Str. 8–10 (Bürgel), 80 B., u.a. – CAMPINGPLATZ: Offenbach-Bürgel, Gerhard-Becker Str. 104, am Mainufer. – RESTAURANTS: *Alt-Offenbach* (Mo), Domstr. 39; *Grill-Taverne*, Löwenstr. 26; *Mandarin*, Ecke Schloßstr./Berliner Straße. – MUSEEN: *Deutsches Ledermuseum* täglich 10–17 Uhr (Wiedereröffnung Herbst 1981). – *Klingspor-Museum* täglich 10–17 Uhr. – *Stadtmuseum*, Di, Do–So 10–17 Uhr, Mi 14–20 Uhr.

Offenbach am Main (100 m), angrenzend an Frankfurt, liegt am südlichen Mainufer etwa 6 km stromaufwärts und ist eine Stadt von 113 700 Einwohnern, die infolge der schweren Kriegszerstörungen in den letzten 25 Jahren ein ganz modernes Gesicht bekommen hat. Das Stadtgebiet umfaßt 4 524 ha, davon 1 549 ha Waldgebiet. Auch drei einstige Dörfer gehören dazu, von denen *Bürgel* und *Rumpenheim*, am Mainufer, noch weithin von Feldern umgeben sind, während *Bieber* im Südosten z.T. von Wald umschlossen ist. Um die wieder aufgebaute Innenstadt zieht sich seit 1913 eine Grünanlage.

Offenbach ist Sitz der *Bundesmonopolverwaltung für Branntwein* (BC 4), des *Zentralamtes Deutscher Wetterdienst* (A 3), des *Beschaffungsamtes der Bundeszoll-Verwaltung* (C 5). An der Spitze seiner Industrie stehen der Maschinenbau und die chemisch-technische Industrie. Die Offenbacher Lederwaren haben der Stadt Weltruf eingebracht. Sie werden alljährlich im Frühjahr und Herbst auf den 'Internationalen Offenbacher Ledermessen' (A 1) zur Schau gestellt. Die *Kaiser-Friedrich-Quelle*, 1888 durch Zufall in 275 m Tiefe erbohrt, ist die alkalireichste Natronquelle Deutschlands und wird weithin in Flaschen versandt. Mit dem Deutschen Ledermuseum und dem Klingspor-Museum verfügt Offenbach über zwei in Deutschland einzigartige Museen. Die 1639 auftretende Eiche im Stadtwappen und Stadtsiegel weist auf den Reichsbannforst 'Dreieichn' hin, zu dessen 36 Wildhuten der Ort einmal zählte.

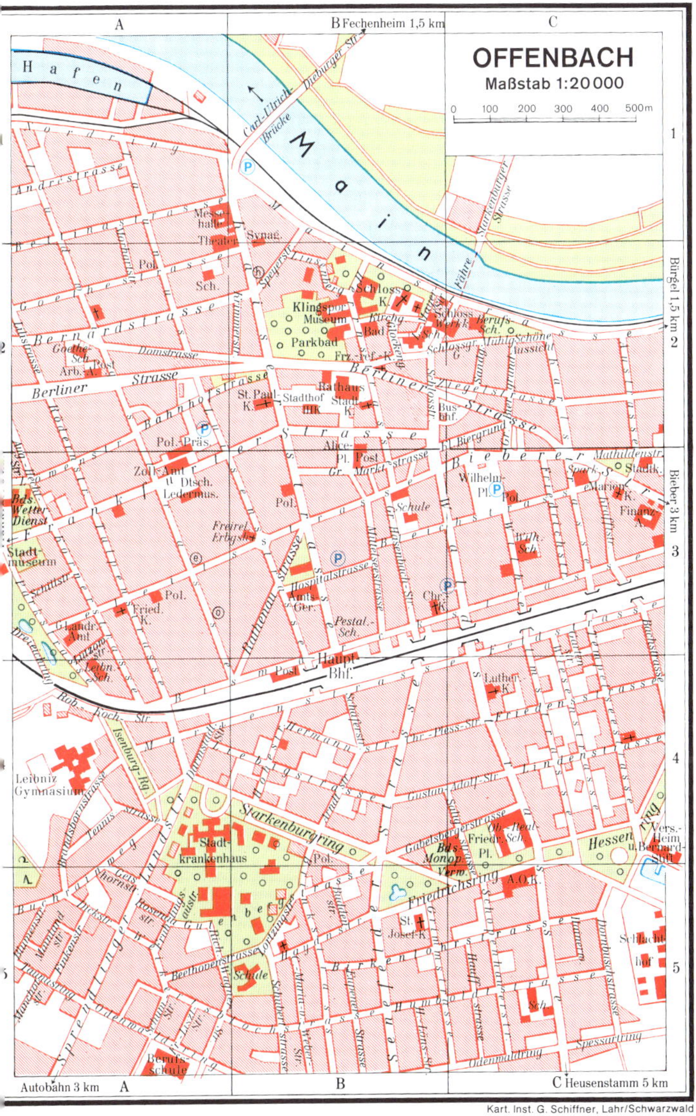

Kart. Inst. G. Schiffner, Lahr/Schwarzwald

GESCHICHTE. Offenbach gilt als Gründung eines fränkischen Siedlers im 6. oder 7. Jh.; die erste urkundliche Erwähnung findet sich 977. 1418 kam der Ort an die Grafen von Isenburg, zu deren Residenz die 1394 errichtete Wasserburg 1556 ausgebaut wurde. Graf Johann Philipp nahm 1698/99 reformierte Glaubensflüchtlinge aus Frankreich und den Niederlanden auf, die den Anstoß zur industriellen Entwicklung im 18. Jh. gaben. Die Einwohnerzahl stieg von 1500 im Jahre 1725 auf 6000 im Jahre 1805. Ohne feierliche Urkunde, nur durch Gewohnheitsrecht, wurde Offenbach zur Stadt. Manufakturen für Tabak, Seide, Wachswaren, Fayencen (mit der Of- oder Off-Marke), sowie Druckereien bestanden im 18. Jh., bis dann im 19. Jh. die Lederwarenindustrie alle anderen zu überflügeln begann. 1816 ging die Stadt von den Isenburgern auf Hessen über und entwickelte sich mit dem Ausbau des Bahnnetzes; der Mainregulierung, eines Hafens und einer Mainbrücke günstig weiter, sodaß die Einwohnerzahl 1871 auf 22 000, 1914 auf 80 000 angewachsen war. Da Frankfurt seit 1866 preußisch war, Offenbach hessisch, kam es zu keiner Vereinigung. Nach dem zweiten Weltkrieg war der allgemeine Zerstörungsgrad 34,5%, der an öffentlichen Gebäuden 80%. 1956 erhielt Offenbach als erste deutsche Stadt den Europapreis. Es knüpfte Partnerschaften an mit Puteaux (Frankreich) St. Gilles (Belgien), Tower Hamlets (England), Esch (Luxemburg), Velletri (Italien), Mödling (Österreich), Zemun (Jugoslawien), Tilburg (Holland) sowie seit 1955 mit Neusalz an der Oder, außerdem freundschaftliche Beziehung mit Nahariya (Israel).

Am Stadthof, einem mit alten Architekturteilen ausgeschmückten Fußgängerbereich, erhebt sich das 1968–71 erbaute **Rathaus,** ein selbstbewußter Dreikantturm aus Beton, mit 72 m eines der höchsten Gebäude Offenbachs. Vor seiner Nordfront eine Metallplastik zum Gedenken der NS-Opfer. Von der Dachterrasse guter Blick über die Stadt. – Östlich davon ein Einkaufszentrum mit großen Kaufhäusern von Karstadt, Kaufhof, C & A etc. Davor steht als Zeuge der einst bescheidenen Altstadt die kleine **Stadtkirche** (1739–48), ein weißgetünchter Saalbau aus Mainsandstein mit geschiefertem Dachreiterturm über dem Fassadengiebel. Unweit nordöstlich steht an der Berliner Straße neben der *Bank für Gemeinwirtschaft* und dem *Gewerkschaftshaus* noch die kleine alte *Kirche der Französ.-ref. Gemeinde,* die seit 1699 besteht. Der Saalbau mit Isenburger Doppelwappen über dem Portal wurde 1718 von Glaubensflüchtlingen erbaut. An der Berliner Straße liegt das 1977 bezogene **Kreis-Haus** mit 18 Stockwerken und 71 m Höhe. Gegenüber der 1979 fertiggestellte **Busbahnhof,** daneben das 1981 bezogene *City-Center* mit Geschäften und städtischen Ämtern. In südlicher Richtung schließt sich der 1969/70 umgestaltete **Marktplatz** an.

Vom Stadtzentrum zum Main führt die 300 m lange Schloßstraße. Sie ist überbaut von der *Hochschule für Gestaltung,* die 1832 als Werkkunstschule gegründet wurde und damit eine der ältesten in der Bundesrepublik. An Fachbereichen bietet sie Architektur, Produktgestaltung und Visuelle Kommunikation an. Der bedeutende Schriftkünstler Rudolf Koch (1876–1934) war von 1921 an hier Lehrer. Die Schule veranstaltet auch Austellungen. Östlich von ihr der Bau der *Gewerblich-technischen Schule.*

Am Mainufer erhebt sich das **Schloß** der Grafen von Isenburg, das 1564–78 anstelle einer Wasserburg errichtet worden ist und 300 Jahre Residenz dieses Grafengeschlechtes war. Die ursprünglich geplante Vierflügelanlage kam nicht zur Ausführung. Seit 1900 gehört das Schloß dem Hessischen Staat und beherbergt jetzt u.a. das *Staatsbauamt Offenbach* und ein *Haus der Jugend.* Auf der Stadtseite hat es zwei Treppentürme und eine dreigeschossige **Laube* mit zierlichen Gebälkträgerinnen und Wappen an den Brüstungen, ein reizvolles Beispiel deutscher Renaissancebauweise. Eine Tafel erinnert an Alois Senefelder (1771–1834), den Erfinder der Lithographie, die in den Jahren 1799–1801 von Offenbach aus ihren Weg in die Welt nahm. – Westlich vom Schloß steht der wiederhergestellte *Turm* der zerstörten Schloßkapelle, an den das ev. Gemeindezentrum angebaut ist.

Parallel zur Schloßstraße verläuft weiter westlich die Herrnstraße. An ihr liegt das schöne *Parkbad*, das sich in den *Büsingpark* hinein erstreckt. Das barocke *Büsingpalais* (B 2) – von 1921 bis 1943 Rathaus – wurde im Mittelbau zerstört. Dieser Teil wird ab 1981 als Kulturzentrum wieder aufgebaut. Die Seitenflügel enthalten das Klingspormuseum und die Stadtbücherei.

Das 1953 gegründete **Klingspor-Museum,** im Büsingpalais, sammelt international moderne Buch- und Schriftkunst des 20. Jahrhunderts. Der Grundstock der heute umfangreichen Sammlungen ist die Privatbibliothek von *Karl Klingspor* (†1950), der in Offenbach eine Schriftgießerei leitete, die einst Weltruf hatte. Mitarbeiter dieser Firma war von 1906 bis 1934 Prof. D. *Rudolf Koch*, der ab 1908 an der Offenbacher Kunstgewerbeschule als Dozent für Schriftkunst lehrte. Kochs Nachlaß an wertvollen Handschriften, Schriftentwürfen, Holzschnitten, Schriftteppichen usw. wird als Dauerleihgabe der Erben im Klingspor-Museum aufbewahrt. Die großen Schriftkünstler der Leipziger Schule (Rudo Spemann) und der Stuttgarter Schule (Ernst Schneidler) sind mit ihren Nachlässen im Offenbacher Museum vertreten. Durch Ankäufe und Schenkungen wird ständig die Sammlung an illustrierten Büchern erweitert. Auch dem Bucheinband widmet man besondere Aufmerksamkeit; Buchbinder erhalten vom Museum den Auftrag, besonders kostbare Drucke in Leder einzubinden. Die populärste Ausstellung ist seit 25 Jahren die internationale Bilderbuchausstellung in den Wintermonaten. In Wechselaustellungen werden aus eigenen Beständen und durch Leihgaben von Künstlern und Sammlern ständig neue Aspekte der modernen Buch- und Schriftkunst der Öffentlichkeit vorgestellt.

Im nördlichen Flügel des Büsingpalais befindet sich seit 1932 die **Stadtbücherei** mit Freihandbücherei. – Zwei weitere Museen liegen an der nach Westen führenden Frankfurter Straße:

Das ***Deutsche Ledermuseum** (A 3) mit dem Deutschen Schuhmuseum ist das größte und umfassendste Spezialmuseum der Welt, das die künstlerische und modische Gestaltung des Leders von der Vorgeschichte bis zur Gegenwart aus allen Kulturen der Erde veranschaulicht. Es wurde 1917 gegründet und geht zurück auf eine 1912 angelegte Sammlung von Prof. Dr. Hugo Eberhardt (†1959). Untergebracht ist es seit 1938 im 'Alten Lagerhaus' (erbaut 1828) der Offenbacher Messe, das 1961 einen zweiflügeligen Erweiterungsbau im Süden erhielt, der 1980/81 erweitert und aufgestockt wurde.

Das Museum zeigt im *europäischen Bereich* die kunsthandwerkliche Gestaltung des Leders vom Bucheinband bis zu den mittelalterlichen Minnekästchen, von Kabinetten bis zu den Lederarbeiten für Napoleon und die Entwicklung der Lederwarenindustrie im 19. Jh., wie z.B. die Geschichte der Tasche und des Reisegepäcks. Eine *Modellgerberei* macht den Weg von der Rohhaut zum Leder anschaulich. Die *Volkskundlichen Bestände* zeigen u.a. Arbeiten aus dem Alpenraum (Trachtengürtel), Osteuropa (Ledermäntel) und Mexiko (Sättel, Reiterkleidung in mittelalterlicher Lederschnittechnik).

In der Völkerkundlichen Sammlung konzentrieren sich die Bestände auf jene Regionen, in denen Leder zum entscheidenden Werkstoff wurde, z.B. die Indianer Nordamerikas, die polaren Völker (Eskimo, Lappen, sibirische Gruppen); außerdem Afrika, wo zum einen die ostafrikanischen Viehzüchter durch ihre enge Beziehung zum Vieh vom Leder geprägte Kulturen darstellen, zum anderen West- (Hausa, Mandingo, Tuareg) und Nordafrika (Marokko) Gebiete, in denen das Lederhandwerk höchstes Niveau erreicht. Weiterer Schwerpunkt sind der Nahe und Ferne Osten (Persien, Indien, Tibet, Mongolei, China, Japan), aus denen Kleinodien der Lederkunst gezeigt werden (Sättel, Schilde, Gefäße, Kästchen, Musikinstrumente). Auch Schrumpfköpfe der Jivaro-Indianer oder ein mumifizierter, tatauierter Maori-Kopf gehören zu den Besonderheiten des Museums.

Bedeutend ist auch die **Schattenspielsammlung* (China, Indonesien, Thailand, Indien, Ägypten, Türkei). Die Figuren sind aus Pergament oder ganzen Büffelhäuten geschnitten, von feinen Mustern durchbrochen und zart bemalt.

Das DEUTSCHE SCHUHMUSEUM stellt in zwei Abteilungen die modische Entwicklung des europäischen Schuhs von der Antike bis in das 20. Jahrhundert dar; die außereuropäischen Schuhe (Afrika, Asien, Amerika) zeigen deutlich die Abhängigkeit der Form von der jeweiligen Umwelt (Sandale, Schuh, Stiefel), aber auch die weltumspannenden historischen Beziehungen, die in vielen Teilen der Welt zu ähnlichen Schuhformen führten (z.B. Pantoffel, Pantoffelschuh).

Das **Stadtmuseum** (A 4), Ecke Parkstraße, wurde 1971 in einer Villa des 19. Jh. eingerichtet. Die Bestände des Museums gehen auf die Sammlertätigkeit des früheren Stadtbibliothekars Jöst im Jahre 1917 zurück. Neuerwerbungen, Stiftungen und Leihgaben ergänzen ständig die Sammlungen. Vor- und frühgeschichtliche Bodenfunde werden neben Offenbacher Fayencen und Erzeugnissen des heimischen Gewerbes der Öffentlichkeit vorgestellt. Aus eigenem Fundus werden wechselnd Arbeiten Offenbacher Künstler präsentiert. Ausstellungen ziehen die Verbindungslinien von der Vergangenheit zur Gegenwart.

Nördlich gegenüber vom Stadtmuseum befindet sich an der Frankfurter Straße das *Zentralamt des Deutschen Wetterdienstes,* der Mittelpunkt für das meteorologische Fernmeldesystem der Bundesrepublik.

Die breite Berliner Straße (BC 2) ist die 1971 geschaffene Ostwestachse von Offenbach. Im Westen endet sie am KAISERLEIKREISEL, einem Verkehrsring von 200 m Dm, zu dem von Norden her die imponierende **Kaiserleibrücke* hin führt, eine 1964 erbaute Hängebrücke ohne Pfeiler, die sich in 38 m Höhe über den Main spannt. Hier beginnt die Autobahn (A 661) nach Darmstadt-Egelsbach. Lei ist – wie Lorelei – ein alter Name für Felsen, wie sie hier einst neben der Furt im Main lagen. Das Gebiet am Kaiserleikreisel ist der Schwerpunkt des modernen Offenbach, mit mehreren Verwaltungshochhäusern, z.B. dem Gebäude der *Kraftwerk Union AG* (36 Geschosse) und dem *Tourotel* mit 480 Betten.

Nordöstlich vom Stadtzentrum liegt *Bürgel*, ein Stadtteil mit 12 000 Einwohnern, der sich 1908 freiwillig der Stadt Offenbach angeschlossen hat.

4 km nordöstlich vom Stadtzentrum liegt am Mainufer **Rumpenheim**, ein 1942 eingemeindeter Vorort mit 3 300 Einwohnern, einer Autofähre über dem Fluß nach Bischofsheim und der Staustufe Rumpenheim. Am Ufer neben der Fähre liegt die Ruine des Schlosses Rumpenheim, dessen Wiederaufbau von der Stadt Offenbach geplant ist.

Das SCHLOSS RUMPENHEIM wendet seinen Mittelbau dem Main zu, während die niedrigen Seitenflügel sich nach Süden erstrecken. Ergänzt wird die Baugruppe durch ein Marstallgebäude, die Schloßkirche und den großen zum Vogelschutzgebiet erklärten Park. Der Mittelbau wurde schon 1680 erbaut, erhielt seine hohen quadratischen Eckpavillons jedoch erst 1804. Die niedrigen Seitenflügel, 1787 angegliedert, haben Mansarddächer und sind von wappengeschmückten Passagen durchbrochen. Der Schloßbau ist 1736 an das Haus Hessen-Cassel gekommen und von den Landgrafen von 1771 an zum fürstlichen Landsitz ausgebaut worden. Mit seiner einst weißgetünchten Fassade, grünen Fensterläden und einem Uhrtürmchen soll er vom Strom her einen besonders heiteren Anblick geboten haben. Die Glanzzeit des Schlosses dauerte von 1804 bis 1863, als zum Frankfurter Fürstentag hier Kaiser Franz-Joseph von Österreich und andere Majestäten zu Gast waren. Die Landgrafen Friedrich (†1876) und Georg (†1881) waren beide Junggesellen und preußische Generale. 1893–1902 war das Schloß Wohnsitz des Landgrafen Friedrich Karl und seiner Gemahlin Prinzessin Margarethe von Preußen. Als das Paar nach dem Tode der Kaiserin 1902 nach Kronberg übersiedeln mußte, blieb das Schloß unbewohnt, aber wohlbetreut, bis es 1943 ausgebombt wurde. 1965 wurde der unter Denkmalschutz stehende Bau von der Stadt Offenbach erworben. Die Stadt sieht vor, den Haupttrakt mit ursprünglicher Fassade aufzubauen. Darin soll ein kulturelles Zentrum mit Bücherei entstehen. Die Flügelbauten werden in Eigentumswohnungen umgewandelt; im Marstallgebäude wird die Freiwillige Feuerwehr eine Unterkunft finden.

Im Schloßpark steht die 1756 aus Mainsandstein erbaute *Schloßkirche* mit geschiefertem Turm. Vor dem Chor außen die Grabstätte der Landgrafen und Prinzen von Hessen, im ganzen 17 Gräber von 1823 bis 1965.

Nach Süden zum Offenbacher Stadtwald hin liegen die Wohnsiedlungen *Bieber*, (1938 eingemeindet, 12 800 Einwohner, kleinere Lederfabrikationen), *Tempelsee, Carl-Ulrich* und *Rosenhöhe*, bei der sich das schöne Freibad, ein Jugendgästehaus und die größten Sportanlagen der Stadt befinden.

Jenseits der Autobahn 4 km von Offenbach und 10 km von Frankfurt entfernt, liegt **Heusenstamm,** ein von Wald umgebener Ort an der Bieber mit 18 000 Einwohner. Neben der malerischen Altstadt prägen moderne Wohn- und Industriegebiete das Gesicht der Stadt. Sie ist Sitz von Lederwaren-, Kunststein-, Kunststoff, Metall- und Dienstleistungsbetrieben. Besonders hervorzuheben sind Behördenbetriebe wie die Brückenmeisterei der Bundesbahn, das Zeugamt der Oberpostdirektion Frankfurt und das Bildungszentrum der Bundespost. Der schon 1211 erwähnte Ort gelangte 1661 an die Herren von Schönborn, die ihn im 17./18. Jh. zu einer kleinen Residenzstadt ausbauten.

Im Zentrum der Stadt, am Kirchplatz, stehen noch die ehemalige Schule von 1744 und das Gasthaus *Zum Löwen* aus dem 16. Jh., sowie ein *Torbau*, der 1764 als Triumphbogen für Kaiser Franz I. errichtet wurde. Die schöne **Barockkirche** St. Cäcilia wurde 1739–41 von Balthasar Neumann als Grabstätte für die Familie Schönborn erbaut, an die auch noch Marmorepitaphien erinnern. Sie hat eine Einturmfassade und erscheint im Innern unerwartet weiträumig. Der vergoldete *Hochaltar*, ein Werk von Wolfgang v.d. Auvera, hat einen aus Muschelmotiven bestehenden durchsichtigen Aufbau, die Deckengemälde schuf Chr. Th. Scheffler. Das *Pfarrhaus* wurde 1700 erbaut.

Das wasserumgebene **Schloß** am Ostrande des Ortes, besteht aus mehreren Bauteilen sowie 1980 wiederhergestellten barocken Außenanlagen. Im hinteren Bereich der Anlage sind Reste der mittelalterlichen Burg der Ritter von Heusenstamm, der Bannturm, das Herrenhaus (1533), Wehrmauern und Ecktürme erhalten. Im vorderen Bereich befindet sich das Renaissance-Schloß, das in der Zeit von 1663–1668 von den Familien der Grafen von Schönborn erbaut wurde. Die Gesamtanlage war ursprünglich als geschlossenes Viereck geplant, blieb aber damals aus nicht bekannten Gründen unvollendet. Kaiser Franz I. weilte hier 1764 als Gast des Grafen Schönborn, als sein Sohn Joseph in Frankfurt zum Kaiser gewählt wurde. Die Stadt er-

warb das Schloß 1977 mit dem dazugehörenden Park. Das Renaissance-Schloß wurde durch Um- und Anbau zu einem im Viereck geschlossenen Gebäudekomplex erweitert.
Wie aus den vorgefundenen Gründungen zu erkennen, waren dies die ursprünglichen Bauabsichten bereits im 17. Jahrhundert. Seit 1980 wird das Schloß als Rathaus der Stadt Heusenstamm genutzt.

REGISTER

Brunnen, Denkmäler, Friedhöfe, Kirchen, Mainbrücken, Museen, Siedlungen sind zusammengefaßt.

150 Jahre

1827 Baedeker 1977

Reiseführer

STADTFÜHRER

Augsburg	3. A. 1977	4.80
Baden-Baden	2. A. 1977	5.80
Bad Homburg	1. A. 1975	4.80
Bamberg	5. A. 1980	5.80
Basel	1. A. 1978	9.80
Berlin/Kl. Ausg.	4. A. 1979	14,—
Bln. Charlottenburg	1. A. 1980	7.80
Bln. Kreuzberg	2. A. i. V.	
Bln. Neukölln	1. A. i. V.	
Bln. Reinickendorf	1. A. 1980	7.80
Bln. Schöneberg	4. A. 1980	6.80
Bln. Spandau	2. A. 1980	7.80
Bln. Steglitz	1. A. 1980	7.80
Bln. Tempelhof	2. A. i. V.	
Bln. Tiergarten	1. A. i. V.	
Bln. Wedding	2. A. i. V.	
Bln. Wilmersdorf	2. A. 1978	7.80
Bln. Zehlendorf	1. A. i. V.	
Bonn	1. A. 1977	7.80
Braunschweig	3. A. 1975	4.80
Bremen	3. A. 1979	8.80
Celle	3. A. 1977	5.80
Darmstadt	1. A. 1981	9.80
Detmold	1. A. 1974	5.80
Dortmund	2. A. 1974	5.80
Essen	3. A. 1976	5.80
Esslingen	2. A. 1979	6.80
Flensburg	2. A. 1977	5.80
Frankfurt	5. A. 1981	16.80
Freiburg	5. A. 1978	6.80
Genf	2. A. 1979	9.80
Graz	1. A. 1974	5.80
Hamburg	3. A. 1981	ca. 9.80
Hannover	2. A. 1977	6.80
Heidelberg	2. A. 1977	5.80
Heilbronn	1. A. 1980	6.80
Idar-Oberstein	2. A. 1979	5.80
Ingolstadt	1. A. 1980	5.80
Innsbruck	2. A. 1976	5.80
Karlsruhe	3. A. 1975	5.80
Kiel	3. A. 1977	6.80
Koblenz	2. A. 1977	6.80
Köln	3. A. i. V.	
Konstanz	2. A. 1978	6.80
Leipzig	2. A. 1973	6.80
Lübeck	4. A. 1977	4.80
Lüneburg	3. A. 1978	5.80
Mainz	3. A. 1980	8.80
Mannheim	3. A. 1978	5.80
München	6. A. 1979	18.—
Münster	2. A. 1980	7.80
New York (KR)	1. A. 1977	6.90
Nürnberg	5. A. 1980	5.80
Osnabrück	1. A. 1977	7.80
Passau	2. A. 1979	8.80
Prag (KR)	1. A. 1978	6.90
Regensburg	4. A. 1980	5.80
Rendsburg	2. A. 1980	5.80
Rom (KR)	1. A. 1977	6.90
Rottweil	1. A. 1980	7.80
Salzburg	3. A. 1979	5.80
Schleswig	2. A. 1978	5.80
Straßburg	2. A. 1977	6.80
Stuttgart	5. A. 1977	9.80
Ulm	1. A. 1981	9.80
Wien	1. A. 1979	22.—
Wiesbaden	2. A. 1979	7.80
Wuppertal	2. A. 1973	4.80
Würzburg	3. A. 1978	4.80